U0348592

中层再进阶

从业务管理者向团队领导者转型

杨继刚　王英◎著

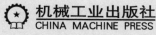

机械工业出版社
CHINA MACHINE PRESS

业务管理者一定能成为优秀的团队领导者吗？这是所有企业中层管理者面临的"灵魂之问"。本书通过角色定位、向上协同、向下赋能和跨部门协作四大模块，系统梳理和总结了中层管理者面临的现实挑战和典型问题，通过大量的工具、方法和解决方案，帮助中层管理者完成角色转型，走好职业进阶的关键一步。

本书核心内容已先后在 36 家全球科技独角兽企业、89 家世界 500 强企业与 178 家中国优秀企业落地实践，为中层管理者提供"百科全书"式转型解决方案，适合正在寻求管理进阶和领导力提升的中层管理者阅读。

图书在版编目（CIP）数据

中层再进阶：从业务管理者向团队领导者转型 / 杨继刚，王英著. — 北京：机械工业出版社，2024.1（2024.6重印）

ISBN 978-7-111-74536-5

Ⅰ.①中… Ⅱ.①杨… ②王… Ⅲ.①企业领导学 Ⅳ.①F272.91

中国国家版本馆CIP数据核字（2024）第041093号

机械工业出版社（北京市百万庄大街22号 邮政编码100037）
策划编辑：解文涛　　　　　　责任编辑：解文涛
责任校对：曹若菲　牟丽英　　责任印制：张　博
北京联兴盛业印刷股份有限公司印刷
2024年6月第1版第2次印刷
170mm×242mm · 17.75印张 · 1插页 · 219千字
标准书号：ISBN 978-7-111-74536-5
定价：69.80元

电话服务　　　　　　　　　网络服务
客服电话：010-88361066　　机 工 官 网：www.cmpbook.com
　　　　　010-88379833　　机 工 官 博：weibo.com/cmp1952
　　　　　010-68326294　　金 书 网：www.golden-book.com
封底无防伪标均为盗版　　机工教育服务网：www.cmpedu.com

自序

VUCA 时代的中层再进阶

经过三年抗疫，我们好不容易熬到了春暖花开。然而，很多企业却发现期待中的井喷式增长并没有到来。

向外看，行业和市场正在发生巨变。华尔街不再人声鼎沸，硅谷和中关村的科技大厂都在实施降本增效，ChatGPT 的到来，让数千万"打工人"忧心忡忡，而官方给出的 CPI（Consumer Price Index，居民消费价格指数，简称 CPI）、PPI（Producer Price Index，生产价格指数，简称 PPI）、PMI（Purchasing Managers' Index，采购经理人指数，简称 PMI）等经济数据也让人难言乐观。尽管碳中和、新能源汽车、数字新基建、智能制造等相关行业仍处于风口，但更多行业正步入深度调整期，面临着更深层次的存量竞争。可以确定的是，新一轮市场周期正在形成，行业增长逻辑正在改变，企业要有新"活法"。

向内看，企业组织体系与办公模式已不同以往。之前因新冠疫情影响兴起的居家办公，有了 Zoom、Teams、飞书、腾讯会议等在线协作工具的加持，已成为不少企业习以为常的办公方式；而随着 95后、00 后等人群步入职场，很多企业过往那种金字塔结构、强目标管控、重 KPI（Key Performance Indicator，关键绩效指标，简称 KPI）考核的管理模式，正在被扁平化组织、矩阵式结构以及更强调上下一致、左右拉通的 OKR（Objectives and Key Results，目标与关键结果法，简称 OKR）模式所取代；那些大大超过法定工作时长的"996（每天上午 9 点上班，晚上 9 点下班，一周工作 6 天）"与"007（每天从 0 点到 0 点，一周 7 天不休息）"不再被大家所接受，而很多年轻人宁愿冒着风吹雨打送外卖，也不愿进工厂在流水线上打螺丝钉，人们的就业理念正发生改变。一边是企业招不到合适的员工，一边是很多人找不到合适的工作，这种"拧巴"状态还会持续很长一段时间。

外部市场变化要适应，内部组织变革要跟上，这对企业管理者提出了新挑战。宝洁公司前高管罗伯特·麦克唐纳（Robert McDonald）曾借用一个军事术语 VUCA 来描述这种变化。VUCA 指的是 Volatility（易变性）、Uncertainty（不确定性）、Complexity（复杂性）、Ambiguity（模糊性）。现如今，企业处于 VUCA 时代，更需要随机应变，以适应新的挑战。高层管理者要看清行业趋势，找准战略方向，推动企业进行业务转型与组织变革；中层管理者既要承接公司战略变局，在流程、机制、业务模式与团队文化层面助力公司战略的落地，又要适应组织变革与新生代员工的管理挑战，帮助企业实现有效率的增长与高质量发展；而带领团队成员达成目标永远是基层管理者的第一要务，他们要让员工认同公司的战略方向，还要想办法赋能团队并带领团队"打胜仗"，还要让一线员工有安全感和信任感，主动融入组织变革的进程中去。说实话，哪一条都不简单。

这其中，中层管理者的角色胜任与领导力至关重要。首先是承上启下。无论是公司战略落地，还是业务转型与组织变革，如果没有中层管理者的全力以赴，那些伟大的使命和愿景就很容易落空，更不要说流程再造、机制设计、文化打造、梯队建设与人才培养了。缺少了中层管理者的支持，执行很难奏效。其次是"中间"与"中坚"。"中间"指的是角色与位置，"中坚"指的是能力与贡献。中层管理者处于公司腰部，如果一家企业的腰部力量不强大，很难想象企业如何在越来越卷的市场竞争中立足。而在一家企业中良将如云、英才辈出，本质上就是中层力量的强大。另外，从移动互联到人工智能，从扁平化组织到矩阵型组织，在每一轮技术革新与组织变革后，"去中间化"的声音都不绝于耳，中层管理者的价值贡献总是被唱衰，他们总会遇到"中间商赚差价"的质疑与挑战。然而，事实上，中层强则公司强，中层有担当则团队有信心、公司有希望，中层有力量则公司有力量。中层管理者要搞清楚一点：所谓"去中间化"，本质是清退组织中那些只做传声筒、关键时刻不担责、躺平没贡献、长期平庸不思进取的中层管理者。而那些总能给公司带来价值产出，带领团队攻坚克难，致力于业务创新和增长，认同并践行企业文化的中层管理者，永远都是公司弥足珍贵的中坚力量。

然而，在过往的企业调研中我们也发现，并非所有的中层管理者都能适应 VUCA 时代的诸多挑战。尤其是在公司外部市场环境发生改变、内部组织变革需要攻坚克难的时刻，很多中层管理者在角色胜任和领导力层面跟不上公司的战略发展要求，出现了业务增长乏力、团队管理松散、绩效难以提升、创新成果匮乏、人才培养进展缓慢等问题，主要有以下七大典型表现。

表现一：重业务管理，轻团队管理——业务上亲力亲为，团队管理上乏善可陈，多低头拉车，少抬头看路。

表现二：重经验复用，轻团队创新——业务创新乏力，过度依赖经验，不信任员工的能力和判断，自己的视野和格局成为团队发展的最大瓶颈。

表现三：重绩效结果，轻过程管理——只关心结果的达成，不重视过程管理，遇到问题亲自上，总扮演救火队长。

表现四：重情感管理，轻制度管理——靠情感、情义、关系解决团队问题，要么采取"家"文化，要么采取"江湖"文化，总当"老好人"，导致流程和制度成摆设。

表现五：重单打独斗，轻团队协作——过度依赖团队中的少数能人和明星骨干，看重员工的个体能力，忽视团队成员以及部门之间的专业协作，成功经验不能被复制。

表现六：重计划执行，轻战略思考——能带领团队成员推进目标计划的落地执行，但对于所在部门和团队未来几年的战略规划思考得较少，遇到外部环境与行业巨变，往往只会被动等待公司的安排。

表现七：重活在当下，轻人才培养——将全部精力、时间和资源投入当下的目标达成与业务推进中，对于团队人才培养和梯队建设漠不关心，只要当下的绩效达标，哪管日后的风高浪急。

中层问题不解决，公司发展难突破。从这个角度而言，VUCA 时代的中层再进阶，不是选择题，而是必答题。随着外部市场环境与内部组织变革的推进，中层管理者要完成三个进阶。一是角色再进阶。除了带兵打胜仗，对于中层管理者而言，更重要的是胜任三大角色——战略执行者、团队领导者、资源整合者。这就意味着，中层管理者既要洞察战略，又要果断执行（战略执行者）；既要用好制度，又要打造文化（团队领导者）；既要确保人岗匹配，又要确保内外联动（资源整合者）。二是认知再进阶。对于中层管理者而言，如果总认为"业务 / 技术才是职场发展的硬通货，管理不算"，总是对过往的成功经验充满"执念"，就会阻碍自身的成长与发展。同时，中层管理者也要意识到，自己的管理半径不能仅仅局限于所在部门和团队，如何与上级同频共振、如何与其他部门高效协作对于中层管理者来说至关重要。三是能力再进阶。除了传统意义上的"管人理事"，中层管理者还要上承战略、下接绩效，还要激活员工、赋能团队，还要持续创新、再造流程、优化机制、落地文化，等等。外部市场瞬息万变，新技术应用一日千里，新生代员工"整顿职场"，正所谓"三天不学习，就被员工怼"。这就需要中层管理者不断学习，持续更新自己的知识体系，拓宽自己的视野和朋友圈。这样的中层管理者谁不爱？

在多年的管理咨询与培训实践中，我有幸见证了一大批包括科技独角兽、国企、外企、行业头部民企、科研机构等在内的组织的中层管理者的成长与发展。他们有的是世界500强企业在华中坚力量，负责国内或海外市场的深耕与拓展；有的曾是享誉业界的技术大咖，正带领团队攻坚克难；有的曾在企业基层躬身实践多年，正经历从基层管理者到中层管理者的角色转换；有的刚从成熟期的部门转到公司新创部门，正在用不同于以往的方式推进管理实践；有的肩负公司业务转型与组织变革的重任，正牵头组建跨部门项目小组从而帮助公司寻找第二增长曲线；有的正遭遇职场中年危机，认知需要突破，能力需要提升，每一步都如履薄冰。他们的成功经历与"最囧时刻"同样弥足珍贵，成为中国企业中层管理者持续进化的最真实注解，也是本书内容的源头活水。另外，非常值得一提的是，本书作者之一王英，在20余年的创业征程与管理实践中，以"水哲学"作为经营之道，在战略层面上坚守"上善若水"，在团队层面上笃定"水滴石穿"，在业务层面上践行"润万物而不争"，为业界培养了上百位中层管理精英。她所带领的团队屡获行业大奖，用知行合一的方式践行团队领导力。在中层管理者的培养与赋能层面，她的思考和实践可以给大家更多启发。

作为"转型领导力"三部曲系列的第二本书（第一本书是面向新任管理者的《上任第一年：从业务骨干向优秀管理者转型》，已于2019年由机械工业出版社出版，重印多次，长年位居京东管理类图书排行榜前列），本书主要面向公司中层管理者，包括集团公司中层管理者、分公司/子公司/事业部/区域公司中高层管理者、业务与技术部门管理者、中后台职能部门负责人等。本书成稿历时三年，前后经过几轮修改，经历了诸多波折，这像极了很多中层管理者的管理现状。正所谓"悲观者正确，乐观者前行"，其实这就是"进阶"一词的应有之意。

在此，我要特别感谢优客工场创始人毛大庆，润米咨询创始人刘润，标普云总裁、华为前副总裁杨蜀，美的集团电子公司总经理戴广成的倾情推荐，他们在创业和管理层面的躬身实践，让我受益良多；我还要感谢多年来支持、鼓励和帮助我们的企业家和管理者们，感谢见证彼此成长和进阶的家人、朋友和同事们，感谢机械工业出版社的解老师和编辑团队的良苦用心。同时，我们必须要承认，在管理这件事上，实践无止境。作者水平有限，如书中有不足之处，恳请各位读者批评指正，您的反馈将会帮助我们持续改进。

杨继刚

2024 年 2 月 1 日

上海

目录

第二部分　如何向上协同
——不是言听计从，而是同频共振

第三部分　如何向下赋能
——不是施压管控，而是团队赋能

Contents

中层再进阶
从业务管理者向
团队领导者转型

第一部分
中层管理者的角色定位
——不是上传下达，而是承上启下

第一章
中层不是夹心层

——中层管理者面临的三大困境

对于中层管理者而言，一个无比熟悉的场景是：好不容易结束了又一场团队会议，要贯彻上级的战略要求，要进行科学决策，要征求下级的意见，要凝聚人心，要达成共识，要推动执行，要解决分歧。三个小时下来，你的大脑早已不听使唤。你已记不清这种工作状态持续了多久，不知道从什么时候开始，仿佛开会成了你工作的全部。面对那些老生常谈的议题，烂熟于心的流程，甚至连会议工作餐的味道和发飙的场景都一模一样，你自己都觉得毫无新意了。等团队成员陆续离开会议室，留下你一个人发呆时，你问自己：这是我想要的工作方式吗？

回到家里，你还要面对另外一个"战场"。上有老下有小，早已让你不敢懈怠；老人的身体健康，孩子的学习成长，另一半的时常督促，都会时刻提醒你人到中年的现实。职场人到中层，人生也到中场，是继续"苟且"地重复过往，在现有的舒适区里欣赏风景，还是继续努力向上，冒险进入挑战区，去尝试人生和职场的另一种可能？说起来容易，做起来难，在无数次的纠结和尝试后，有人向前一步，有人留在原地，没有高尚与蹉跎之分，只有各自不同的人生选择。

有人说，职场中的中层管理者就像汉堡包中间的那块肉一样——上有领导"压榨"，下有员工"反抗"。这话说对了一半。中层管理者所处的位置和角色决定了自己所要面对和解决的问题，但中层管理者未必只能被动接受。如果能不断解决问题，带领团队产出高绩效，并为公司探索出可复制的流程、机制与方法论，助力公司战略和文化在部门层面落地生根，那么，中层管理者不仅能够实现向上进阶，还能让自己的职场之路越走越宽，成为优秀的公司高管。反过来，那些被问题困住，天天处于救火状态，团队成员绩效不佳，也没有像样的创新实践，被一个又一个问题折磨的疲惫不堪的中层管理者，可能早就心生厌倦了，更不要说满怀激情干工作了。那么，他们遇到了哪些困境呢？

困境一：晋升之路越来越窄

中层管理者的向上之路本就是一道"窄门"。

这不仅是因为在一家公司中，高管的位置少、要求高、压力大，如果没经过足够的历练，没有过硬的管理战绩，要晋级到高层难上加难。还有一个重要的原因是：公司对高管的要求和对中层管理者的要求完全不一样。并不是因为你把部门管得好就可以晋升到高管的位置，过往的管理实践与绩效表现都只是必要条件。公司选什么样的人做高管，需要他具备哪些素质和能力，要承担什么样的使命和责任等，这些要求往往和中层管理者过往的经验积累并不直接相关。因此，中层管理者的晋升之路越来越窄是客观情况。

除了公司层面的客观原因，还有中层管理者自己的问题。中层管理者长期处于部门或团队管理场景中，解决业务、技术和团队管理问题相对得心应手。但是，很多中层管理者缺乏战略思考，很难站在公司层面看待问题，无法做到与上级同频共振，思考和解决问题的方式局限在部门层面，不能突破自己的认知与格局，也不愿意在战略不确定、流程不清晰、制度不明确的"灰度"地带做创新探索。久而久

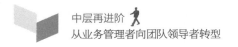

之，很多中层管理者的向上之路就更难走了。

为什么很多公司的高管不是自己培养出来的，而是选择了外部"空降兵"？难道真的是因为老板薄情寡义、过河拆桥，有跟随自己多年的中层管理者不提拔，反而更迷信"外来的和尚会念经"？其实，这是对老板的最大误解。想想看，谁不愿意用知根知底的人，信任的培养需要时间，也需要花费巨大的成本，选择使用"空降兵"本身就带有冒险的性质。就是因为内部的中层管理者在视野、格局、认知与胜任力方面存在显著问题，且又不可能靠短时间的培养来解决，时间不等人，老板就只能到外部人才市场上去"买高管"了。

如果中层管理者在一家公司的晋升之路遇阻，他会怎么办？针对这个问题，我们曾经对国内数百家企业的中层管理者做过调查，结果表明：除了一些选择"躺平"或者非常个性化的回答外，有35.7%的人选择了跳槽，22.4%的人选择了等待下次机会，还有12%的人选择重新考虑职场发展。要知道，中层管理者是一家公司的中流砥柱，他们的去留一定会对公司的发展产生影响。如果一些优秀的中层管理者因晋升遇阻而选择离开，这显然是公司的损失。所以，从这个角度我们就能理解什么叫"发展才是硬道理"，就能懂得公司增长的意义所在：若没有持续增长，就没有更多的岗位，也就没有更多的机会给到中层管理者，这也是公司的成长之痛。

困境二：专业之路越来越远

有些中层管理者，特别是从业务大咖、技术专家晋级而来的"大神"们，对向上晋升并不感兴趣，反而无比怀念身为团队业务大咖、技术专家的那段时光。只要提到业务和技术问题，他们就两眼放光，恨不能马上冲上去解决问题。而对比当下，这种感受更强烈。为什么？当下苦呀：要么苦于团队成员的专业水平不够，自己辅导了多次，早已失去耐心，于是陷入亲力亲为的陷阱不可自拔；要么在团队管理层面不得其法，被无数具体的管理细节缠住了，根本没时间思考部门的战略发展和管理效率提升问题，造成越忙越乱、越乱越忙，自身工作的成就感越来越低。管理之路遇阻，专业之路又回不去了，这可怎么办？

其实，还是安全感在作祟。在过往的管理咨询项目实践中，我曾遇到过国内某科技"独角兽"企业的一位管理者：技术大咖出身，管理近百人的技术服务团队，为了从天天亲力亲为的状态中走出来，开始尝试我们给出的几个解决方案。比如，更好地进行工作委派和授权，用人所长，培养后备人才，把精力聚焦到部门和团队的资源配置方面，等等。几个月后，这位管理者所负责部门的管理状况大为改观，涌现出多位骨干人才，团队绩效持续增长。然而，就在这个时候，他找到我们说：最近部门绩效的确是改善了，团队管理也轻松了，我有更多的时间来思考部门发展规划了。可是，我现在却极度不适应，没人来找我问技术问题，也没人找我来救急，万一我离技术一线远了，将来我的技术水平可怎么提高呀？没了技术，我将来（在职场）可怎么办呀？

如果管理者还是留恋过去的业务成就感、技术成就感，总认为没有业务/技术能力，就无法在职场立足，则永远都不能实现职场跃迁。在业务/技术路线和管理路线之间摇摆不定，以一种骑墙的心态来处理业务/技术和管理的平衡问题，注定是两头不讨好。管理者会认为，如果选择了管理之路，自己离专业（一线）就会越来越远。但事实上，这是一种假象，原因在于：你并没有离开专业（一线），你只是切换到另一个维度，从公司层面、战略层面、管理层面重新看待和解决专业（一线）问题。只是少了很多"亲自上手"的机会，那些业务大咖、技术专家出身的管理者的安全感就出问题了。

沿着旧地图，找不到新大陆。如果总拿过去的专业逻辑去规划职场未来，恐怕只能让管理者的职场之路越走越窄。管理者不要给自己的职场发展设限。

困境三：创新之路越来越难

很多中层管理者都听过一个词叫"闭环"。什么是闭环？简单讲就是有始有终。在管理上，如果一件事能实现类似 PDCA 循环[⊖]，形成标准化、可复制、不断迭代的工作方法，就构成了一个闭环体系。闭环体系的最大好处就是节省了大量的摸索成本，保证稳定的产出和绩效，从而让团队流程和机制在可控的范围内不断迭代升级。

然而，"闭环"模式也会带来某些问题。比如，当外部出现机会窗口、技术变迁、突如其来的黑天鹅事件时，固有的"闭环"体系很难应对。举个例子，20 世纪卡带机时代的索尼 Walkman 一度成为行业领先的标杆，不断追求音质、超薄和时尚等指标的精益求精，将"闭环"模式发挥得淋漓尽致。然而，随着数字时代的到来，特别是苹果 iPod 的横空出世，一下子将卡带机送进了历史的仓库。

回到中层管理者层面，中层管理者既要重视"闭环"模式对日常管理和绩效改善的重要价值，又要对行业发展趋势、客户需求的变化、公司战略的变更保持足够的敏感度，为业务创新、管理创新、组织创新保留一个小窗口。对于中层管理者而言，完成当下部门或团队的目标当然重要，但不要被长期的管理闭环和业务惯性限制住了，唯有打破惯性才会有业务创新，只有跳出闭环才能看到走向未来的真相。从这个角度而言，中层管理者的创新难表现在以下三个方面。

⊖ 即 Plan（计划）、Do（实施）、Check（检查）、Action（行动），由美国质量管理专家沃特·阿曼德·休哈特（Walter A. Shewhart）最先提出，并被爱德华兹·戴明（Edwards Deming）采纳并发扬光大，PDCA 又被称为"戴明环"。

一是无法和高管同频共振，只关注本部门的业务创新，不理解公司需要的业务创新。

其实，本部门的业务创新当然是中层管理者的关注点，但本部门的业务创新从何而来？创新不是解决所有问题，而是要聚焦到公司战略层面最关键、最核心的问题。因此，中层管理者要先回到公司战略层面，理解公司和高管的战略意图，从公司发展阶段和当前面临的主要矛盾出发，来定义和推进本部门的业务创新。

二是无法推动团队打破业务创新瓶颈。

中层管理者往往业务经验丰富，对很多业务问题能一眼看透，很快就能找到问题的症结所在。但经验丰富不等于能够做出业务创新，如何避免少数团队成员的创新实践被所谓的"成功经验"扼杀掉？要知道，很多业务创新，一开始都会表现为"不干正事儿"，甚至是对当下成熟业务模式的一种颠覆，在这种情况下，如何鼓励团队敢于创新，如何包容创新失败，如何推进部门有利于业务创新的机制与文化，如何让业务创新成为团队每个人的事而不是自己的事，对于中层管理者而言至关重要。

三是安于现状与"躺赢"心态。

要成为中层管理者，当然不容易，一定经历过公司的层层筛选。只不过在岗几年后，中层管理者群体也会发生分化：少数继续向上晋级，去承担更大的责任与使命；也会有一些中层管理者不能胜任管理岗位，被调换到其他岗位；当然，多数中层管理者还会继续在原来的岗位，一旦过了最初的手忙脚乱，部门工作进入周期性循环状态，中层管理者就可以驾轻就熟了。

在公司外部竞争环境没有发生重大改变，或者公司战略方向未发生调整的情况下，很多中层管理者逐渐适应了周而复始的工作状态，业务模式成熟、绩效增长稳定、团队人员稳定，长期的"稳定态"不可避免地会让中层管理者形成安于现状的心态，以为"只要保持当前的惯性状态，不断地迭代改进，持续精益求精"就可以了，甚至认为创新就是瞎折腾。还有一种情况，有些企业正好赶上行业增长风口，属于"风口上的猪"，或处于事实上的垄断地位，根本不担心订单、销量和营收。这类企业的中层管理者逐渐有了"躺赢"的心态。如果老板或董事会也是保守风格，"躺赢"就成了全公司的集体状态。一旦遇到行业周期或外部竞争环境的重大调整，"躺赢"的公司往往会迎来生死挑战。出现这种情况，中层管理者并不是无辜的。然而这个时候再去搞创新与变革，只能是置之死地而后生了。

那么，中层管理者如何打破这三个困境呢？

⮞ 一、转型思考题

1. 那些凡事喜欢亲力亲为的中层管理者，会带来哪些管理问题？

2. 抛掉运气等因素，那些由中层晋升到高层的"关键少数"，都有哪些典型特点？

3. "专业（业务/技术）成就感"较强的中层管理者，在团队管理层面会有哪些典型表现？

⮞ 二、转型工具箱

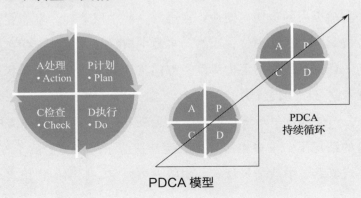

PDCA 模型

PDCA 循环，即 Plan（计划）、Do（实施）、Check（检查）、Action（行动），由美国质量管理专家沃特·阿曼德·休哈特最先提出，并被爱德华兹·戴明采纳并发扬光大，PDCA 又被称为"戴明环"。

三、转型方法论

人类行为改变的三个区域

美国心理学家诺尔·迪奇（Noel Tichy）在关于人在不同环境下的行为改变研究中提到了三个区域，分别是：舒适区（Comfort Zone）、挑战区（Stretch Zone，有的人译为"学习区"）和恐慌区（Stress Zone）。

第二章
中层不是传声筒

——中层管理者遇到的三大挑战

如果说困境是长期积累的结果，那么挑战则是中层管理者当下要解决的现实问题。

那些喜欢一竿子插到底的公司高管每次到分公司、子公司或部门突击检查时，都在内心中证明了自己的论断：中层管理没有什么价值，我没有看到公司战略落地，没有看到一线业务创新，难道中层管理者只会上传下达？而那些有点才华、自诩不凡的员工每次参加部门或团队会议时，都在内心反问：那位端坐在会议室中心位置的家伙，到底有多少真才实学？每次我听到的都是公司要怎么样、上级要怎么样，要不就是问所有的团队成员该怎么办，我从来就没听他提出过什么高见，他凭什么来管我？

其实，上下级都指向了一个关键问题：中层是传声筒。"传声筒"现象是否存在？当然有。有些中层管理者在开会时只是通过念稿子的方式传达公司高层会议精神，但是不能提出任何转化与落地措施；有些中层管理者在面对部门或团队的突发问题时不能提出自己的意见和判断，只是把员工的意见汇总给上级领导，直接让上级领导拍板；还有些中层管理者永远都不做决策，要么在等待上级做决定，要么在等待下级提出解决方案，让自己彻底沦为上传下达的传声筒。

但是，有作为的中层管理者绝不是传声筒。中层管理者需要将团队成员普遍遇到的问题转化为流程、机制与解决方案，从而推进部门或团队目标的达成；需要有分解、有路径、有策略地把公司的战略目标转化为部门或团队的具体行动措施，并通过高效执行拿到结果。这样看来，中层管理者需要通过向上承接目标和责任，向下分解行动措施，充分调动部门内外的人、财、物等资源，激活团队每个成员的参与感，从而实现部门目标的达成与团队绩效的提升。

其实，很多企业一直存在中层管理者的角色错位与评价误区：中层管理者最重要的使命，绝不是天天亲自上场解决业务或技术问题，而是依托公司所赋予的责权利，更好地调动部门内外资源，实现成果和产出的最大化。因此，别再把中层管理者局限在业务或技术专家的角色，他们应该是公司资源的整合者、协调者与驱动者。

在日常工作中，我们也看到两类有着完全不同表现的中层管理者。一类是永远冲在业务或技术一线的专家。他们每天和团队一起加班，一起攻坚克难，团队遇到棘手问题永远都要靠他们一锤定音。一方面，中层管理者在关键时刻以身作则，带领团队解决问题，敢于承担决策责任，这当然值得我们点赞。另一方面，我们也会发现，在那些习惯于亲力亲为的中层管理者所管辖的部门或团队中，问题层出不穷。最要命的是，有些问题经常重复出现。第一次出现时，中层管理者亲自出马搞定，第二次、第三次依旧如此。就这样，中层管理者成了解决问题的主角，而团队其他成员反而成了问题的旁观者。反过来，如果中层管理者恰巧某次发挥失常，没能解决问题，团队成员就会说："你看，领导都搞不定，我们做不到很正常。"

另一类是神龙见首不见尾的"江湖大侠"。部门有需要的时候，中层管理者会组织开个会，将工作责任分解下来，至于行动细节和具体的举措，从来就不是这类管理者关心的重点。一方面，这类中层管理者往往善于从具体的工作事务中抽离出来，拿出更多的时间来思考部门战略问题。另一方面，如果中层管理者长期对一线业务漠不关心，又没有打造后备人才梯队，且在流程、机制与团队文化建设层面缺乏长期投入的话，那么一旦出现突发情况，部门就无法寻求来自中层管理者的帮助，团队就只能被动挨打。时间久了，团队的凝聚力会大大降低。

因此，中层管理者不能走极端，既不能陷入业务细节中拔不出来，也不能完全置身事外，像甩手掌柜那样不管不问。大多数中层管理者处于这两个极端的中间状态。战略要落地，目标要达成，绩效要提升，中层管理者上承战略下接绩效。在过往的管理咨询实践与培训过程中，我们发现，中层管理者面临以下三个典型挑战。

挑战一：如何与上级同频共振

"同频共振"是什么意思？

首先，要理解上级所说的话。这一点对于大多数中层管理者来说不算问题。

其次，不仅要理解上级的意思，还要明白上级的初衷和出发点：为什么要做这个决策？直接原因是什么？有没有其他考虑？和今年的公司战略有何关系？等等。有人说：上级直接讲出来多好，中层管理者哪里知道上级是怎么想的。问题是，如果每次沟通都那么顺利，都有充分的时间讨论和协商，哪还有那么多管理问题？切换到上级视角，在上级看来，过去出现过类似问题，也做过相应的决策，你应该明白我的良苦用心，还用我一句一句把之前的话重复给你听吗？尽管上级也不免犯了"我以为"的问题，但这反过来也说明，同频共振还是挺难的。

这就要提到另外一个词"默契"。默契是一种工作状态，指的是上下级在进行工作协同时，效率高、误解少、沟通成本低，能很好地达成目标。上下级之间要建立默契，不仅需要时间积累，需要大量的互动与交流，更重要的是，要对彼此的做事方式、价值观、立场与出发点等有深入的了解。想想看，上级讲了同样的问题，为什么其他人心领神会，你却迟迟不得要领，果真是领导偏心吗？

有关如何更好地了解上级的问题，我们会在本书第二部分"向上协同"部分给大家做具体的分享。既然同频共振对上下级工作协同如此重要，但为什么中层管理者没能做到与上级同频共振呢？主要有三个原因。

第一个原因：不了解上级的风格。

对于管理者而言，所谓风格，一般指的是其管理风格，也就是上级的做事方式。决策快，还是决策慢？是偏重于事实与数据，还是即兴发挥的成分居多？遇到问题，是先倾听下级的意见与建议，还是先入为主，再让下级参与讨论解决方案？管理风格各有不同，同频共振的方式自然就不一样。

如果中层管理者遇到的是刚刚走马上任的新领导，一时不清楚上级的管理风格，需要花一些时间做沟通很正常。但对于那些已经和上级共事很久的中层管理者来说，如果还是不能了解上级的管理风格与做事方式，就需要好好做一下检讨：到底是不了解，还是不接受？是上下级的关系不佳，还是对上级的管理方式不在意？对于过往所经历的上下级协同的典型案例，是否做过复盘与总结？

当然，你也可以通过 DISC、MBTI 等测评方式来了解上级的管理风格。

第二个原因：不善于总结过往的经验和教训。

吃一堑，总要长一智。但对于很多中层管理者来说，解决问题才是第一位的，他们几乎把所有时间都花在与上级沟通和解决问题上，这当然无可厚非。但问题解决完，不代表万事大吉。中层管理者要思考：这件事为什么发生？如何避免下次重复发生？上级最初的要求是什么？为什么自己一开始理解有偏差？如何改进与上级的沟通方式？如何更好地寻求上级的支持？自己有哪些沟通和反馈行为需要改进？等等。对这些问题的总结和复盘会帮助中层管理者更好地向上协同。

这其实就是复盘的逻辑。"复盘"原本是围棋术语，本意是通过还原对弈过程的方式，查找出现的问题并寻找改进之道。对于中层管理者而言，复盘应该成为自己的工作习惯。无论是部门战略落地，还是团队内部管理、重点项目推进等工作，都可以通过复盘的方式总结经验和教训，并形成自己的判断标准，然后再回到现实工作进行检验，及时更新标准、流程与做事方式，就形成了上下级同频共振的方法论。

第三个原因：在内心里不认同上级。

如果总是屡教不改，且经过复盘也无法解决问题，仍不能和上级同频共振，那么，还有一个原因要特别引起中层管理者的警惕：你在内心深处，并没有真正认同上级，包括上级的为人处世、上级制定的战略目标（甚至包括公司使命、愿景与价值观）、上级的管理风格与行为方式等。

认同，是职场人必须要过的一道坎。有人说，只要把公司和上级交代的工作任务完成就好了，和认同不认同上级（或公司）有什么关系？当然有关系。认同与不认同是两种截然不同的工作态度，决定了你是不是全力以赴，是不是怀着当事人心态，是千方百计寻找解决方案，还是到处为自己的不作为找理由，等等。这当然会影响最后的绩效产出。反过来，上级很容易会感受到下属的不认同，这样一来，连上下协同都成问题，更别说同频共振了。

中层管理者能"逼迫"自己认同上级吗？难。能做到中层的位置，谁不是才华横溢？谁不是经验十足？经过这么多年职场的摸爬滚打，中层管理者早就形成了自己对人和事的价值评价体系。对于那些与上级一起经历过风吹雨打的中层管理者来说，一般不存在认同问题，因为他们对上级的认同早就在之前的若干年建立起来了。当然，如果上级发起新的组织变革，或者颠覆现有的文化和机制，这个时候，中层管理者对上级的认同度也会出现问题，因为这会涉及现有利益格局的调整、企业文化和价值观的重塑、新业务与传统业务的变革等，如果沟通不到位，认知有偏差，下级对上级的认同便会出现裂痕，后续的协同一定会有问题。

挑战二：如何与团队凝心聚力

回到部门层面，中层管理者最直接的挑战是：团队能否上下齐心，共同完成部门战略和绩效目标。中层管理者管理部门时往往并不孤单，会有一个围绕自己的基层管理班子，来承接和分解相应的管理职责。然而，对整个部门产出负责的，依然是中层管理者。所以，在团队凝心聚力这件事上，中层管理者面临的挑战又可以细分为两个层面：一个是如何驱动基层（一线）管理班子来带动整个部门完成各项目标；一个是在流程、机制与文化层面，通过不断的优化设计，激活个体、赋能团队，让整个部门保持高效的战斗力。

这两件事都不简单。首先，凭什么让基层（一线）管理班子听你的？肯定不能只靠公司所赋予的职位和权力，如果直属的基层（一线）管理班子都不能做到凝心聚力，怎么可能驱动一线员工更好地达成目标？其次，流程再造、制度设计、企业文化落地都属于牵一发而动全身的管理动作，这不仅涉及部门内部的利益再分配，还牵涉与公司其他部门的沟通与协作，能否赢得公司和上级的支持，能否换来其他部门的全力协作，能否取得一线员工的理解和认可，都是关系到部门变革与管理的大问题，由此带来的不确定性和风险都是中层管理者在部门管理中要面临的现实考验。

做不到凝心聚力，部门就容易出现军心涣散、内耗不断、绩效不佳等情况。除了公司所处竞争环境的变化，以及公司战略变革所带来的组织震荡等原因外，在大多数情况下，没有做到凝心聚力的部门，往往和以下这三个原因有关。

原因一：部门缺乏目标共识。

无论是出于专业分工体系，还是职责定位的划分，部门内通常都会设置几个承担不同职责分工的小团队。这些团队需要对各自的绩效指标负责，而这些绩效指标又是在承接部门的绩效指标。从绩效角度来看，中层管理者要做的，就是保证部门内各个团队绩效指标的达成，确保部门内分工协作体系运转良好。

问题是，各个团队成员对部门目标有共识吗？是真认同，还是假认同？遇到意见分歧和资源分配问题，会产生冲突吗？如何保证各个小团队在完成自身目标的同时，能够从部门角度出发，协助其他团队完成目标，继而实现部门利益最大化？其实，同样的问题在公司层面也存在：部门在达成自身目标的同时，如何做好跨团队协作，实现公司利益的最大化？

有的中层管理者在分解部门目标时简单粗暴，只是按照指标体系和工作任务进行拆分，既没有和大家交代部门目标设定的背景（比如，公司业务的调整，部门定位的转变，等等），也没有征求大家的意见和建议。各个小团队领了指标和任务后，也都是在各自盘算自己的利益得失，当在执行中遇到分歧和冲突时，很难回到公司和部门层面看待问题，因为他们压根就不清楚公司和部门为何要设立这样的目标。因此，中层管理者应该在部门目标沟通上多花点时间，更多地倾听大家的意见和建议，构建整个部门对目标的认同度。

原因二：部门机制设计不合理。

有的中层管理者听到机制设计就头大。在他们看来，这是公司高管应该考虑的事，或者是战略规划部门、组织发展部门、运营管理部门、人力资源部门等部门应该考虑的问题，自己只需要把部门的事做好就行，搞这么多机制没用。

有的中层管理者说，出了问题我能搞定，机制设计的事先放放。但问题恰恰要反过来想：机制设计得越好，问题发生得越少。对于一个中层管理者而言，是每天到处救火解决问题好，还是一切运行正常，没有什么突发情况更好？管理学家德鲁克曾说：评价一个管理者水平高低的关键，是看他所负责的部门是否"风平浪静"，没有什么突发情况。

所以，中层管理者要回到机制设计层面看待问题，要用机制设计来凝心聚力。而机制设计的本质，是整合资源从而创造更大的产出。这涉及公平公正问题、团队信心问题、时机和阶段选择问题。合理的部门机制才能让团队走得更长远。

原因三：部门文化有问题。

如果说机制设计是中层管理者提升部门绩效的硬技能，那么文化打造就是中层管理者提升部门绩效的软技能。没有团队文化这个抓手，部门的凝聚力就会千疮百孔。

著名的企业文化专家埃德加·沙因（Edgar H. Schein）在《组织文化与领导力》（*Organizational Culture and Leadership*）一书中，将企业（团队）文化定义为："一种基本假设的模型，是由特定群体文化在处理外部适应与内部聚合问题的过程中发明、发现或发展出来的。由于其运作效果好而被认可，并被传授给组织新成员以作为理解、思考

和感受相关问题的正确方式。"

简单来说，企业（团队）文化就是一家公司（团队）的信仰和做事方式。真正的评价标准最终来自于市场，来自于客户。如果市场不认可，客户不买单，这样的企业（团队）就很难走远。所以，有的企业（团队）信仰客户价值，有的企业（团队）信仰责任共担，有的企业（团队）信仰利他才能利己，有的企业（团队）信仰丛林法则，等等。总之，有什么样的企业（团队）信仰，就会塑造什么样的团队价值观与行为方式。

那企业（团队）文化和凝心聚力有什么关系？关系很大。四大名著中的《水浒传》曾提到，宋江上梁山之后被推选为头领，他对梁山团队改革的重要一步，就是竖起了一面写有"替天行道"的大旗。从此，梁山便有了新的"企业（团队）文化"，过去很多的团队行为与做事方式要改变了，因为和"替天行道"的要求不符；相应的干部选拔标准、考核机制、奖惩措施等，也要和"替天行道"对齐。而恰恰是在这样的企业（团队）文化的引领下，梁山团队才能凝心聚力，有了更为强大的战斗力。

无论是为了部门绩效目标的达成，还是为了团队的长远发展，文化打造都是中层管理者的必修课。更重要的是，中层管理者要将企业文化转化为部门员工的行为方式，通过"理解—认同—与自我关联—行为评价—激励"的方式，让企业文化成为部门凝心聚力的重要支点，而这也恰恰是一个部门最持久的团队融合方式。

挑战三：如何与平级协同与共

终于说到平级了。与其他部门沟通协作是中层管理者的常规动作。如何与平级相处是一门学问——处得好，项目推进顺利、流程畅通无阻、成果源源不断；处得不好，项目推进受阻、流程断断续续、成果千疮百孔。问题是，中层管理者又不能拿手中的权力对平级发号施令，人家又不是你的下属，凭什么听你的？如果再涉及公司内部不同的部门，沟通协作的障碍就会更多。一旦失去权力的庇护，很多中层管理者在与平级的沟通协作中就一筹莫展了，怎么办？

要回答这个问题，我们首先要了解到底是什么在影响平级的沟通协作。为什么有的中层管理者和其他部门时时起冲突，而有的中层管理者却可以一呼百应？两相对比，我们发现了其中原因。

原因一：隔部门如隔山。

部门的本质是什么？是专业分工。指望所有人都能对你部门的工作（专业）了解透彻是不切实际的臆想。越是大公司，分工越精细，相对应的部门"专业墙"越厚实。同时，部门之间天然存在"信息不对称"的情况，如果双方的沟通方式不当，可能会引发更大的协作问题。

因此，中层管理者尤其要提醒自己：尊重其他部门的专业（分工）价值。这一点非常重要。如果连起码的尊重都做不到，一谈到其他部门的工作，眼神里满是不屑，这种心态肯定无法做好跨部门协作。事实上，特别是那些销售、市场、研发、供应链等与客户订单产出直接关联的部门，也就是很多老板眼中的"明星部门"的中层管理者尤其要提防自己内心的"强势部门"心态：认为自己的部门重要，其他部门不重要，其他部门就应该为本部门的工作目标、项目、任务提供全力以赴的协作。有这种心态的中层管理者往往会和其他部门冲突不断。很简单，在其他部门的管理者看来，凭什么你一副高高在上的样子，居高临下地和别的部门讲话？因此，放下强势心态，从内心尊重其他部门的专业（分工）价值，倾听其他部门的意见和建议，才是进行平级协作的最佳做法。

　　还要提醒中层管理者的是：要把"管理者"和"部门"区分开来。无论平级部门管理者的所作所为多么令人生厌，你也要在内心告诉自己，你是在和这个"部门"合作，你最想要的是"做成事"。至于平级管理者的管理风格如何，你是否喜欢他的为人，这些都不重要。在尊重专业（分工）价值的基础上，从如何"做成事"的角度推进部门协作，尽可能降低因平级管理风格不同所造成的不适感，会让你的跨部门协作变得更简单。

　　原因二：部门的行为方式不同。

　　不同的部门，不仅专业分工不同，团队的做事方式也不同。财务部偏重严谨作风，销售部往往表现为业绩为王的行为方式，质量部喜欢"挑刺"，研发部偏爱"钻牛角尖"，等等。这多半和部门的专业（分工）定位有关。中层管理者不仅要尊重平级部门的专业（分工）价值，还要理解和尊重平级部门的行为方式和工作风格，这也是跨部门协作的一个重要前提。

　　除了专业（分工）属性所导致的部门做事方式不同，部门管理者的管理风格和价值观也会深刻影响这个部门（团队）的行为方式。在电视剧《亮剑》中，同为作战部队，李云龙、丁伟、孔捷三个团长的管理风格截然不同：李云龙是典型的"亮剑"风格——以结果为导向，不被任何条条框框所限制，通过不断的"打胜仗"来解决发展问题；丁伟是典型的"智谋"风格——审时度势，绝不打无准备之仗，事先判断得失，如果战场出现变化，那就马上调整部署，绝不吃眼前亏；孔捷是典型的"勇武"风格——不怕事，你敢来我就敢上，关键时刻不含糊。三种不同的管理风格造就了三个团队不同的做事方式，如果彼此不认同、不尊重，互相瞧不上，那就很难有高效率的协同作战。

　　所以，中层管理者不要总拿自己的喜好去判断别人的对错，不要总用自己的价值观去评价其他部门的是非。事实上，越早意识到自己的专业局限，越早意识到别人的优秀，就越能更好地成长与突破，这也是中层管理者打破职场天花板的一个必备条件。

　　原因三：没有找到冲突解决方案。

　　部门与部门之间有冲突很正常。如果时刻站在本部门的立场上，只考虑本部门的利益，从来不考虑其他部门的立场和利益，那你就很难找到解决差异的完美方案。再进一步讲，如果能站在公司的立场上去看待问题，中层管理者或许更能找到双赢的解决方案。这里有三个关键点需要引起中层管理者的重视。

　　（1）其他部门的立场和利益。你要了解其他部门的立场以及他们的核心利益，如果完全站在相反的立场上去沟通，或者完全不考虑其他部门的核心利益，那么你很难和其他部门协作。

　　（2）上级领导的视角。有时候，站在上级领导的角度来看，你就会发现你和平级之间的很多意见分歧并非不可调和。你和平级看重的结果，未必就是上级所看重的结果。如果转换一下视角，你或许就能避免做很多无用功。因此，中层管理者要有意识地训练自己的"上级视角"。

　　（3）公司的原则。公司的原则包括公司的使命、愿景、核心价值观、企业文化等。其实，不管是站在上级领导的视角，还是站在公司的角度，都要求中层管理者放下部门的"执念"，回归管理的本质：部门的产生，是为了让专业人做专业事，共同为客户创造价值。清楚了这一点，放下部门的"执念"，中层管理者的平级协作问题就没有那么难了。

　　问题如此多，如何抓重点？

➡ 一、转型思考题

1.如果中层管理者不能和上级"同频共振"，可能的原因有哪些？

2.要解决部门（团队）一盘散沙的问题，有哪些可行的管理动作？

3.各部门做事方式存在明显差异的情况下，如何就意见分歧达成共识，推进跨部门协作？

➡ 二、转型工具箱

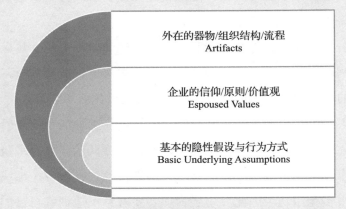

沙因企业文化模型

沙因企业文化模型包括三个层次，分别是：外在的器物/组织结构/流程（Artifacts）、企业的信仰/原则/价值观（Espoused values）、基本的隐性假设与行为方式（Basic Underlying Assumptions）。

➡ 三、转型方法论

MBTI（Myers Briggs Type Indicator）又称迈尔斯 - 布里格斯类型指标，是由美国作家伊莎贝尔·布里格斯·迈尔斯与母亲凯瑟琳·库克·布里格斯依据心理学家卡尔·古斯塔夫·荣格的性格

理论所开发的测评体系，从精力支配方式（外向／内向）、认知世界
的方式（感觉／直觉）、决策方式（理性／感性）、生活方式（主观／
客观）等四个维度对人的行为方式进行评测，共有 16 种人格类型。

MBTI 测评体系

第三章
中层不是万金油

——中层管理者应对的三大矛盾

中层要当好，压力真不小。人人都说中层强，哪知中层也有伤。伤在哪？内伤。

这和中层管理者在公司的位置有关。如果公司目标没达成，老板和高管们会说一线执行不到位。但老板和高管们怎么可能会说员工都不行，因此，"一线执行不到位"的问题就变成了"中层管理和落实不到位"。而回到员工层面，画风马上就变了：为什么公司目标没达成？员工们会说是公司战略有问题，方向错了，执行再努力也没用。但问题是，董事长、总经理、各种C×O们离一线员工太远了，真到追究责任的时候，员工所言的"公司战略有问题"，就变成了"部门目标有问题""部门制度有问题""部门分工有问题""部门奖金分配有问题"。到最后，责任依然指向是中层管理者。

在老板和高管们看来，中层管理者（特别是那些优秀的中层管理者）一定是公司的中坚力量，关键时刻当然要靠他们。最典型的情况莫过于"救火时刻"——公司出现业务、技术或团队变革层面的突发情况，需要马上解决问题，不然会导致公司业绩下滑或团队动荡。这个时候，优秀的中层管理者就成为老板和高管们眼中的"救火队长"。一方面，这是对少数中层管理者能力的一种肯定，他们既精通业务问题，又善于整合资源；既要有面对问题的敏感度，又要有快速解决问题的方法论；既精通本专业领域的疑难问题，又能触类旁通快速识别其他部门的问题。另一方面，由此带来的问题是，这些优秀的中层管理者会不得不接连不断地应对公司出现的各种"火情"。时间久了，"救火"难免出现差错，万一哪次救火没救成，却引发更大的"火情"，这反而会成为中层管理者的"不可承受之重"。

而在员工看来，他们眼中的中层管理者简直就是离自己最近的职场"大神"：遇到工作难题，找中层求助，很快就搞定；遇到职场困惑，找中层沟通，很快就释然；遇到办公室冲突，找中层解决，很快就化解。在他们看来，这些货真价实的部门"老大"简直就是自己的职场榜样。当然，这肯定和中层管理者的职场经历有关。大多数中层管理者都曾经历过不止一个岗位的淬炼，有大把的经验和教训，能为职场"小弟们"提供借鉴，这本是情理之中。只不过，一旦中层管理者被员工贴上了"有求必应"的标签，等待他的将是一个又一个员工"疑难杂症"的解决。

高层的这种期待，基层的这种认可，都让中层管理者必须随时打起十二分精神，应对部门可能发生的问题，把自己硬生生活成了众人眼中"万金油"。这里用"万金油"一词，绝没有贬义，而是强调一些中层管理者在处理诸多问题时的无所不能。然而，天天这么干，怎么可能保证不出问题？时间久了，中层管理者也有"打盹"的时候，一旦出问题，自己又成为最大的责任人，内伤变外伤。

还有一个原因经常被忽视，那就是中层管理者的"业务（技术）成就感"依赖症——留恋于"想当年"的辉煌战绩，尽管已做中层管理者很多年，但在部门管理层面始终没有大的突破，在驱动团队层面乏善可陈，干脆又回到业务（技术）难题中寻找往昔的成就感。这种情况常见于从业务高手、技术专家晋升而来的管理者。他们往往会陷入业务与技术难题的解决中不可自拔。越是这样，找上门的业务和技术难题越多，中层管理者属于自己的时间就越来越少。该自己做的事没时间做，该下级做的事全跑到了自己身上，这样的情形怎能不让中层管理者受伤？

高层有期待，基层有依赖。从根本上讲，中层管理者之所以会遇到各种问题和挑战，和其所面对的三种矛盾有关。

矛盾一：认知和行动

认知不升级，困境难改善。在当下的移动互联时代，经验的衰减速度远超以往，中层管理者如果不及时更新自己的学习地图，恐怕就很难跟得上认知迭代的速度。微信公众号、知识付费、电子书、线上学习课堂、各种学习圈子，从来没有一个时代像今天这样让学习变得唾手可及。那些仍喜欢畅谈"想当年"的中层管理者也面临认知更新与迭代的问题。说起来容易，做起来难，阻碍认知迭代的障碍主要有以下两个。

障碍一：被业务（技术）问题包围。

如果缺乏有效的工作委派和授权机制，部门内又没有建立一个可靠的基层管理班子，可以想见的是，中层管理者的时间基本都要被部门的业务（技术）问题所占用。管理者当然要深入了解并参与部门业务（技术）问题的解决，但如果天天被业务（技术）问题包围，不能有效提升团队解决业务（技术）问题的能力，也不能从流程优化、机制设计、人才培养等方面解决部门的长期发展问题，其结果往往是：中层管理者既处理不好层出不穷的业务（技术）问题，也无法充分激活和调动部门内基层管理班子的积极性，更不能从公司战略和部门长期发展角度考虑机制设计与企业文化落地问题，哪还有时间和精力去完成自己的认知迭代。

至于那些意识到这个问题，并尝试进行改进的中层管理者，又会面临另一个现实挑战：行动——认知若不能转化为行动，只能算学习知识而已，对解决现实管理问题似乎不起作用，也就不能兑现认知迭代的实际成果。从认知到行动，距离十分遥远，需要设计路线图，需要找到切入点，需要拿出前几次被现实"打脸"的勇气。在这方面，要提醒中层管理者的是：一旦自己放不下那个"端着的自我"，要实现认知迭代比登天还难。

障碍二：对过往成功经验的"执念"。

中层管理者最不缺的莫过于多年积累的业务（技术）实战经验，以及对业务（技术）问题的敏感度。这首先是因为多年的业务锤炼练就了中层管理者的火眼金睛，其次是因为中层管理者已在潜移默化中形成了解决问题的常规策略和方法论。但凡事总有两面性，过往的成功经验给了中层管理者快速判断和解决问题的高效率，同时也把问题的界定和解决方案锁定在原来的经验框架里。正所谓"拿着旧地图，找不到新大陆"，如果利用既有的经验框架根本无从解决新问题，甚至连入口都找错了，就会让中层管理者陷入"经验诅咒"。

这个时候，很多中层管理者仍放不下对过往成功经验的"执念"，非要在部门内部证明自己是对的，问题就变得更严重了。一是直属的基层管理班子成员所提出的其他意见和建议根本不可能被采纳，因为中层管理者只顾着捍卫自己的"正确"判断，其他意见均被视为离经叛道。二是整个部门都要为中层管理者的这种"执念"买单，带来的是大量无效的资源投入，以及团队历经多次折腾后的身心疲惫，这对于部门的健康发展极为不利。三是影响部门绩效与战略目标的达成。如果中层管理者把时间都投入具体的业务（技术）问题上，就很难有更多的时间和精力去思考部门战略、业务创新、制度设计、团队打造等本该自己重点去做的事，捡了芝麻丢了西瓜，这种情况并不少见。

矛盾二：格局和角色

爱恨皆格局。

有的中层管理者恨透了"格局"这个词。原因是，很久以来，上级领导经常用"格局不够"这个词来回应中层管理者所提出的很多意见和想法。这讨厌的"格局"到底是什么意思？

直到有一天，中层管理者和本部门的团队成员一起开会讨论问题。针对某个分歧点，团队成员各抒己见，拿出各种事实和数据来佐证自己的观点。这个时候，中层管理者突然发现，大家还是浮在问题的表面，在问题的边边角角绕来绕去，根本没有触及问题的本质。不仅如此，你会发现大家提出的意见都是基于各自的岗位立场，没有人能从公司和部门层面考虑问题。那一瞬间，中层管理者开始对格局有了一点新的认识。

原来，针对同样一个词，就因为所处的位置不同、理解问题的视角不同，就引发出截然相反的两种判断。什么是格局？字面上"格"指的是认知水平，"局"指的是做事结果，意为"一定认知水平下的做事结果"；另一种解释："格"指的是人格和人品，"局"指的是气度和胸怀，意为"为人处事中的原则、视野和品格"。

回到管理层面，我们可以这样理解格局：不同认知与价值观所决定的做事原则和标准。事实上，格局也是一种能力。能够突破现有的格局是中层管理者实现职场跃迁的关键能力。因此，对于中层管理者而言，突破格局与提升能力就是一回事。那么，到底是什么限制了中层管理者的"格局"？

一是发展阶段问题。

饭要一口口吃，路要一步步走。能够弯道超车的毕竟是少数，况且翻车的概率也很高。有时格局的培养也需要时间的酝酿。在大多数情况下，不是你的格局不够，只是时间和历练没到而已。

格局涉及发展阶段问题。全球著名管理咨询专家拉姆·查兰（Ram Charan）与斯蒂芬·德罗特（Stephen Drotter）、詹姆斯·诺埃尔（James Noel）合著的《领导梯队》（*The leadership pipeline*）一书提到，管理者要经历六个不同的角色转变，分别是：从管理自我到管理他人，从管理他人到管理经理人员，从管理经理人员到管理职能部门，从管理职能部门到事业部总经理，从事业部总经理到集团高管，从集团高管到首席执行官。其中，我们一般所说的中层管理者往往处于第二、第三、第四的角色转变期。无论是哪个角色，中层管理者从新官上任到完全胜任岗位，确实需要经历时间的历练，可以分成以下三个阶段。

第一个阶段：角色磨合期——核心是处理冲突。从基层到中层，这是管理者职业生涯的一道分水岭。中层管理者遇到的不再仅仅是"程式化、有章可循、能快速搞定"的业务（技术）问题，而是诸如上下协同、跨部门协作、梯队人才培养、流程优化、机制设计、资源整合等不确定性更高的挑战。一个典型的工作场景是这样的：上午被老板叫去参加公司某个战略主题会，下午要在部门调兵遣将完成落实，还要到其他部门那里协调资源支持问题，更不要说各种临时的业务（技术）难题、人员面试、项目会议等。

在这个阶段，最突出的表现就是冲突——人与人的冲突，团队与团队之间的冲突，部门之间的冲突，等等。冲突的背后，是目标与能力、目标与资源、目标与行动措施之间存在不匹配的问题。而中层管理者的职责之一，就是处理各种冲突。与"忙"共舞、与"乱"共舞、与"冲突"共舞是很多中层管理者上任之初的工作常态。这个时候，"格局"这个词太远，哪怕直属高管天天对中层管理者谆谆教诲，也无法让其在格局层面系统提升。原因很简单，这就是每个中层管理者成长的必经之路，连经历都没有，连痛苦都没有，中层管理者拿什么理解格局？所以，中层管理者应该多经历，多复盘，多反省，处理好每一个冲突，不断总结管理方法论，"格局"这事可以先放放。

第二个阶段：资源协同期——核心是资源调配。过了磨合期后，中层管理者终于理清了思路，部门的管理工作开始进入了正规，部门工作效率和部门绩效明显提升。这个时候，中层管理者面临的主要问题就转变为资源调配——通过人、财、物等资源的有效配置，提升人岗匹配、人事匹配、人效匹配，进而顺利实现部门战略目标。

中层管理者尤其要重视"资源调配"问题。一方面，很多中层管理者还会留恋于解决业务（技术）问题，"搞定问题"仍旧是中层管理者成就感的一部分，但这往往占用了中层管理者很多时间；另一方面，中层管理者要对部门绩效负责，不是天天亲力亲为解决问题，而是通过流程优化、制度设计、团队能力培养等措施，让问题不发生、少发生。这个时候，中层管理者要回到"资源调配"的角色，让部门内外资源为我所用，更好地达成部门战略目标。怎么做好"资源调配"？告诉你个秘密：让自己"闲"下来。

什么？忙都忙不过来，你却让我"闲"下来？是的，你没听错。既然你通过"996"和"白加黑"都不能解决好部门管理问题，那为什么不让自己先"暂停"一下，想想问题出在哪？拿行为上的勤奋去对冲思考上的懒惰本质也是一种逃避现实的行为。与其天天穷忙逃避现实，不如先让自己"闲"下来，思考：为什么问题层出不穷？哪些问题压根就不该出现？哪些问题是现有的流程和机制导致的？哪些人员和工作任务是错配的？如何用好部门内的基层管理班子？现有的哪些工作安排其实与部门战略目标关联度不大？为什么有的部门压力和挑战更多，但管理却井井有条？如果上级来处理我遇到的问题，他会怎么做？等等。

当中层管理者开始深入思考这些问题的时候，"格局"这个词就登场了。事实上，中层管理者如果不能深入思考和总结，不能站在上级的视角看问题，不能意识到自己的管理方式有问题，怎么可能放大格局看问题？格局不是虚幻的，而是要回到分析问题与解决问题上，回到部门绩效和团队发展上，没有好绩效，没有好团队，格局就会变得虚无缥缈。

第三个阶段：管理成熟期——核心是持续增长。经过协同期后，部门的各项工作逐渐走上正轨，有了标准化与流程化的管理体系，中层管理者就可以将更多的时间和精力投入部门战略、业务创新、机制设计、人才培养等层面。这标志着部门管理进入到成熟期，这个阶段的难题在于如何保持部门业务的持续增长。

持续增长靠什么？折腾。不是刚刚实现部门管理的常态化吗？好不容易走入正轨，怎么又要"折腾"？这里的"折腾"，不是瞎折腾，也不是乱折腾，而是基于部门战略目标，从如何保持业务持续增长的角度，驱动业务创新与团队能力提升，通过设置挑战性目标、模式创新、组织变革、业务对标、人才梯队培养等方式，不断提升部门的业务竞争力与绩效水平。为什么"折腾"？其实，不是中层管理者愿意"折腾"，而是外部市场环境、竞争对手、公司的战略规划、员工的发展空间等都在督促着中层管理者不断"折腾"，而最常见的"折腾"就是创新。

提到创新，很多人的第一反应是产品创新。其实，企业创新并不仅仅是产品创新。经济学家、被誉为"创新理论之父"的约瑟夫·熊彼特（Joseph Schumpeter）将企业创新分成五种，分别是：产品创新、技术创新、市场创新、资源配置创新、组织创新。在企业内部，前四种创新往往会有相应的部门负责和牵头，汇聚公司资源拿到企业创新成果。而对于"组织创新"，则是包括中层管理者在内的企业所有中高管的职责所在。在组织创新中，熊彼特重点强调了其中的"管理创新"（Management Innovation），包括管理方式、管理机制、管理方法、管理工具等层面的创新。在这方面，如果中层管理者的格局不高，站位不高，不能从外部环境、市场竞争、公司战略和部门发展角度看待问题，就很难在部门内推进卓有成效的管理创新。

二是角色认知问题。

从某种程度上来说，格局也是一种认知。所谓认知决定行为，行为决定结果。如果认知有误区，或者深陷其中而不自知，那么无论上级领导如何提醒和纠偏，中层管理者的格局都难以提升。有三种角色认知误区，尤其值得中层管理者警惕。

误区一：业务／技术才是职场发展的硬通货，管理不算。之前我们提到过，特别是那些从业务大咖或技术专家晋升而来的管理者，对业务（技术）价值极其认同，但对于管理价值却没有那么强的自信。有些中层管理者特别在意自己在部门内的专家身份，认为只有业务（技术）价值才能带给自己足够的安全感。

这种认知害人不浅，以至于在岗多年的中层管理者更愿意把更多的时间放在业务（技术）问题的解决上，并且非常享受亲力亲为带给自己的成就感。至于团队管理问题，什么流程优化、管理创新、组织变革、人才培养，想起来就头大，改天再说吧。

误区二：没事别去打扰上级，做好自己的事。在一些中层管理者看来，上级那么忙，要是没有重要的事，就不要去打扰上级了。还有的中层管理者秉持着"报喜不报忧"的原则，总希望上级为好消息点赞，至于坏消息，还是自己攻坚解决掉再说。

有了这样的想法，中层管理者在向上沟通方面就会变得很被动。平时不沟通，关键时刻不得不沟通，出现紧急情况有选择地沟通，这种方式真的是为了不打扰上级吗？说到底，这可能还是要维护自己在上级心目中的良好印象。回到上级的角度，他想不想了解重要项目的进展？他是否需要听取你的意见和建议？他是否需要工作推进中的安全感？同时，经常与上级沟通，除了能帮中层管理者打开思路，充分学习和借鉴上级的经验做法外，还能增进上下级之间的了解，这对于中层管理者而言也是工作价值。所以，不要被自己的认知误区给困住。

误区三：勤奋为王。勤奋本身当然没错，但要分用在什么地方。对于中层管理者而言，与角色胜任和部门发展相关的事，值得付出更多时间和精力。反过来，如果和自身角色无关，又不是自己的工作重点，对部门发展也没有什么用，这样的事，不仅不能勤奋，还要避而远之。不能把勤奋用错地方。

做管理，绝不是管的事越多越好。现代主义建筑大师路德维希·密斯·凡·德·罗（Ludwig Mies van der Rohe）曾提出"少即是多（Less is more）"的设计哲学，后来被包括苹果、通用电气、英特尔、谷歌、西门子、飞利浦等在内的世界 500 强企业广泛应用到管理领域。而逻辑学上的奥卡姆剃刀原理提到的"如无必要，勿增实体"也是同样的意思。所以，对于中层管理者而言，先做减法，搞清楚哪些事该自己做，哪些事不该自己做，然后将主要的时间和精力花在"重要的事"上，有了这个前提，再勤奋也不迟。还是那句话，不要在那些不该自己做的事情上勤奋过度，而在那些该自己做的事上逃避现实。

矛盾三：短期和长期

做管理，当然要兼顾组织的短期目标与长期目标。表面上看，短期目标与长期目标的内在要求是一致的，都是为了公司的持续增长。只有完成短期目标，才有资格讨论长期目标；只有从长期目标出发，

短期目标的设定才不会急功近利。从辩证法的角度来看，一切都很和谐。

只可惜，这属于理想主义。现实中，无法兼顾短期目标与长期目标才是中层管理者的常态。比如，短期要达成业绩目标，长期要实现持续增长，但很多时候，为了眼前业绩目标的达成，一些部门做一些寅吃卯粮的事并不稀奇。再比如，很多公司强调产品创新，将研发列为战略重点，但真到了真金白银投入的时候，很多公司老板还是要力保当前的流量产品，对待规划中的新产品依然是抠抠搜搜，口惠而实不至。

很多中层管理者确实做不到短期目标与长期目标的兼顾，原因有以下三个。

第一个原因：被业务牵着走。

我们强调过多次，中层管理者不能脱离业务（技术）一线做管理。公司要的不是行政官僚，而是能带领部门"打胜仗"的中层管理者。所以，抓业务本就是中层管理者的职责所在。然而，抓业务不代表被业务牵着走。这两者的本质区别在于：前者是从战略目标出发，以终为始，按照预定的路线图来推进，该配置资源就配置资源，该换打法就换打法，该换人就换人，该优化流程就优化流程，等等；后者往往是从部门眼前所遇到的业务问题出发，先搞定问题再说，救火要紧，至于下一次同样的问题是否出现，是不是"按下葫芦浮起瓢"，暂时管不了那么多。想想看，这样的中层管理者，怎么可能做到短期目标与长期目标兼顾呢？

第二个原因：抓不住重点工作。

什么是部门的重点工作？这个问题本身就让很多中层管理者头大。老板亲自交代的工作算不算？部门的KPI算不算？突发情况算不算？屡次出现的问题算不算？有些中层管理者觉得这些都是重点工作，那就加班加点也要搞定。这就出现了两类"剑走偏锋"的中层管理者。

一类是彻底的"天天行动派"，既然搞不懂重点在哪里，那就干脆哪里有问题就出现在哪里，天天都在"救火"状态，周末加班更是常态；另一类是焦虑满满的"事事敏感派"，不清楚部门的主要矛盾是什么，但却有着莫名的焦虑感，有时是上级的一句话，有时是下属的某个情绪反应，都会让这类中层管理者焦虑不安。只行动不焦虑，完全是盲动；只焦虑不行动，基本算空想。事实上，中层管理者的时间和精力是有限的，如果不能从部门战略目标和主要矛盾出发，定义清楚本部门的重点工作，还是停留在遇到问题时的"应激反应"状态，那么中层管理者就会发现，问题好像永远都解决不完，更不要说短期目标和长期目标的兼顾问题了。

第三个原因：原则和立场不坚定。

有的中层管理者对部门战略的思考很深入，不仅有清晰的战略实施路线图，还能将重点工作与部门资源进行最佳配置，对流程、机制与文化的考虑也很周到。只不过，一遇到具体的事，特别是涉及部门内部的利益冲突，以及一些员工挑战现有流程、制度与文化的事，有些中层管理者的原则和立场就不坚定了，经常处于纠结状态，既想维护公司原则，又不想破坏团队的和谐关系。最后的结果往往是，既没有捍卫公司原则，也没有维持团队的和谐关系。有的中层管理者还经常因人因事变换原则和立场，给员工的预期造成了混乱，中层管理者再去推进重点工作和其他决策时，员工的响应和执行就会大打折扣。短期不支持，长期没信心，中层管理者还如何做到短期目标与长期目标的兼顾？

怎么处理认知与行动、格局与角色、短期与长期这三大矛盾，对每一个中层管理者都是考验。事实上，在部门管理中，这三大矛盾将长期存在，中层管理者要做的并不是完全消除这三大矛盾，而是学会"与矛盾共舞"——既能了解出现矛盾的原因，又能找到化解每一个矛盾的方法。从本质上讲，中层管理者需要回归管理角色，才能更好地"与矛盾共舞"。

中层管理者应该如何回归管理角色呢？

➡ 一、转型思考题

1. 中层管理者对过往成功经验的"执念"，会给部门管理带来哪些问题？

2. 当上级说中层管理者"格局"不够的时候，他想表达的意思是什么？

3. 在部门管理中，中层管理者如何兼顾好短期目标与长期目标？

➡ 二、转型工具箱

熊彼特企业创新模型

经济学家、被誉为"创新理论之父"的约瑟夫·熊彼特在其著作《经济发展理论》（*The Theory of Economic Development*）

中提到：企业创新就是建立一种新的生产函数，将一种从来没有过的关于生产要素和生产条件的"新组合"引入生产体系。这种新组合衍生出五种创新，分别是：产品创新（采用一种新产品或一种产品的新特征）、技术创新（采用一种新的生产方法）、市场创新（开辟一个新市场）、资源配置创新（改变或控制原材料或半制成品的一种新的供应来源）、组织创新（实现一种新的组织方式）。

⊃ 三、转型方法论

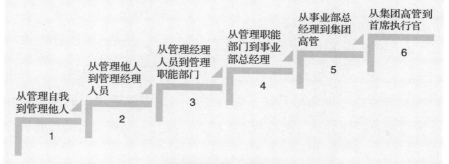

管理者角色转变模型

全球著名管理咨询专家拉姆·查兰与斯蒂芬·德罗特、詹姆斯·诺埃尔合著的那本《领导梯队》一书中提到，管理者要经历六个不同的角色转变，分别是：从管理自我到管理他人，从管理他人到管理经理人员，从管理经理人员到管理职能部门，从管理职能部门到事业部总经理，从事业部总经理到集团高管，从集团高管到首席执行官。

第四章
中层到底是什么

——中层管理者的三大角色定位

在公司管理中，中层管理者要扮演什么角色呢？

有人说，中层管理者不就是承上启下吗？这个结论太笼统，对中层管理者没有任何指导价值。要真正搞清楚中层管理者的角色是什么，还需要回到公司、部门和员工层面，找到中层管理者的独特价值所在。

第一，公司层面——公司战略需要分解到部门，中层管理者负责部门战略和绩效的达成。

在一年一度的公司战略分解中，大多数公司都会采用自上而下的方式，将公司战略目标层层分解为部门、团队直到每个员工的目标。这一过程不仅实现了战略落地，还将部门、团队、员工的行动统一到公司战略上来，真正实现了上下一致。

那么，是不是公司战略目标分解清楚了，责任就一定落实了？不是的。原因在于公司管理永远面临两大难题：

第一，是外部市场环境的不确定性。不是你不明白，是这个世界变化快，市场的瞬息万变往往会超出人们的预期。即便是一家公司找到了市场变化的线索，也很难预判竞争对手将何去何从。因此，即便是优秀公司的战略规划，也只能做到"方向大致正确"，至于怎么实现战略目标，充满了各种变数。

第二，是人性问题。人性是复杂的，在挑战性目标面前，员工真的会知难而进吗？面对压力，员工是想办法克服压力，还是想办法逃离现实？至少，在公司战略目标制定后，指望所有员工都自觉自愿地执行，肯定是不切实际的。如何提升员工的积极主动性，如何帮助员工清除执行障碍，如何通过流程体系和机制的设计以及企业文化等来推进公司战略目标的达成，这些都是中层管理者要考虑的问题。中层管理者不要总把希望放在"重赏之下必有勇夫"上面，激励很重要，但激励并非实现公司战略的唯一手段。

从这个角度出发，我们更能理解中层管理者的使命与职责所在：面对外部市场环境的高度不确定性，将公司战略目标在部门内分解落地，进而实现高绩效；面对人性的复杂多变，通过流程、制度、团队打造与文化建设提升员工的执行力，进而实现部门目标和公司战略目标。既然要分解和落地公司战略，中层管理者首先要在战略层面克服以下三个障碍。

第一个障碍：不了解公司战略。有些中层管理者总觉得战略是虚的。在他们看来，业绩都是干出来的，战略有点虚无缥缈。在这种心态下，首先，他们不关心公司战略，更谈不上主动了解公司战略；其次，即便是被动参与公司战略会议，也是"与我何干"的旁观者心态；还有，他们在日常管理中遇到问题时，也只是考虑如何"救火"，压根就不会想到战略层面可能存在问题。

第二个障碍：部门战略不清晰。有的中层管理者熟知公司战略，但一回到部门战略层面却往往一筹莫展。要知道，部门战略不是对公司战略简单的加减乘除，需要中层管理者根据部门业务特点、现有的资源条件、团队能力水平等进行统筹安排。对于目标取舍、实施路径、创新策略、执行方法、保障机制等战略问题，不能完全复制过往的成功经验，也不能照搬其他部门的做法，当然不容易解决。有的中层管理者宁肯在执行层面加班加点，也不愿意在战略层面深思熟虑，这也是某种意义上的"懒惰"：用执行层面的"勤奋"来对冲应有的战略思考。

第三个障碍：战略执行难度大。还有一些中层管理者能深刻理解公司战略，也能制定出清晰的部门战略，但到了执行环节往往"事故"不断：不是遇到突发情况，被打了个措手不及，就是原有的战略设计出现问题，与现实并不相符。其实，在战略执行过程中，一定会遇到各种问题，那种认为"战略设计好，一切就万事大吉"的想法过于理想主义。为什么战略执行环节会出问题呢？中层管理者要检视以下这几个原因。第一，制定部门战略的过程中，是否做到了让员工广泛参与。要知道，主动参与和被动接受会造成完全不同的两种结果。第二，部门战略目标达成共识后，是否就接下来的实施路径和关键行动措施做了深入的沟通和讨论。没有清晰的路径和措施，战略往往曲高和寡。第三，部门战略制定完成后，是否匹配了相应的流程体系和过程管理机制。如果没有配套措施，部门战略就面临孤军奋战的窘境，后续的执行肯定会出问题。

第二，部门层面——达成部门目标需要调配资源，中层管理者需要联动内外。

回到部门层面，如何达成战略目标呢？最关键的一点就是整合资源。整合资源可不简单，前提是要看到资源在哪里，通过什么方式来整合，如何为我所用。可难度在于，很多中层管理者往往是由业务大咖、技术专家晋升而来的，业务和技术才是他们的强项，哪怕是有一个基层管理者组成的管理团队协助自己，遇到问题时他们的第一反应仍是亲自上手解决。至于资源整合，要么他们压根没想过，要么他们根本瞧不上（甚至还会有管理者认为整合资源就是投机取巧，不算真本事）。

问题是，中层管理者的时间和能力是有限的，凡事都要自己解决，把基层管理团队和部门员工晾在一边，真的就能实现部门的战略目标吗？更重要的是，公司委任中层管理者，到底是让中层管理者当"超级英雄"，自己搞定所有问题，还是充分激活团队成员，整合内外资源推进部门发展呢？在这方面，中层管理者要特别警惕以下三个问题。

第一个问题，喜欢单打独斗。不少中层管理者的逻辑是：把工作交代给别人做，还要和下级沟通半天，费劲；找其他部门帮忙，还要花时间协调，费时；自己搞定，简单高效，岂不痛快？表面看起来，某件事的处理的确是效率高，但站在部门管理的角度来看，到底是效率高，还是效率低？同时，明明有一个由部门内基层管理者组成的管理团队，为什么不依靠他们解决问题？为什么非要一竿子插到底？他们会作何感受？一线员工身在这样的部门，他们会选择什么样的做事方式？

第二个问题，有门户之见。有些中层管理者太在意自己部门的立场和利益。他们遇到问题时的第一反应不是立马解决，而是先想办法证明不是本部门的错。同时，在与其他部门的合作中，他们总是严防死守，哪些该做，哪些不该做，边界划得很清楚。而对于本部门的创新做法，他们更是像守护宝藏一样，绝不分享给其他部门。于是，"部门墙"有了，"门户之见"就产生了。而"门户之见"的本质，在于格局和利益冲突。在一些中层管理者看来，公司各部门之间的关系，不是一起"做大蛋糕"，而是"分蛋糕"。既然是"分蛋糕"，你的部门多了，我的部门就少了，所以，我得好好琢磨，如何能分得更大的蛋糕。因此，一些中层管理者会在跨部门协作层面有所保留。

第三个问题，高估本部门的价值，低估其他部门的价值。有些中层管理者对本部门的价值贡献信心十足。这原本是一种部门的价值自信，可以为部门和团队提振士气，但不能因此高估本部门的价值存在，低估或贬低其他部门的价值存在。在跨部门协作中，对其他部门任何形式的贬低，都会影响跨部门的协作效果。想想看，谁愿意全力支持那个瞧不上本部门价值的人呢？

第三，员工层面——要充分激活员工，中层管理者需要制定机制和文化。

对于中层管理者而言，激活员工有两层意思：一个是激活本部门的基层管理团队，让他们成为部门管理的主力军；一个是激活本部门的一线员工，提升员工的参与感，提高员工的能力水平，共同创造高绩效。如何证明部门员工被激活了呢？要看三个"感"。

一是认同感。无论是基层管理团队，还是一线员工，在认同并相信公司与部门战略目标能够实现，对自己的岗位价值和专业水平充满信心时，行动力更快、更坚决。二是参与感。团队成员普遍具有"主人翁"意识，乐于参与部门问题的解决，愿意主动承担责任，不会做旁观者或看客。三是归属感。以部门所取得的业绩为荣，非常看重部门的绩效和评价，经常提出各种改进意见，关键时刻能够顶上去，绝不掉链子。

看完这"三感"，一些中层管理者会不由自主地感叹：理想很丰满，现实很骨感。要做到充分激活员工，谈何容易。对于中层管理者而言，激活员工是"一揽子工程"，需要从流程、机制与文化层面进行一体化设计并执行。在此过程中，往往会遇到以下两个问题。

问题一，在部门发展的不同阶段，激活员工的策略与方法不同。比如，在部门组建的初期，激活员工的重点是如何构建团队之间的信任，如何通过"打胜仗"活下来。如果连生存都是问题，那么其他的都是奢望。部门进入快速成长期时，激活员工的重点在于如何创造高绩效。这个时候，考核、激励、沟通、培养等策略与方法要跟上，帮助员工全力以赴取得高绩效。部门进入成熟期时，各项业务及流程都稳定了下来，团队最缺乏的就是创新。这个时候，激活员工的关键就在于要允许失败，要让员工拥抱变革，管理策略与方法又不一样了。

问题二，激活员工的制度设计与文化打造，既需要战略一致性，又需要接地气。有些中层管理者早就意识到制度设计和文化打造在激活员工层面的重要作用，也出台了很多规章制度和行为手册，但收效甚微，这又是为什么呢？首先，激活员工要回到公司和部门的战略目标层面，让员工认同并执行战略，如何将激活员工的行为与战略目标的达成关联起来，并不容易做到。其次，如果不了解员工的需求，中层管理者只凭着自己的一厢情愿去"激活员工"，最终的结果往往是前功尽弃。

综上所述，我们从公司、部门、员工层面梳理清楚了中层管理者所面临的现实挑战和问题。破局的关键在于中层管理者回归自身角色。那么，优秀的中层管理者在胜任管理角色方面应该怎么做呢？

角色一：战略执行者
——既要洞察战略，又要果断执行

所谓战略执行，不同于一般意思上的事务执行，需要中层管理者充分理解公司战略，并在此基础上整合内外部资源推进执行落地。所以，这个角色本身就赋予了中层管理者两个重要使命：既要洞察战略，又要果断执行。中层管理者往往更擅长后者，而不擅长前者。那么，中层管理者应该如何提升战略洞察力呢？

不要一听到战略，就退避三舍。战略没那么复杂，也不仅仅是公司高管的专属名词。"战略"一词来源于军事概念，原意为军事将领指挥军队作战的谋略，后被引申到企业管理领域，意为公司面向未来的整体性、长期性、根本性的蓝图、规划与策略，有公司战略，也有部门战略；有中长期战略规划，也有短期战略目标；有业务竞争战略，也有职能体系战略，等等。从这个角度而言，中层管理者的战略洞察既包括对公司战略的理解和拆解，又包括对部门战略的设定与执行。中层管理者如何提升战略洞察力呢？我们有三个做法推荐给大家。

第一个做法：与高管的持续沟通。

除了极少数的战略天才，在大多数情况下，管理者的战略洞察力都和三个因素有关：位置、经历、学习能力。"位置"的意思是，站得高看得远，所谓"屁股决定脑袋"，在什么位置上，就会有什么样的战略思考，这不是自觉与否的问题，而是角色赋予你的。

从"位置"的角度来看，公司高管的战略洞察力往往要比中层管理者强。既然如此，中层管理者提升战略洞察力的最直接办法就是多与高管进行沟通。比如，中层管理者要特别留意：同一个问题，为什么高管的处理方式和自己不一样；同一个数据，为什么高管的解读和自己有如此大的不同。而正是这些不同点，可以让中层管理者管中窥豹，学习高管的战略洞察力。当然，中层管理者还可以就部门发生的管理问题与高管交流看法，在公司的月度、季度、年度战略会议中，倾听公司高管的点评。更重要的是，中层管理者要敢于将自己的思考和意见表达出来，征询高管的反馈。别怕错，敢于暴露问题才是解决问题的起点。

在这方面，中层管理者最应该警惕的问题是，不愿意和高管进行战略沟通。有的中层管理者是性格问题，一和上级沟通就发怵，只剩下点头附和，甚至平时见到高管都绕着走；有的中层管理者是认知问题，认为只要把部门绩效做好就行，战略洞察的问题不重要；还有的中层管理者有自己的战略判断，认为自己对公司的战略洞察比高管们强多了。无论是哪种情况，都会影响自己的职场发展前途和战略洞察力的提升。

第二个做法：部门的战略复盘。

除了与高管的持续沟通，中层管理者还可以通过部门战略复盘的方式，不断提升战略洞察力。"复盘"本是个围棋术语，指的是双方对局完毕后，重新还原刚才的棋局，以检查双方的策略与得失。复盘后来被广泛应用到管理上，成为很多企业提升管理水平的习惯做法。在《复盘：对过去的事情做思维演练》（机械工业出版社，陈中著，2013 年 7 月出版）一书中，作者特别提到了复盘的四个关键步骤，分别是：回顾目标，评估结果，分析原因，总结规律。

"回顾目标"这一步主要回答两个问题：（做这件事）当初的目的是什么？要达成的目标和里程碑是什么？本质上，这是在帮助中层管理者"再回到从前"，只有诚实地面对当初的想法，才能真正做到有效复盘。

"评估结果"这一步主要聚焦于两个关键点：即所达成的结果（与原来的目标相比）有哪些亮点，有哪些不足。无论是亮点还是不足，中层管理者都要实事求是，要回到事实和数据，而不是"我感觉"。

"分析原因"这一步是基于"评估结果"来进行的。如果达成了目标，中层管理者要分析成功的关键因素；如果没有达成目标，中层管理者就要分析失败的关键因素。从结果出发，对照目标找寻根因。

"总结规律"这一步需要中层管理者总结可复制、可借鉴、可优化的关键动作、流程和机制，并由此落实到行动（改进）计划上，按照"开始做什么、停止做什么、继续做什么"三个维度进行分类，从而完成复盘的闭环。

对于中层管理者而言，部门常见的战略复盘分两种：一种是阶段性战略复盘，如月度、季度、半年度部门战略复盘；另外一种就是年终战略复盘，通过全年的战略回顾，对照最初的战略目标，找到真正的差距所在，为新一年的战略制定做准备。

无论哪一种复盘方式，对中层管理者最大的挑战是：能否发现关键问题，聚焦主要矛盾，找到系统症结，总结可复制的方法论。通过部门的战略复盘，如果能发现业务中存在的关键问题，就能发现隐藏在背后的战略机会，透过问题看机会，往往是战略洞察的关键能力所在；聚焦主要矛盾，才能集中部门核心资源于一点，找到部门绩效突破的关键点；找到系统症结，才能透过现象看本质，还原不同业务场景背后的系统问题，这就是持续改进的前提；如果能不断总结可复制的方法论，就能将一个案例或实践转化为部门成长的集体资产。

第三个做法，眼睛向外看，学习和借鉴公司其他部门和外部同行的实践。

要提升战略洞察力，中层管理者不能低头拉车，更不能闭门造车，需要眼睛向外看，学习和借鉴公司其他部门和外部同行的实践。通过对标，找到真正的差距所在，这种方式可以帮助中层管理者不断提升战略视野。

眼睛向外看，并不容易做到。很多从业务骨干、技术专家晋升而来的中层管理者，每天都被问题、任务、项目包围着，更习惯于眼睛向内的管理方式，哪有时间和精力眼睛向外看？这也是很多中层管理者难以提升战略洞察力的关键所在：没有跳出问题，没有站在外部，没有和同行对比，就很难发现自身的瓶颈和天花板到底在哪里。所以，眼睛向外看，需要中层管理者在意识、认知、行为上做出改变。这里有几个可行的方法推荐给中层管理者：一是订阅行业权威期刊，了解行业的前沿发展动态，尤其是与核心技术、业务模式、管理机制等相关的内容；二是关注本行业知名的微信公众号或其他社交平台的自媒体账号，多与专业人士沟通交流，拓展视野和认知；三是参加与本行业相关的前沿论坛和峰会，掌握行业层面的最新发展趋势；四是扩展自己的社交圈子，在行业内交朋友，学习和借鉴对方的实践经验，就相关问题征求他们的意见，这将有助于提升战略洞察力。

角色二：资源整合者
——既要激活内部，又要撬动外部

中层管理者要担当战略执行的重任，当然不能只靠自己的力量。这就需要从资源整合的视角，挖掘内外部资源，既要激活内部，又要撬动外部，围绕部门战略目标的达成，整合资源为我所用。在这方面，中层管理者可以做以下两件事。

第一件事，激活内部资源。

从管理的视角来看，凡是能为公司带来价值增值的要素都叫资源，如资本、技术、劳动力、土地、数据等。公司的资源往往分布在各个部门，既有各个部门因分工不同而拥有的专属资源，又有通用资源。一般而言，中层管理者最需要激活的，就是部门内的人才资源，这也是能为公司产生最大价值增值的源泉所在。人才资源怎么激活？有以下两个典型做法。

第一个做法，人岗匹配。所谓人岗匹配（有的专家也称之为"能岗匹配"），字面意思很简单，就是将正确的人匹配到正确的岗位。然而，知道容易，做到很难。在现实中，经常发生人岗错配的情况：要么人才不能匹配岗位——能力水平欠缺，要么岗位不能匹配人才——能力水平过剩。

为什么存在人岗错配呢？原因很复杂，但可以确定的是，那些对组织绩效负责的管理者，并没有让人岗错配的初心。（人才作为）资源被错配，多半是机制出了问题。比如，有的企业追求和谐氛围，除非触碰法律和制度底线，否则绝不淘汰员工，在这种情况下，人岗错配是大概率事件，因为优胜劣汰机制失效了，劣币驱逐良币就会成为常态；再比如，有些企业正处于行业高速增长的风口，面临业务激增的情况，人才根本不够用，但另一方面在招聘与培训方面又是草草了事，甚至连基本的人才梯队培养计划都没有，人岗错配也就不稀奇了。

那怎么才能做到人岗匹配呢？前面我们提到过，完全做到人岗匹配是一种理想状态。企业是动态发展的，员工也是动态成长的，怎么可能完全匹配？所以，那种靠人才测评、岗位胜任力模型、360度选拔等方式进行的人岗匹配，基本都是静态条件下的一种理想主义，可以指导实践，但不可以完全照搬。华为的逻辑是"方向大致正确，组织充满活力"，至少中层管理者可以在部门动态发展中不断优化人岗匹配水平。

首先，用人的关键在"匹配"。既不要高才低用，也不要低才高用。除了在选人环节的"火眼金睛"外，更重要的是，发现人岗错配并及时进行调整。比如，中层管理者可以观察员工在项目关键节点的表现、对重要问题的处理情况，以及部门内外相关同事的反馈等，来发现人岗错配的情况，然后选择培训员工以提高其能力，或者换人，这都是在重新进行人岗匹配。

其次，从之前提到的战略洞察力出发，提前进行业务研判，根据战略规划进行相应的人才（能力）储备，包括定期的能力培养、师带徒、后备人才梯队建设、通过各种任务或项目识别新的候选人等。人岗匹配是动态的，这就决定了中层管理者要在内部人才培养上花费时间和精力，而不是总是在人岗严重不匹配的时候，和人力资源部或组织部门抱怨无人可用，临时抱佛脚往往后患无穷。

第二个做法，奖励先进。如果说市场经济中最核心的调节杠杆是价格机制——通过价格的上涨和下跌来调整供需关系，那么管理中最关键的调节杠杆就是奖惩机制——通过不同的奖励和处罚措施向团队传递公司的战略意图和制度文化。从激活部门人才资源的角度来看，再没有什么管理措施比奖惩机制更直接的了，特别是奖励先进。

首先，奖励先进给部门传递了清晰的信号：什么样的行为是部门倡导的。不要小看这个信号，通过奖励先进，让团队看到部门的战略重点是什么，老板看重什么，什么样的行为是部门所推崇的，什么样的人才是部门要重点支持的。信号带来的是部门员工的注意力，有了注意力，部门的管理就能形成合力。

其次，奖励先进让优秀人才得到了正反馈。被奖励，说明行为是正确的，要继续坚持，然后再重复，再被奖励，部门管理就有了闭环体系。有了标杆的示范效应，其他员工就会效仿，部门的人才资源就能产生集聚效应，这对于部门的项目攻关和挑战性目标达成意义重大。

还有，奖励先进给部门树立了人才标准。反过来，奖励先进对那些行为表现不佳、绩效成果不理想、在推进部门战略落地层面行动不力的员工也是一种激发和驱动，不仅告诉了他们方向在哪里，还能让他们看到该如何行动。奖励了一个，激活了一批，这"生意"划算。

第二件事，撬动外部资源。

中层管理者不仅要激活内部资源，还要想办法撬动外部资源。对于部门而言，公司的其他部门、行业上下游的合作伙伴，甚至包括竞争对手，都是部门的外部资源。然而，你又不是别人的上级，凭什么撬动外部资源？针对公司内其他部门的资源，有几个做法供中层管理者参考（更详细的策略方法，我们将在第四部分"跨部门协同"中进行介绍）。

一是勤互动。如果你从来不和其他部门互动，那怎么可能指望别的部门在关键时刻帮到你？因此，中层管理者不仅要主动与其他部门进行业务互动，还要鼓励部门员工与其他部门进行高效协同，做到你中有我，我中有你，互帮互助。

二是不甩锅。部门之间经常会有协作项目，遇到问题怎么办？如果每次都是甩锅给对方，想想看，哪个部门愿意和这样的部门协作。要知道，既然其他部门是你的外部资源，能否撬动取决于你的部门能否带给其他部门独特的价值，如果仅仅要求别的部门帮助你，且遇到问题就甩锅，那双方协作的基础就没有了。

三是求双赢。持续的协作有赖于你的部门和其他部门的双赢关系。双赢意味着"你好我也好"，如果双方的协作只能给一方带来利益，显然，这样的游戏进行不下去。而从撬动资源的层面来看，双方的信任基础越牢固，默契度越高，给各自部门以及公司带来的协作成果就越多。所以，双赢不仅是协同问题，还是战略问题。

四是多创新。遇到的问题越多，看到的机会越多，就越能撬动越多的外部资源。如果你的眼里只有当下的业务，没有行业的机会，那就只能在当前的协作圈里打转转。对于部门而言，创新意味着新的业务模式和新的业务场景，能为公司的产品、技术、机制创造新的可能性。

要提醒中层管理者的是，撬动外部资源的前提是发现并意识到外部资源的价值。那些习惯于亲力亲为，凡事都喜欢闭门造车，觉得自己什么都能搞定的中层管理者，很难会有主动撬动外部资源的意愿和行动。也就是说，中层管理者越觉得自己能自给自足，就越不会想到撬动外部资源，甚至认为到处找资源是投机行为。这样的认知只能让中层管理者越来越累，而其所负责的部门却没有什么像样的产出。

角色三：团队领导者
——既要用好制度，又要打造文化

无论是战略执行，还是资源整合，最终的落地还要靠团队。因此，如何领导团队，是中层管理者上承战略、下接绩效的关键一环。对于中层管理者而言，领导团队有两层意思：一是如何领导直属的基层管理者团队，二是如何领导整个部门的大团队。在大多数情况下，中层管理者会通过领导基层管理团队，进而驱动整个部门的目标达成与绩效提升。

在以往，很多中层管理者习惯于通过以身作则、身先士卒、以上率下的方式进行领导，尤其是在重点项目、危机时刻、关键任务等情境下，这种领导方式往往能取得更好的效果。但随着管理幅度的提升，部门内的岗位和人员越来越多，中层管理者再用这种方式领导就显得心有余而力不足。中层管理者要开始寻找自己的"管理杠杆"，通过制度与文化建设，带领部门成员达成目标、提升绩效。具体而言，中层管理者可以做好以下两件事。

第一件事：做好制度设计。

制度设计的本质是什么？对于中层管理者而言，就是想方设法让员工"动起来"——员工的积极性、主动性、创造性被充分激活。所有制度设计的起点都是对人性的思考和假设。1957 年，美国社会心理学家、管理学家道格拉斯·麦克里戈（Douglas McGregor）在其所著的《企业的人性面》（*The Human Side of Enterprise*）里，首次提到了XY 理论。

X 理论（X Theory）的主要假设是：员工天生厌恶工作，如果有可能会尽量逃避工作，追求安全、安逸，逃避责任，安于现状，缺乏进取心，以自我为中心，容易受到外部环境影响，等等。基于这一假

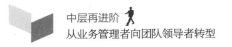
设，制度建设就应该以明确责任分工、严格执行绩效考核、奖罚分明、胡萝卜加大棒等内容为核心。

Y 理论（Y Theory）的主要假设是：员工一般是勤奋、热爱工作的，主动寻求承担责任，有想象力，可以自我管理和自我控制，主动发现并解决问题，等等。基于这一假设，制度建设的重点就应该是认可、尊重和信任员工，为他们的工作提供各种环境和便利，以激发员工的参与度。

XY 理论之争，从学术界延伸到企业界，至今绵绵不休。到底是 X 理论中的"人性恶"假设正确，还是 Y 理论中的"人性善"假设更符合现实呢？随着争论的深入，越来越多的管理者意识到，人是复杂和多面的，XY 往往集于一身——既有天使的一面，也有魔鬼的一面，这才是正常的人性。从这个角度而言，制度设计的根本，就是尽可能弘扬人性"善"的一面，并使得人性"恶"的一面少发挥或不发挥作用。那么中层管理者应该如何做呢？

首先，制度设计要聚焦重点。想靠制度解决所有问题，未免有些不切实际。这不仅是因为任何制度设计与执行都会带来管理成本，而且制度无法做到面面俱到，出现漏洞在所难免，需要不断更新迭代。所以，制度设计要回到部门的战略目标、业务重点和主要矛盾上，正所谓"门从哪开，人往哪走"，引导部门人财物等资源向战略目标聚集。比如，部门的年度战略目标是创新，那么制度设计就要让创新成为部门每个员工都"抢着做"的事，这不仅涉及绩效考核与奖金分配的问题，还有如何更好地激励员工创新的主观能动性问题。最怕的情况是，部门本来要鼓励创新，结果出台的制度却抑制了创新，如对创新失败的高额惩罚、不能包容失败等，这就是典型的自相矛盾，也是制度设计的失败。

反过来，如果制度设计不能聚焦部门重点工作，而是出现什么问题都设计一套制度来应对，这往往会造成部门的规章制度过多，员工受到各种各样的约束。最终的结果是团队越来越不作为，缺乏主动性，习惯性地安于现状，而真正应该解决的深层次问题却被束之高阁，这也是很多团队逐渐走向平庸的一个主要因素。

其次，制度设计要聚焦部门的主要矛盾。什么是主要矛盾？简单讲，就是在部门目标（想要的）与现状（现实的）之间存在的，影响部门发展的最关键的制约因素。比如，部门想扩大再生产，但公司给的预算不够；部门想提升创新水平，但团队能力有限；部门想做团队变革，但一线主管们缺乏积极性。一方面想做得更好，另一方面却受到各种各样的制约，这就产生了矛盾。那么，制度设计在解决部门根本矛盾层面如何发挥作用呢？

一是继续发挥优势到极致。很多问题不是一天积累起来的，既然是主要矛盾，解决起来就并不容易。对于部门管理者而言，先将部门的优势发挥到极致，易于出成果，进而打开局面建立团队信心，对部门至关重要。最不应该出现的情况是，整个部门都清楚主要矛盾所在，但管理者面对复杂的局面，要么迟迟啃不下硬骨头，要么迟迟不见行动，最终让整个部门失去信心。因此，在解决主要矛盾的开始阶段，中层管理者应该用制度设计的方式，更好地激发和引导部门员工发挥优势，快速打开局面。

二是敢于补短板。发挥优势，是为了更好地打开局面，但这并不代表中层管理者要置部门的短板于不顾。既然是短板，补起来当然不容易。这就需要中层管理者在组织变革、业务创新、团队能力层面下功夫，同时还要把目光投向部门和公司之外，寻找各种资源帮助部门迈过主要矛盾这道坎。比如，某业务部门在新客户开发方面是短板，那么制度设计就要从根本上鼓励新客户开发，除了在激励机制上导向新客户开发外，还要通过内部培训体系搭建、外部优秀人才引进、业务模式创新等实现突破，这个时候的制度设计将是"一揽子解决方案"，而不是仅仅在激励层面鼓励大家补短板。

要特别提醒中层管理者的是，所有的制度设计，既能给部门带来高收益，也会带来相应的成本（如时间成本、沉没成本、机会成本、人员流失成本等），有时成本还很高。因此，在成本和收益之间做选择永远是中层管理者的必修课。这个时候，还是需要中层管理者回到部门的战略重点，回到部门面临的主要矛盾，回到投入产出比。有的时候，可以下猛药，通过一次制度设计来解决所有问题；有的时候，需要渐进式制度设计，每次一小步，不断总结和迭代，通过多次制度设计，最终解决问题。

第二件事：打造团队文化。

中层管理者有两件法宝：一是制度建设，通过有效的制度安排，将员工意愿、能力、优势等，与部门战略目标相结合，进而达成部门绩效；二是文化建设，通过团队文化的搭建，提升团队成员的认同感、参与感、归属感，继而提升团队的凝聚力和战斗力。如果说，制度设计是中层管理者的"硬的一手"，那么文化建设就是中层管理者的"软的一手"，"软硬结合"方能打造优秀团队。

通俗地讲，团队文化就是团队成员认可和践行的做事方式。其最直接的表现，就是员工在工作中表现出来的典型行为，这要比那些墙上的口号、员工手册上的标语、公司官网上对外宣传的内容更加真实可信。有人说，员工真实的行为表现是什么，企业（团队）文化就是什么。如果两者不一致，不是员工行为有问题，而是企业（团队）文化"造假"了。

对于中层管理者而言，部门和团队文化打造更为具体。好的部门文化往往以客户价值为导向，助力业务良性增长，让团队凝心聚力、共担责任、共享利益、共创未来。反之，有的部门勾心斗角，天天上演办公室政治，喜欢单打独斗，相互之间缺乏协作，遇到问题相互推诿，在这样的部门文化中，怎么可能有好的绩效产出？

文化打造对中层管理者有两大价值。第一，是与制度设计一起，通过对员工行为的塑造，推动部门战略目标达成，持续提升团队绩效；第二，是打造有利于业务增长和团队成长的环境和氛围，提升团队的凝聚力和归属感，让组织充满活力，让员工有满满的成就感与向心力。从部门文化落地的角度来看，中层管理者可以从以下三个层面打造团队文化。

第一个层面，基于部门业务属性的文化打造。打造部门文化，不是另起炉灶，也不是特立独行，而是在践行公司文化的基础上，将公司文化与部门独特的业务属性相结合，让公司文化更好在部门落地生根并助推部门业务成长。

部门之间的业务属性不同，部门文化的侧重点当然也会有所不同。比如，有的部门的主要职责是给公司的产品与服务质量把关，他们的主要任务是"挑毛病"，这样的部门的文化更推崇"鸡蛋里面挑骨头"的做事方式。这不是什么好不好的问题，而是部门的使命和职责所决定的。反过来，如果这样的部门盛行"老好人"文化，怎么可能完成公司所赋予部门的战略目标？再比如，有的部门的主要职责是"做服务"，负责给其他部门提供专业服务支持，这样的部门更推崇"客户导向"的做事方式，无论是对外部还是内部。如果这类部门习惯于自以为是，非要让其他部门"配合"自己的工作，而不是主动解决其他部门面临的实际问题，想想看，这样的部门能和其他部门和谐相处吗？

谈到部门的业务属性，中层管理者要重点关注部门的业务定位：是前台部门，还是中台、后台部门；是直接创造利润的部门，还是职能支持部门；是主要负责外部合作的部门，还是内部协作的部门，等等。不同的业务定位决定了不同部门的行为方式。

比如，研发部门的业务定位是创新。因此，创新就成为研发部门的文化特色，研发部应该鼓励员工敢于创新、打破现状，甚至是围绕行业发展前沿趋势"胡思乱想"。所以，追求极致、先行先试、包容失败、允许质疑和辩论就成为研发部门的独特文化属性。反过来，如果研发部门比较保守、对失败零包容、员工害怕承担任何风险和责任，可以想见，这样的研发部门最终将去向何方。

再比如，财务部门的业务定位在于讲规则、守底线和严谨。因此，任何结论都必须基于事实和数据、都必须回到财务规则和专业底线，不允许规则之外的特例、不允许数据造假等就成了财务部门的文化特色。反过来，如果财务部门天天拍脑袋，遇到例外情况就开绿灯，把人际关系置于财务规则之上，这样的财务部门显然会出现各种违规情况，这就是部门文化走偏了。

第二个层面，基于灰度问题的文化打造。什么是管理中的"灰度"问题呢？最直接的理解是：对于管理中遇到的某些问题，现有的流程与制度无法解决，要么完全没涉及，要么原则和标准模糊不清，这类问题统称为"灰度"问题。如果说流程和制度主要解决黑白分明的问题，那么公司和部门文化就主要解决"灰度"问题。

首先，制度不是万能的，制度的漏洞、缺陷、局限性、时效性很难完全避免，遇到灰度问题如何解决，非常考验中层管理者的管理水平。当然，中层管理者不能视而不见，更不能将现有的流程和制度生搬硬套，这个时候，需要中层管理者回到文化层面寻找出路和方案。比如，公司遇到了前所未有的业务难题，在制度层面并没有给出明确的制度规则，也不是"重赏之下必有勇夫"这样的激励政策所能解决的，这个时候，仅靠制度是无解的，就要回到公司和部门文化层面。部门是否有鼓励创新的文化、是否有鼓励承担责任的文化、如何对待那些敢于承担责任的员工、领导者是否坚持以身作则的文化等才是解决问题的关键。

其次，从管理实践来看，部门往往会存在一些经年累月的灰度问题。这类问题并不是一天两天出现的，在过去也没有影响部门的成长与业务发展，但随着公司战略的变化与组织变革的推进，这类问题越来越影响部门的发展，而单靠现有的流程和制度设计很难做到药到病除。比如，很多部门都经历过多轮的业务与流程变革，每一轮变革都是一次部门利益的洗牌，要做到绝对的公平公正往往很难。有时，为了推进变革，部门不得不做一些妥协和让步，这种妥协就成为部门管理的"灰色区域"。如果一遇到这类问题，管理者就轻描淡写地处理，那时间久了这类问题就成了部门的顽疾。这个时候，现有的流程和制度是无力解决这些问题的，而流程优化与制度迭代又需要时间，很多时候还面临"牵一发而动全身"的情况。怎么办？中层管理者需要回到公司和部门文化层面，将遗留的问题进行深度复盘，对照公司和部门的文化要求，找到问题的解决方案。有人说，制度无法解决，文化能有什么用？其实，有一点可能被很多人忽略了，只要谈到文化，就涉及部门上下的沟通与共识，上下级有了关于现有问题的坦诚沟通，了解了彼此的担忧和不满，反而有助于问题的解决。没有标准的时候，文化可以给团队指明方向，可以帮助部门成员更好地达成共识，解决灰度问题也就没那么困难了。

第三个层面，基于部门员工行为的文化打造。部门文化最直接的表现方式，就是员工的日常行为。一般而言，员工对部门文化认不认、信不信，往往都能通过部门员工的日常行为体现出来。而员工行为又可以分为业务行为与非业务行为。所谓业务行为，一般指的是与部门业务及岗位分工相关的行为，在这些行为层面，能否做到专业化、稳定性与高质量，就是衡量员工是否认同部门文化的标准；所谓非业务行为，一般指的是与业务并无直接相关性的行为，比如，员工是否能

做到在言行层面遵守公司和部门的职业化要求,是否维护部门的规则和利益,在这方面并无部门差异,对公司全员的要求是一样的。

从管理实践来看,员工的行为很难通过诸如天天讲道理这样的道德宣贯来规范,而是需要中层管理者进行引导和塑造,通过一定的策略和方法,实现员工行为与部门文化的一致。通常,中层管理者可以采取以下三个做法。

第一个做法,树标杆。为什么要树标杆?本质上就是告诉部门员工,标杆的做法就是部门需要的,就是符合部门文化要求的。标杆的做法可以让大家眼见为实,比那些过于抽象的文化标语具体得多。

第二个做法,讲故事。相比制度和规则而言,故事更有传播力。有时,员工对部门文化的理解并不完全一致。如果相关的文化行为有对应的故事,那么员工理解和执行起来就容易得多。

第三个做法,抓关键事件。在发生突发的、引发广泛争论且对部门管理影响较大的关键事件时,往往都是部门文化打造的关键时刻。在处理关键事件时,中层管理者不仅需要遵循制度与规则,更需要回到部门文化要求层面,思考如何通过关键事件塑造员工行为,让关键事件成为部门文化打造的重要抓手。

相比流程和制度,部门的文化建设从来都不是一日之功,需要中层管理者不断总结经验,并从员工日常行为和关键事件中进行反思和复盘,从而更好地提升员工的认同感、归属感与凝聚力,打造可持续增长的部门绩效,更好地实现年度战略目标。

一、转型思考题

1. 如果部门员工的积极性与主动性不高,中层管理者应该从哪些方面查找原因?

2. 在资源整合这件事上,中层管理者往往会遇到哪些问题,那些资源整合高手是如何做的？

3.中层管理者如何解决部门管理中的"灰度问题"？

➡ 二、转型工具箱

VUCA 模型

宝洁公司前高管罗伯特·麦克唐纳曾借用一个军事术语 VUCA 来描述这种变化，VUCA 指的是 Volatility（易变性）、Uncertainty（不确定性）、Complexity（复杂性）、Ambiguity（模糊性）。

➡ 三、转型方法论

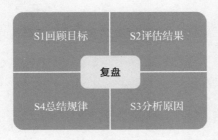

复盘 4S 模型

"复盘"本是个围棋术语，指的是双方对局完毕后，重新还原刚才的棋局，以检查双方的策略与得失。复盘后来被广泛应用到管理上，成为很多企业提升管理水平的习惯做法。在《复盘：对过去的事情做思维演练》（机械工业出版社，陈中著，2013 年 7 月出版）一书中，作者特别提到了复盘的四个关键步骤。

中 层 再 进 阶
从业务管理者向
团队领导者转型

第二部分
如何向上协同
——不是言听计从，而是同频共振

第五章
向上协同的前提

——不是讲义气，而是共同体

很多有关管理学与领导力的文章和书籍经常会提到"向上管理"这个词。追溯管理学经典，管理学大师彼得·德鲁克在《卓有成效的管理者》（*The Effective Executive*）一书中提到："工作想要卓有成效，下级要能发现并发挥上级的长处是关键。"在德鲁克看来，上级当然是管理者完成目标的重要"资源"。因此，如何发挥上级作为"资源"要素的作用至关重要，而"用人所长"自然也就包括了"用上级所长"。这被很多人视为"向上管理"的源头和起点。

而正式提出"向上管理（Managing Up）"这一概念的，是通用电气前董事长兼 CEO 杰克·韦尔奇（Jack Welch）的行政助理罗塞娜·博得斯基（Rosanne Badowski），她在《向上管理：如何与上级建立有效关系》（*Managing Up：How to Forge an Effective Relationship with Those above You*）一书中提出了这个概念。在作者看来，管理需要资源，而资源的分配权力一般都在你的上级那里。因此，当你需要获得工作所需的各种资源时，就需要"向上管理"——确切地说，是通过向上沟通获得达成组织绩效的资源。

由此可见，"向上管理"的真正内涵并非"唯上是瞻"，更不是无原则地服从或者对上投其所好，阿谀奉承，而是将上级作为资源的一部分，更好地达成工作目标和组织绩效。但在实际的管理实践中，"向上管理"的理念和实践都遭遇了现实挑战。有些高管听到这个词的第一反应是：什么？还要管理我，难道要用小聪明"搞定"我？有那个时间，还不如琢磨怎么提升部门绩效，别把注意力放在我身上。而很多中层管理者的第一反应是莫名的紧张：什么？向上管理？服从上级还来不及呢，还让我管理上级，我做不到呀。更确切地说，"向上管理"会遇到以下两大典型挑战。

挑战一：在传统企业固有的金字塔结构中，权力向上集中，下级的升职加薪往往由上级决定，不服从上级，会吃不了兜着走。

当下分工协作式的企业组织架构起源于第一次工业革命，本质上是为组织效率服务。古典管理理论的代表人物之一、管理过程学派创始人亨利·法约尔（Henri Fayol）提出了管理的五要素——计划、组织、指挥、协调、控制。五要素背后隐藏着一个词叫"权力"——有了权力，才能令行禁止，才能组织得当，才能协调四方。因此，自上而下的服从就构成了工业时代企业管理的显著特征。

后来，以KPI为代表的绩效管理理论又强化了这一特征。上级的KPI必须层层分解到下级身上，而下级需要的资源大多又都在上级那里。在这种情况下，升职加薪就成为上级的指挥棒与撒手锏，不服从上级，你的绩效考评就会很难看，也很难获得所需要的资源支持。顶着这样的压力，你让中层管理者怎么进行"向上管理"？

挑战二："服从上级"是很多人的潜意识，要推进向上管理，岂不是离经叛道？

从执行的角度而言，自觉接受上级的管理，当然可以减少很多管理和沟通成本，可以推进计划的快速执行。然而，如果发现计划错了，如果在执行中意识到上级的思路出了问题，是继续按原计划执行，还是向上级反馈问题？

　　有人说，当然要向上级反馈。但在很多人看来，万一上级不高兴怎么办？万一上级觉得没面子怎么办？如果管理者缺乏独立思考的能力，在职业化层面还没有过关，前怕狼后怕虎，最后的结果往往是不说为好。更有甚者，有的人会觉得，是自己的认知和想法出了问题，上级如此深谋远虑，怎么可能想不到这些小问题呢？一定是自己多虑了。只有等到最后没有达到预定目标的时候，中层管理者才意识到当初是不是应该及时与上级沟通反馈。不过，这也仅仅是想想而已，到了下一次，情况依然如故。

　　观念和认知问题的解决当然不能一蹴而就。因此，与其纠结于"向上管理"的概念内涵，不如回到"向上管理"的初衷——获取资源、达成目标。换个角度来看，在上级（高管）看来，达成（组织）目标才是王道，这也是上级（高管）与下级（中层管理者）的共识所在。既然如此，别再花时间争论向上管理的内涵与外延了，中层管理者最该做的事是向上（资源、KPI、行动措施等）协同，这才是中层管理者与上级相处的正确方式。要做好向上协同，中层管理者需要明确上下级之间的三个关系。

　　第一，分工协作关系。

　　这是工作（角色）属性所赋予的，围绕同一个工作目标，上下级有不同的分工。比如，上级负责决策，下级负责执行；上级负责管控，下级负责反馈；上级负责制度设计，下级负责观察落实，等等。当然，这种分工也不是完全割裂的，很多工作需要上下级一起协作完成。

　　第二，委托代理关系。

　　这是契约（合同）层面所赋予的，上级代表公司，将某一项工作任务委派给下级，上级需要检查和确认下级的工作质量是否达标，并代表公司进行绩效评估，然后支付薪酬。基于这一关系，下级需要完成上级的委托（工作），上级需要代表公司兑现给下级的承诺（薪酬与职位等）。

第三，连带责任关系。

这一点很好理解：下级没达成目标，上级负有连带责任；上级没完成绩效，下级也不好过。其实不仅仅是绩效，换个角度来看，下级能力没长进，上级也负有不可推卸的责任；上级做出的决策没能达成预期效果，下级当然负有执行责任。说白了，责任是双向的，上下级之间的责任本就是一体的。

有人说，"责任"这个词让人感受到的是满满的压迫感，我们公司的上下级关系就没那么复杂，上下级之间没那么泾渭分明，遇到问题一起解决，取得成果一起庆祝，大家平时都以兄弟相称，这样的上下级关系，错不了吧？事实上，团队关系融洽当然是上下级相处良好的一种表现，而且团队能一起承担风险和压力，避免了上级的高高在上与下级的被动执行。因此，在以"兄弟相称"的团队里，很少会有官僚主义，就团队凝聚力而言，远胜于一般的部门和团队。但长期看，"兄弟相称"会让组织染上江湖气，会影响公司的职业化进程，进而影响正常的制度执行与文化建设。具体而言，会有以下两个表现。

第一个表现，情感替代了规矩。在以兄弟相称的团队中，团队成员往往有多年的共事经历，甚至曾一起摸爬滚打。这种共同的历练会让大家形成深厚的情感连接和认同，有助于团队凝聚力的提升。只不过，在公司体系中，在任何情况下情感都不能完全替代规矩。规矩代表了边界和尺度，越界是不被允许的。因此，当上下级的兄弟情感与公司制度发生冲突时，制度的底线应该被坚守。但说起来容易，做起来难。公私分明、对事不对人，这些原则对管理者的领导力水平要求极高。为什么非要考验人性？为什么非要让自己陷入两难选择？因

此，不让情感替代规矩，本身就是维护组织健康成长、确保上下级良性互动的第一道防线。

第二个表现，关系替代了目标。公司是以盈利为目的的组织，达成业绩目标永远是公司的首要诉求。就公司的性质而言，目标和绩效是刚性的，来不得半点马虎，只有齐心协力达成目标，才能赢得持续增长。但在目标推进过程中，团队往往会遇到很多障碍和问题。比如，那些风险较高、挑战性较大的工作任务该委派给谁？如果团队内部对某个目标还未达成共识，该怎么办？如果员工的过程表现很好，就是结果不理想，最后的绩效考核怎么办？类似的情况还有很多，如果上下级之间总以"兄弟相称"，关系和情感因素就会被掺杂到理性决策中去，制度和原则的刚性就会大大降低。这样的做事方式迟早会让公司付出沉重代价。

这样看来，所谓向上协同，既不是毫无原则的服从，也不是兄弟相称的江湖义气，而是要回到上下级之间的独特定位。准确地说，上下级之间是共同体——目标共同体、利益共同体、事业共同体。只有当上下级在目标共识、利益共享、事业共进层面相互成就，才能实现真正的"其利断金"。

定位一：上下级是目标共同体

是什么连接了公司的高层、中层与基层？是什么让业务部门与职能部门携手向前？是什么让公司战略与执行融为一体？显然，是目标。不过，公司目标需要逐层分解，落实到人，让每个人觉得这是"我的目标"，而非公司的目标，这才会有真正的目标驱动力。反过来，如果目标仅仅停留在老板和高管那里，也就成了少数人的独角戏，目标落地就无从谈起。这就是上下级之间作为目标共同体的价值所在。然而，逻辑清晰却并不代表现实如此，在日常工作中，上下级之间似乎并没有形成目标共同体，原因有三个。

原因一：目标分解不到位，出现了责任盲区。

每到岁末年初或新财年前后，目标分解就成为公司各个部门的标准动作。通常情况是这样的：上级从公司拿到本部门（团队）的具体目标，然后与部门（团队）成员一起讨论如何分解落地，并通过签订目标（绩效）责任状的方式，将每个人的目标（绩效）责任落实下来。

既然是层层分解，责任盲区又是怎么产生的呢？这往往和两个因素有关：一是计划没有变化快，尽管目标分解完成了，但在实际执行过程中又面临种种变量，当现实与计划不相符时，就出现了责任的真空或模糊地带；二是在目标分解过程中，定量目标的分解往往没什么问题，可以通过逐级量化的方式来解决，但那些不好量化的定性目标的分解就没那么容易了，如团队凝聚力、员工满意度、员工成长等。这个时候，上下级之间的"目标共同体"就出现了缝隙，形成责任的真空或模糊地带。

原因二：上下级对于目标的理解不同，认同度也不同。

还有一种情况是，上下级之间的目标分解过程没问题，所有目标也都能被很好地拆解和落实下去。但上下级对目标的理解不同，各自陷入"我以为"的情况。对目标的理解不同，意味着各自的重视度、所采取的优先级和策略、付出的成本、要调动的资源等情况就不一样。比如，同样是业绩目标，上级期待可持续增长，既要保持一定的增速，又不能透支未来的资源投入，而在下级那里，业绩目标可能就是全部，因为业绩关系到奖金提成与升职加薪，在这种情况下，上下级之间的目标共同体问题就会出现偏差和扭曲。

因此，要提醒中层管理者的是：在上级和你讨论部门（团队）目标时，一定要深入了解目标设定的背景，了解上级对该目标的优先级定义，在背景和价值层面达成共识，有助于上下级目标共同体的形成。反过来，如果上下级之间不能在目标层面建立基本的认同感，中层管理者对目标有疑虑，那么，后续的执行将会出现问题，这也是中层管理者需要过的一道坎。

原因三：承接目标的团队能力出现问题，在达成目标时有心无力。

是不是上级给部门（团队）设定的所有目标都能达成？未必。即便是有对目标的认同感，有完善的计划措施，有必要的资源和工具支撑，也很难保证目标全都能实现。中层管理者经常遇到的问题是：团队成员承担目标的意愿和信心没问题，但就是因为能力尚有差距，中层管理者又没能为团队成员赋能，或者通过标准化与流程化降低对团队成员的要求，最终导致无法弥补团队能力与部门目标之间的鸿沟，这在事实上影响了上下级之间目标共同体的建立。

从管理的角度来看，团队成员的能力水平与所设定的业务目标之间有差距很正常。因此，中层管理者在承接上级所设定的部门（团队）目标时，还要考虑到团队胜任力。也就是说，所谓目标分解，不仅仅是数字本身的拆解，还要透过数字，找到员工与目标之间的能力差距、实施路径、赋能策略、资源支持等。很多时候，中层管理者要和上级沟通如何借助公司的资源帮助部门（团队）弥补能力差距，这样才能更好地促成上下级之间的目标共同体。

定位二：上下级是利益共同体

华为有句话，叫作"利出一孔，力出一孔"，很好地说明了为什么上下级之间是利益共同体。"利出一孔"最早出自《管子·国蓄》，原文是："利出于一孔者，其国无敌；出二孔者，其兵不诎；出三孔者，不可以举兵；出四孔者，其国必亡。"而关于"力出一孔"，华为创始人任正非曾提到："水和空气是世界上最温柔的东西，因此人们常常赞美水性、轻风。但大家又都知道，同样是温柔的东西，火箭是空气推动的，火箭燃烧后的高速气体，通过一个叫拉法尔喷管的小孔，扩散出来的气流产生巨大的推力，可以把人类推向宇宙。像美人一样的水，一旦在高压下从一个小孔中喷出来，就可以用于切割钢板。可见力出一孔，其威力之大。"多年来，华为正是贯彻了"利出一孔，力出一孔"的战略原则，才有了后来的持续增长，而利益共同体这一做法更是华为模式的本质。

一提到利益，大多数人的第一反应是钱。钱当然很重要，尤其是以金钱为表现形式的薪资、福利、奖金、期权等措施，构成了员工物质激励的重要方面。但利益不仅仅表现为金钱，利益的表现方式有很多种，如健康、情感、面子、名声、地位等。说到底，利益是人内在需求的外在表现方式。需求满足度越高，上下级之间的利益共同体关系就越紧密，也就能更好地实现"利出一孔，力出一孔"的效果。

在公司中，上下级利益共同体的最直接表现是绩效——上下级的绩效评估往往密切相关。下级的绩效越好，上级的绩效才有可能亮眼；下级的绩效出了问题，上级的绩效评估也好不到哪去。从这个角度而言，上级对下级进行绩效辅导和过程跟踪的原因就一目了然了。同样，如果上级的绩效表现不佳，下级也难独善其身，整个部门的利益都会受到影响。既然上下级之间的利益共同体关系如此明确，那在日常管理中上下级之间为何会出现矛盾和冲突呢？

原因一：利益承诺未兑现。

目标有了，就一定能实现目标拿到利益吗？当然不是。实现目标的过程充满各种变量，这就意味着上下级之前确定的种种利益承诺未必就能百分百兑现。按说这原本就是常识，上下级都应该理解外部环境的不确定性，以及各种突发情况的存在，但怕就怕预期，如果上级或下级给对方的预期很高，且做出过各种承诺，那么问题的性质就完全变了：当初不是说得好好的吗？怎么遇到问题就反悔了？

有一种情况上下级都不陌生——"画大饼"。其实画饼本身不是问题，承诺也不是问题，但如果上级给下级的预期过高，一旦在执行过程中遇到问题，下级没能解决，上级也没有进行辅导和帮助，这个时候下级会感觉自己"一个人在战斗"，很容易伤及上下级之间的信任。如果这种情况多次出现，上级再画饼，下级也就是听听而已，不会再当真，上下级之间的利益共同体关系就会出现裂痕。千万不要以为，只有上级给下级画饼，其实很多下级也会给上级画饼，做出很多不切实际的承诺，以此来换取上级的支持。如果下级总是不能兑现承诺，再指望上级相信你的承诺，那可就难了。

原因二："分赃"不均。

这涉及利益分配的公平性问题，兹事体大，不可不察。对于下级而言，利益本身不仅涉及"报酬"问题，还涉及"价值认可"问题——我为公司创造了价值，公司如何评价我？因此，表面看是利益的分配问题，背后是个人价值的评价和认可问题。

反过来，作为上级，能做到绝对公平吗？难。不同岗位之间，分工和产出不同，在价值链中的作用不同，绩效评价方式也不尽相同。即便是上级做到了绝对的公平公正，但下级的感受也未必如此，尤其是那些自我感觉良好、高估自己岗位产出、低估别人价值贡献的员工，总会觉得自己少拿了，（感受上）"分赃不均"的问题可能会长期存在。怎么办？显然，停留在感受层面永远无解，而是要回到事实和数据层面，回到标准和原则层面，回到上下级本就是利益共同体的这一基本认知层面。同时，作为上级，千万不要忘记沟通。这包括目标设定时的预期和承诺，目标执行过程中的沟通、反馈、辅导和激励，绩效评估后的面谈以及对于具体问题的复盘、改进与辅导，等等。上级要让下级感受到，自己在用实际行动支持他，绝不会故意针对他"分赃不均"。对于下级而言，也不要有"受害者"思维，认为上级就是故意的。有了这种心态，下级就不会主动找上级沟通，甚至可能会拒绝沟通，最终的结果一定是双输。

定位三：上下级是事业共同体

相比目标共同体、利益共同体，事业共同体的要求更高。如果说上下级之间的目标共同体是天然存在的（基于共同的目标而协作），利益共同体是机制设计出来的（基于共同的利益而协作），那么事业共同体则是上下级之间基于战略与文化认同所形成的一种更高要求的协作关系。千万别觉得事业共同体遥不可及，事实证明，公司里那些敬业度最高、抗风险能力最强、承担责任最坚定、业务成果最显著的少数群体，往往都是事业共同体的优秀分子。

回到上下级视角，事业共同体意味着：上下级共担责任与风险，共享成果与收益，共同坚守企业文化与价值观，并随着公司事业的发展而受益。上下级想成为事业共同体并不简单。在大多数情况下，下级考虑的是如何打好这份工，上级考虑的是下级如何为我所用，双方之间更看重交易关系，很难走到事业共同体层面。除此以外，还有三种典型情况。

第一种情况：不相信企业文化与价值观。

为什么很多人不相信企业文化与价值观？首先，这是因为上级没有做到以身作则。上级都不信，凭什么让下级相信？具体表现为：第一，上级不相信企业文化与价值观，还在公开场合表达反对意见，上级都如此，下级会觉得所谓的企业文化与价值观太可笑；第二，上级在公开场合强调企业文化与价值观，也要求下级按照企业文化与价值观做事，但从上级的日常行为看，丝毫看不出和企业文化有任何关联，说一套、做一套，下级会觉得这样的企业文化与价值观太假了。

其次，有的企业文化与价值观太抽象，没有具体的行为体系，执行起来有难度，员工处于"无感"状态。那些抽象的、高高在上的、教条式的企业文化与价值观缺乏落地场景和具体措施，员工不知道该如何落地执行。也正是如此，很多企业才会花大力气出台企业文化手册，有的企业叫文化宪章，有的企业叫基本法，等等。当抽象的企业文化与价值观变为一条条具体的行为评价标准时，员工就可以自觉对标，从而让自己的言行同企业文化与价值观保持一致。

第二种情况：关键时刻掉链子。

检验上下级是否为事业共同体的时刻，不是在平时，而是在关键时刻——只有遇到具体的问题，面临两难选择，需要权衡利弊的时候，才能检验上下级是否能成为事业共同体。不论是上级还是下级，如果多次出现关键时刻掉链子的情况，所谓事业共同体往往会成为笑话。

对于上下级而言，关键时刻掉链子，失掉的是对彼此的信任。帕特里克·兰西奥尼（Patrick Lencioni）在其著作《克服团队协作的五种障碍》（*Overcoming the Five Dysfunctions of a Team*）中，特意将"缺乏信任"列为影响团队协作的第一大障碍（其他四项障碍分别是畏惧冲突、欠缺承诺、逃避责任、无视结果）。上下级之间如果缺乏信任，也就意味着团队协作的基础将不复存在。而"关键时刻掉链子"则会损害上下级之间的信任，哪怕过去花很长时间建立的信任关系，也会因关键时刻的表现而大打折扣。

离开了信任，别说事业共同体，就连上下级之间基本的协作关系都会受到影响。于是，讨价还价、相互推诿、互相挖坑、面和心不和就成了上下级之间的常态，非常影响工作绩效。更重要的是，一旦上下级关系总是处于这种"相互算计与防备"的状态，管理成本将大大提升，上级会觉得"团队不靠谱"，下级会觉得"领导不靠谱"，最终的指向都是"公司不靠谱"——连基本的工作信任都没有，员工又凭什么会相信那些高高在上的使命、愿景与价值观一定能实现？

第三种情况：没有做到持续成长。

事业共同体的基础是什么？显然是事业。对于公司而言，事业指的是公司业绩的持续健康增长。所谓增长治百病、发展就是硬道理，指的就是这个意思。因此，那些业绩持续增长、事业欣欣向荣的企业，上下级之间事业共同体的基础就比较牢靠，大家对企业的认同感很强，信心很足。反过来，如果业绩下滑、订单减少、客户流失，那再牢固的事业共同体也会经历严峻挑战。因此，管理者的首要职责永远都是保证业绩与增长，这是构建上下级之间事业共同体的基础。

这里还有一个假设前提：上下级在认知水平、专业能力、学习成长等方面都要跟上公司的发展水平。如果一方掉队或躺平，而另一方持续成长，那就必然会出现上下级不协同的情况。如果掉队的是上级，那么下级会用离职、换岗或团队冲突的方式来表达不满；如果掉队的是下级，那么上级会用淘汰、调岗或考核的方式给下级施压。事业共同体需要上下级共同来维系。因此，上下级在"同一条船上"，有责任维护和增强事业共同体。但理想很丰满，现实很骨感，如果出现以下这三种现象，说明事业共同体的基础面临严峻考验。

现象一：曾经是事业共同体，但现在没有"共同"了。

过去的"共同"怎么来的？当然是上下级"一起掉过坑、一起挨过骂、一起庆过功"。他们共同经历过工作中的各种问题与挑战，也一起获得过成绩和荣耀，这种独特体验让上下级之间更熟悉，彼此知根知底，哪怕是一言不合吵起来，也不会有"隔夜仇"，因为信任

还在，彼此的认同还在。但为什么很多上下级走着走着就没有"共同"了？

原因一：沟通少了。随着公司业务的扩张以及团队规模的扩大，上下级之间不再像从前那样实时沟通。沟通频次的降低，并不必然会导致上下级离心离德，但如果很多冲突和误解得不到及时解决，客观上会影响上下级之间的信任关系。因此，那些还没有建立有效的沟通平台与机制，还在依靠日常一对一沟通来解决问题的团队，就会面临各种挑战。小问题积累成大矛盾，小间隙积累成大冲突，"共同"就越来越少了。

原因二：认知变了。从生命周期的角度来看，在发展的每个阶段，公司所面临的主要矛盾和目标都不一样，而员工的认知和公司发展阶段并不完全同步，特别是上下级之间。经常出现的情况是，在最初的"小目标"达成后，如何就新目标达成共识，上下级之间存在一定的认知偏差，这表现在对外部市场环境、竞争对手、客户需求、竞争优势、战略重点、优先级排序等层面上的认知差别。认知不同，认同就出现问题，事业共同体就会面临很大的挑战。

现象二：从一开始就是"表面的"事业共同体。

在一些上下级之间，从一开始就没有所谓的"志同道合"，只是基于短期的共同利益，各自怀着交易的心态去做事。我们之前谈到过，上下级之间存在交易关系很正常，是否能达成绩效和兑现承诺才是关键。但问题在于，短期的相互利用关系很难持久，一旦当事人觉得"分赃不均"，或者对方的利用价值不大了，这种短期的合作关系就会分崩离析。长期看，如果上下级之间不能从交易关系进化到事业共同体，停留在表面的相互协作就很难持久下去，最终会让上下级分道扬镳。为什么会出现"表面"的事业共同体？

原因一：对组织的使命、愿景与价值观不清楚或不认同。很多企业在招聘时往往强调"用人之际，先进来再说"。这种"萝卜快了不洗泥"的做法，一方面能帮企业解决短期内的用人荒问题，但另一方面，选人层面的任何"囫囵吞枣"都会给企业后续的用人、育人与留人带来隐患。比如，很多唯能力论的领导者，在选人的时候往往忽略价值观的匹配，脑子里想的是先进来解决问题再说，价值观之类的事以后再说。至于引进的人才是否认同公司的使命、愿景与价值观往往被忽略了。再加上很多企业对员工的入职培训停留在表面上，上级的沟通与辅导也大多不涉及公司使命层面，就导致这样的上下级事业共同体关系只能停留在表面层面。

原因二：为利益而选择暂时"伪装"。有的上下级早就因各种冲突和矛盾离心离德了，但表面上还是一团和气。在上级看来，员工还有不少"剩余价值"，看在绩效的份上，对很多问题睁一只眼闭一只眼；在下级看来，还没有找好下家，看在钱的分上，还是暂时忍了吧。于是，上下级进入相互"伪装"的状态——开会时鼓掌，微信群发消息时点赞，绩效评估时不痛不痒，只要没遇到利益攸关的事，上下级都可以继续"伪装"。后来，外部环境变了，公司业绩出现了剧烈波动，上下级之间有了更深的利益冲突，于是就放下了"伪装"，现出了原形。

现象三：上下级的成长与发展出现明显的"错位"。

上下级的成长与发展不同步是很正常的。这不仅是因为个体在职场的成长速度不同，还与各自的岗位角色以及承担的责任不同有关。因此，上下级之间经常会出现"不同频不共振"的错位。在大多数情况下，上级可以帮助下级及时发现问题，让下级少走弯路；下级也可以给上级提出相应的建议，帮助上级识别认知盲区，打破发展瓶颈。这才是上下一致的事业共同体。但在实际工作中，这种美好却不多见，主要有以下两个原因。

原因一：遇到冲突，绕着走。在工作中，上下级对同一个问题有不同意见，甚至发生冲突很正常。对事不对人应该成为团队起码的处理原则。但有些上下级遇到问题的第一反应是先琢磨"提出来好不好""对方什么感受""会不会让对方没面子"等，反而忽视了解决问题本身。他们过于重视别人的感受，却不重视解决问题本身，舍本逐末。而积累的问题越多，冲突越多，上下级之间的隔阂就越深，成长的方向就越来越不一致。要想减少这种错误，保持坦诚的沟通是第一位的。同时，作为管理者，要打造公开透明的组织文化，让上下级之间随时随地开诚布公，保持成长的同一方向和同一频道，这才能最大限度地减少上下级的成长错位。

原因二：各自盘算，算小账。为自己的前途考虑当然无可厚非，但如果陷入"内耗"思维——别人多就是自己少，别人有机会等于自己没机会，上下级就容易为组织内部有限资源的存量分配而较劲，这会让原本目标一致的事业共同体解体。而一旦团队都盯着"分蛋糕"，没人想着"做大蛋糕"，那么大家对利益分配到就会斤斤计较。在这种情况下，上下级之间很容易因为资源分配多寡问题而产生矛盾，再谈事业共同体就难上加难。

事实上，优秀的企业都坚持"增量导向"，这也是上下级事业共同体的根基所在。增量才是企业发展的本质，而事业共同体需要上下级共同努力，用持续的增量来滋养。管理者应该围绕增量设计组织的制度与文化，立足增量提升组织的管理水平与团队执行，这将有助于上下级之间事业共同体的打造，也是企业实现可持续发展的关键路径。

➡ 一、转型思考题

1. 为什么很多公司的上下级关系变成了江湖关系，充满了站队的氛围与办公室政治？

2. 为什么上下级关系变糟糕是从"情感替代规矩、关系替代目标"开始的？

3. 从目标共同体到利益共同体，再到事业共同体，上下级协作面临哪些现实挑战？

➡ 二、转型工具箱

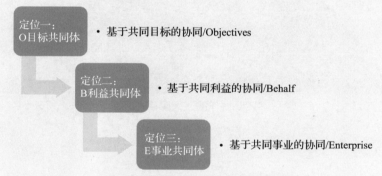

上下级之间的三大关系定位

基于公司的使命，上下级之间的关系定位分为目标共同体（基于共同目标的协同 /Objectives）、利益共同体（基于共同利益的协同 /Behalf）、事业共同体（基于共同事业的协同 /Enterprise）。其中，目标共同体是前提，也是上下级协作的基础；利益共同体是关键，但利益并不仅仅表现为金钱；事业共同体是未来，只有志同道合的价值观才能让上下级一起走得更远。

➡ 三、转型方法论

该模型出自《团队协作的五大障碍》（中信出版社，帕特里克·兰西奥尼著，2022 年 5 月出版）。对于如何克服五项障碍，兰

西奥尼给出了五大方法，分别是：构建信任、掌控冲突、兑现承诺、共担责任、关注结果。

无视结果
Inattention to Results

逃避责任
Avoidance of Accountability

欠缺承诺
Lack of Commitment

畏惧冲突
Fear of Conflict

缺乏信任
Absence of Trust

团队协作的五大障碍

第六章
向上协同的误区

——不是帮倒忙，而是正需要

上下级之间"共同体"的定位问题解决了，相当于有了 GPS，让上下级知晓了工作协同的方向和重点。那么，接下来的问题是：既然上下级要构建共同体（包括目标共同体、利益共同体和事业共同体），那么如何才能实现"心往一处想、劲往一处使"呢？而对于中层管理者而言，更具体的问题是：

- 上级经常对中层管理者所说的"同频共振"到底是什么意思？
- 为什么一些中层管理者看似主动为上级排忧解难的行为，最后却酿成了一场团队的"管理事故"？
- 为什么很多中层管理者会有"多做多错、少做少错，不做不错"的"领悟"？
- 所谓"学会站在上级的视角看问题"，到底是一个什么视角？
  ⋯⋯⋯⋯⋯

对于中层管理者而言，向上协同是具体的，不是抽象的；是理性的，不是感性的；是提升组织价值的，不是增加管理成本的。在这方面，中层管理者尤其要警惕以下三个误区。

误区一:"一致"不是没声音

在很多中层管理者看来,要做到向上协同,必须先要和上级"保持高度一致"。这话在战略层面肯定没问题,人们常说"上下同欲者胜",保持一致对于任何公司的战略与执行都非常重要。然而,怎么"保持一致"却是个见仁见智的问题:

- 是听话照做,还是言听计从?
- 是坚决支持,还是绝对服从?
- 万一有不同意见,且又有相应的事实和数据支撑,要不要第一时间将不同意见反馈给上级?
- 如果在执行中发现上级之前的决策前提有问题,没有完全将真实的情况考虑进去,是顾及上级的面子默不作声,当作一切都没有发生,还是向上级如实反馈(哪怕让上级面子不好看)?
- 有了好消息,很多人都会主动向上级反馈,那么,如果是坏消息呢,会第一时间给上级反馈吗?
- 万一上级发飙怎么办?万一上级觉得我的格局和立场有问题怎么办?

这些问题不一而足。由此看来,和上级"保持一致"还真不简单。回到上下级"共同体"的定位,中层管理者在与上级"保持一致"方面,需要关注三个问题。

第一个问题:保持一致,不代表不提意见。

有意见必须提。为什么?

首先,上级不是万能的。且不说每个人都有自己的认知盲区,仅就公司的战略和决策而言,上级需要中层管理者的献言献策,特别是在具体的业务和技术领域。因此,给上级提意见,不仅是应该的,也是必要的。更重要的是，中层承上启下，既能了解公司的战略意图，又能理解执行层面的具体问题，让战略决策与团队能力、业务现状、员工执行等情况相结合，能更好地提升上级战略决策的实施效果。

其次，上下级既然是"共同体"，那么，有意见不提，就是虚伪。事实上，无论是公司管理层还是员工，都必须对公司的目标达成负责。在这个前提下，下级如果有不同意见，特别是发现某些决策漏洞和流程制度缺陷时，必须第一时间和上级进行沟通。如果下级藏着掖着，导致最后出现重大管理事故，那反而是对上级的落井下石。

第二个问题：保持一致，不代表听话照做。

正确的决策就一定能带来正确的结果吗？当然不是。

决策的执行面临很多变量。这既包括外部市场环境的变化，也包括内部流程、机制与团队执行力的影响。在很多情况下，上级要对决策质量负责，中层管理者要对决策目标的分解、落地与执行负责。谁也无法保证决策一定正确，尤其是在面对执行环节的诸多变量时，需要中层管理者随机应变。如果什么事都听话照做，那最后的效果未必是公司想要的。为什么？

首先，对于高管而言，如果下级（中层管理者）一直是听话照做的状态，那么上下级之间就只有单向服从，而没有提升决策价值的互动，协同效果会大打折扣。毕竟，哪个高管需要的是执行机器？哪个高管喜欢不仅要制定决策，还要告知下级决策怎么执行、怎么落地、遇到不同问题该怎么办等这样的细节？且不说高管有没有这个时间和精力，单从效果来看，这种事无巨细的管理方式真的可持续吗？真的会对决策执行有帮助吗？事实上，一竿子插到底的管理悲剧我们见得太多了。

其次，对于中层管理者而言，不能把所有的决策落地与执行责任都"外包"给上级。上级给了明确的方向和明确的决策，但这只是万里长征的第一步。如何让团队成员理解上级的战略意图，如何进行正确的工作委派，如何激发团队的执行意愿，如何应对执行中的突发情况，等等，这些都需要中层管理者发挥承上启下的作用。如果中层管理者完全是听话照做的工作状态，则很难达成预期目标。同时，这种凡事依赖上级的做事方式与工作习惯也会制约中层管理者自身的成长与发展。

第三个问题：保持一致，不代表揣摩"上意"。

有的中层管理者特别喜欢"猜"上级的意思，甚至还以此为荣、沾沾自喜。问题是，瞎猜有风险，猜错更可怕。有揣摩上级意图的工夫，还不如和上级好好沟通，确认清楚为好。持续为客户创造价值，持续实现盈利，才是一家企业的正经事。

当然，在有些公司中，中层管理者之所以喜欢"猜"上级的意思，也和一些高管的行为方式与做事风格有关。有些公司高管说话留半句，美其名曰：我要考验一下你的悟性。话是这么说，但真实情况是，这些高管可能自己都没想清楚到底想要什么，对问题的认知不清，干脆就让中层管理者自由发挥。干好了，是上级领导有方；干不好，是中层管理者悟性不够。总之，千错万错都是中层管理者的错。在这种情况下，有些中层管理者就养成了揣摩"上意"的习惯。

还有，那些患上"大公司病"或者并不以客户价值为导向的公司，早已形成了"唯上是从"的文化。有些中层管理者的工作重心，不再是为客户创造价值，而是服务于上级的情绪——一切服务于领导的情绪，而不是绩效产出。在这样的组织中，每个人最重要的事当然就是揣摩"上意"。中层管理者之所以选择这样做，是因为在这样的组织中，自身升职、加薪等事关职场发展的要事，都系于上级的态度和评价。要么看在钱的分上，要么看在权的分上，很多中层管理者就不自觉地养成了揣摩"上意"的习惯。

无论是哪种情况，天天都把时间花在揣摩"上意"的中层管理者，都有自己的职场座右铭：让领导满意，比什么都重要。于是，他们非常关注上级的喜怒哀乐，关心领导脸上的阴晴圆缺，将投其所好作为自己的行为准则，这就是他们所理解的"和上级保持一致"。至于这样做，对客户、对公司、对上级是否有价值，是不是可以为企业创造业绩和绩效，则不在他们的考虑范围之内。如果公司里的很多中层管理者都这样做，那老板和高管们就要反省了：为什么组织会变成这个样子？

误区二：忠诚不是拍马屁

在任何一个组织中，忠诚都是弥足珍贵的。但忠诚不是愚忠，更不是人身依附。忠诚于事业，忠诚于使命、愿景与价值观，忠诚于原则和机制，才是职场中真正的忠诚。

忠诚很可贵。从个体品格来看，一个两面三刀、前倨后恭的人，很难得到别人的信任，也很难在社交中获得认同。秉承"给多少钱干多少事"的职场信条的人，最终也只会换来和企业"短期相互利用，长期各奔西东"的散伙结局。从组织视角来看，唯有志同道合，才能走得更远。尽管不少人的出发点是"混口饭吃"，但如果想长期"吃这口饭"，还真的需要对组织目标有发自内心的认同，不然，长期处于"表面认同，但内心不认同"的职场分裂状态，绩效一定好不了。

说到这里，我们不得不提到一种典型的职场现象：拍马屁。

第一个问题：为什么会出现拍马屁的现象？

成年人的无奈，总和利益有千丝万缕的联系。若不是迫于形势，或者为了那点利益，谁愿意处心积虑、低三下四地拍马屁？更准确地说，拍马屁能换来货真价实的利益，所以才会有更多人前赴后继。

如果拍马屁成了普遍现象，板子就要打在领导者身上了。德鲁克说，企业的宗旨有且只有一个，那就是创造客户。因此，优秀的企业都坚持以客户为导向，也就是持续为客户创造价值——从这个意义上而言，如果要拍马屁，请拍客户的"马屁"。唯有坚持以客户为导向，才能让整个企业的人财物资源汇聚起来，以产品、服务或解决方案的方式为客户创造价值。

当然，还有一种情况：有些人无论在什么样的企业都会不自觉地拍马屁。除了利益因素，这也和他们长期缺乏独立思考有关，一些诸如"领导是对的""下级必须服从上级"的观念就成了不少人的职场生存之道——表面是拍马屁，背后是自己在职场生存环境下的谨小慎微与明哲保身。

第二个问题：为什么忠诚不是"拍马屁"？

这就要回到忠诚的基本定义。

忠诚的真正内涵，是对原则与价值观的坚守，不代表任何"人身依附关系"，即便是表现出"忠诚于某人"，也是指向了某人身上所代表的、被自己认同的原则、使命与价值观，这才是忠诚的本意。

反过来，靠收买和威胁换不来真正的忠诚。凡是将下级对自己的拍马屁理解为忠诚的领导者，都有两个典型问题。一是特别在意别人对自己的态度，哪怕是表面的服从，也很容易让人上瘾。时间久了，他们就心安理得地认为，自己就是别人所说的"英明神武"的人。二是听不到真实的情况。下级报喜不报忧，他们所获得的信息严重失真，由此导致的最直接的后果是：决策出现失误，表面捷报频传，实则状况连连。

第三个问题：职场"忠诚"体现在哪里？

首先，忠诚体现在作为公司员工的岗位价值创造上，这是职场契约精神的一部分，也是职场"忠诚"的基本底线。反过来，如果员工兑现承诺，而企业（老板）不能兑现承诺，这就丧失了双方合作的前提，就不是"忠诚"问题了，而是诚信问题。

其次，"忠诚"体现在对公司流程、制度与文化的执行上。流程、制度与文化是一家公司赖以生存的原则和底线，也是过往管理经验和教训的一个总结。遵守公司的流程、制度与文化，就是对一家公司基本的做事方式、团队协作模式、行为准则的尊重。有人说，如果流程、制度与文化出现了问题呢？那就请你提出来，通过自己的力量不断发展和完善公司的流程、制度与文化，这也是职场"忠诚"的一种表现。

更深一层的"忠诚"，体现在对公司使命、愿景与核心价值观的认同和坚守上。最典型的表现是，在公司业务发展处于低谷时刻，员工还认同公司的使命、愿景与核心价值观，愿意继续与公司携手同行，即使这样做可能会损失自己一部分当前利益。当然，不能用道德绑架的方式来逼迫员工这么做，在任何情况下，员工都可以用脚投票。只不过，对于公司而言，那些选择在低谷期与公司同进退的员工，更能赢得公司的长期信任。

误区三：协同不是"搞关系"

无论是在什么组织中，与上级的关系如何都是中层管理者推进工作、整合内部资源、达成团队绩效、个人职场进阶的重要一环。因此，如何与上级相处，如何与上级保持良性的沟通与协同，对于中层管理者来说非常重要。

但相处不是"搞关系"，更不是拉帮结派。在公司中，上下级关系的本质是按照职责分工，一起达成目标，上下级是目标共同体、利益共同体与事业共同体。事实上，公司不是交朋友的地方，更不是拉

帮结派搞团伙的地方。一般而言，公司的"江湖气"越重，职业化越差，公司的氛围就越会乌烟瘴气，最终会影响业绩和绩效。

因此，中层管理者要和上级建立良性、健康、可持续的职业关系。这就涉及几个关键问题需要解决。

第一个问题：什么是好的上下级关系？

公司存在的使命，决定了组织中任何上下级关系都要指向达成公司目标。因此，所谓好的上下级关系，首先应该有助于达成公司目标。从这个角度出发，上下级各自胜任岗位角色，创造更卓越的岗位绩效价值，在上下级协同中，不断提升工作效率，提高协作水平，持续为公司创造高绩效，就是上下级保持良性关系互动的前提。因此，"向目标看齐"比其他任何形式上的"向上级看齐"都重要得多。

上下级还应该在业务、团队、机制与文化等层面达成广泛的共识。有了共识，上下级才能上下一心。对于上下级而言，真正的考验在于：如果没能达成共识，双方能否坦诚地讲出各自的想法，能否基于对问题本身的理解以及是否有助于达成业务目标的原则进行有效沟通，而不仅仅是靠职位高低来决定争议；如果时间紧任务重，上下级（就某件事）在短时间内不能达成共识，那就先搁置争议、求同存异，先执行再说。

同时，"好"的上下级关系还要经历多个项目（任务）和时间的考验。短期达成共识不难，难的是持续达成共识；单个项目协同不难，难的是持续保持上下级协同。比如，很多中层管理者只顾低头拉车，还在用过去的老经验来解决业务增长过程中遇到的新问题，如果遇到学习能力强、认知更新快、战略视野广的上级，彼此间就容易爆发意见分歧和冲突。再比如，公司不同项目（任务）的定位不同，有的项目（任务）需要提升利润，有的项目（任务）需要锻炼人才，有的项目（任务）则以延续与甲方的关系为主要目标，如果上下级不能在多个项目（任务）的定位、目标和管理方式上达成共识，就很容易影响长期关系的发展。

第二个问题：什么会影响上下级关系？

影响上下级关系的因素有很多。在多年的管理咨询与领导力培训项目实践中，我们发现：意见分歧、信息不透明、沟通不及时是影响上下级关系的"三大杀手"。

一是意见分歧。中层管理者在面对意见分歧时的处理方式则会直接影响上下级关系。比如，明明和上级有意见分歧，就是转弯抹角不直接表达，或者决策时同意，执行时反对，这种方式极容易造成上下级的关系紧张；再比如，与上级出现了意见分歧，但为了照顾上级所谓的面子，选择沉默，或者刻意隐瞒某些关键信息，最终造成了重大管理事故或业务损失，事后一旦上级知晓事情的真相，上下级关系就会陷入新的考验。

二是信息不透明。20 世纪 50 年代，美国心理学家约瑟夫·勒夫特（Joseph Luft）和哈里·英格汉姆（Harry Ingram）构建了"乔哈里视窗模型"（Johari Window Model）。该模型从自我和他人两个维度构建了人际沟通与协作的四个区域，分别为自己知道 – 别人知道（公开区）、自己不知道 – 别人知道（盲区）、自己知道 – 别人不知道（隐藏区）、自己不知道 – 别人不知道（未知区）。其中，隐藏区与盲区成为上下级之间信息不对称的重灾区。在实际管理过程中，所谓"报喜不报忧""有利于自己的多说，不利于自己的少说或不说"等情况就发生在这些区域，这加重了上下级之间的信息不对称，引发了彼此之间的猜忌，对于上下级协作大大不利。扩大公开区、分享隐藏区、主动了解盲区、一起探索未知区是上下级协作的正确方法。

三是沟通不及时。上下级之间的误解在大多数情况下与沟通不及时有关。按理说，上下级之间有充分的时间和理由及时沟通，然而，受到主客观因素的影响，沟通不及时的问题总是存在：客观上，有的公司缺乏周期性的上下级沟通机制，上下级之间都是临时有事再沟通，平时各忙各的。这样做看似高效，实则掩盖了问题的真相：组织内部的日常沟通机制恰恰是减少突发事件、避免小事拖成大事、保持上下一致的重要前提。主观上，上下级对很多问题的沟通时机、沟通方式和优先级排序不同。比如，一些中层管理者认为出现某些情况不需要向上沟通汇报，而上级恰恰认为必须第一时间同步信息，这种认知差异也会造成上下级之间的沟通不及时。当然，双方要各打五十大板，有些中层管理者喜欢报喜不报忧，而有些高管则喜欢听好消息，只要出现坏消息反馈，就开始冲中层管理者发火，这又反过来助长了中层管理者的报喜不报忧、选择性反馈与沟通不及时的问题。

第三个问题：上下级关系要警惕的两个陷阱是什么？

职业化包括职业道德、职业意识、职业心态、职业技能等多个方面，狭义的职业化往往指的是员工在胜任岗位角色时的专业化和规范化，也有的企业将职业化语言、职业化行为、职业化素养纳入员工的职业化考核范畴。中层管理者尤其要警惕不要让上下级关系落入以下两个陷阱。

陷阱一：既然过去有功于你（上级），就应有求于你（上级）。投桃报李本是朋友间正常往来的一种方式。然而，企业原本就不是交朋友的地方。从企业的属性来看，为客户创造价值才是企业的立身之本。这就决定了企业所有的部门和岗位都是基于"为客户创造价值"这一前提而设置的。因此，上下级需要协同为客户创造价值，尽管下级的绩效通常都是上级绩效的一部分，但这并不等于说下级有功于上级，上级就应该找机会回报下级。上下级分工不同，都是为了让客户满意，谈不上谁有功于谁。如果做得好，公司会有绩效激励，市场会有持续回报，不要把精力放在公司内部的"投桃报李"上。

当然，在关键时刻，你为了公司的利益挺身而出，牺牲了个人利益，成就了组织利益，这肯定算你的"功劳"。但这属于"有功于组织"的范畴，大多数企业对于"立功"的员工，都会有相应的回报机制。也有人说，我为上级"扛下了所有"，当然是有功于上级了。此言差矣。首先，你是否应该为上级"扛下所有"？如果这种做法最终损害了组织利益和客户价值，显然不值得鼓励；其次，就算是中层管理者真的是满腹委屈，为上级"扛下了所有"，那也是两个当事人在个人层面的互动，上级不能通过自己手中的权力，来为下级的"有功于我"行为买单，那岂不成了假公济私？这种行为不值得提倡。

陷阱二：一朝上下级，永远好兄弟。这句话本身就混淆了职场（契约）关系与社交（情感）关系。在职场中，上下级首先是分工协作的关系，是基于公司目标的达成而设立的不同岗位。因此，上下级之间要有职责分工，也会存在达成目标过程中的意见分歧，甚至是冲突和妥协。而一般意义上的社交（情感）关系则是从社会学层面定义双方的情感连接，既包括传统的血缘关系，也包括朋友、同乡、同窗、故旧等关系，更多的是强调彼此之间的情感属性。将两者混淆起来，不利于职场中上下级关系的正常发展。

同时，上下级称兄道弟还容易引发道德绑架。特别是在某一方需要制度与规则之外的"帮助"时，另一方要不要施以援手？如果拒绝，则很难过情感那道坎；如果接受，就容易侵害组织利益，还让自己左右为难。对于中层管理者而言，这样的上下级关系是好还是不好？有人说，上班时是上下级，下班后是好兄弟，这样不就没有问题了？还是别高估自己为好，能将边界和分寸划分得这么清，谈何容易？一旦处理不好，无论是职场关系，还是社交关系，都容易出现问题，进而影响个体发展与组织绩效。

了解了以上三个误区，中层管理者就更好地处理上下级关系。同时，中层管理者要意识到：向上协同可不是仅仅停留在态度和认知上，而是要从实际工作和组织绩效出发，在业务、团队、机制、文化等层面，胜任角色，达成目标。透过问题看本质，向上协同的真相到底是什么？

➡ 一、转型思考题

1. 为什么偏离"为客户创造价值"的公司，上下级之间的职业化关系往往会出现异化？

2. 为什么意见分歧、信息不透明、沟通不及时成了影响上下级关系的"三大杀手"？

3. 为什么职场"忠诚"的核心是基于公司和员工之间的契约关系，而不是社交关系？

➡ 二、转型工具箱

	Known by self 自己知道	Unknown by self 自己不知道
Known by others 别人知道	1 公开区 Open area	2 盲区 Blind area
Unknown by others 别人不知道	3 隐藏区 Hidden area	4 未知区 Unknown area

乔哈里视窗模型

"乔哈里视窗模型"是美国心理学家乔瑟夫和哈里在 20 世纪 50 年代研究群体动力学过程中开发的模型，以两位心理学家的名字命名。该模型从自我和他人两个维度构建了人际沟通与协作的四个区域，分别为自己知道 - 别人知道（公开区）、自己不知道 - 别人知道（盲区）、自己知道 - 别人不知道（隐藏区）、自己不知道 - 别人不知道（未知区）。

➡ 三、转型方法论

该模型为美国心理学家戴维·麦克利兰（David McClelland）于 1973 年提出的有关个体素质分析的研究框架。在他看来，冰山上的知识、技能都是人的外在表现，容易被了解和测量，可以通过发展和培养的方式进行优化和改变；而冰山下的社会角色 / 价值观、自我认知、品质 / 特质、动机等部分，则不易被了解和测量，很难通过外界的影响而改变，但却对能个体的行为表现产生至关重要的影响。麦克利兰的"冰山模型"深刻影响了企业管理与人力资源领域，包括岗位胜任力、能力素质测评、绩效考核与评估等，对企业人才的选拔和培养意义重大。

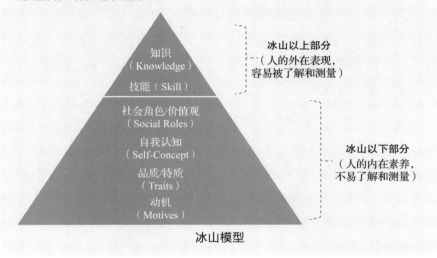

冰山模型

第七章
向上协同的真相

——不是表决心，而是真负责

要做到向上协同，前提是向上负责。而向上负责并非下级对上级言听计从，更不是下级依附于上级，而是上下级基于各自的角色定位与职责分工，在完成组织绩效目标与战略规划层面，履行各自的使命。一般而言，下级的目标来源于上级目标的拆解，从这个角度而言，向上负责就是对公司负责。向上负责需要的不是下级表决心，而是用成果和实力兑现自己的承诺。这和以下三个因素有关。

第一，企业的本质是盈利组织。

在企业中，无论哪一个岗位，"负责"的唯一指向一定是成果和利润。因此，向上负责首先要对岗位职责和组织绩效负责，要对目标与 KPI 达成负责，如果评价员工时仅看决心和表态，则企业最后只能喝西北风。而要想拿到绩效和成果，靠的是包括解决问题、整合资源、设计流程和机制以及高效执行在内的一系列专业能力和水平。因此，为组织赢得货真价实的绩效比决心和表态本身重要得多。

第二，对于中层管理者而言，上下级关系是基于工作分工与协作产生的。

自工业革命以来，标准化流程＋专业化分工＋科层制管理共同组成了传统企业的金字塔结构。在这种结构下，公司增长的责任首先落到高管层，然后再逐级分解到中基层管理者和一线员工。从这个角度来看，如果中层管理者不能向上提供绩效和产出，上下级之间的分工和协作就无从谈起。即便是在流行扁平化管理与矩阵式组织的今天，包括 OKR 等在内的目标管理策略与方式也都强调上下对齐、左右拉通。因此，对目标或绩效的层层分解与责任锁定，就是上下级分工与协作的集中体现。

第三，向上负责不是抽象的概念，而是企业流程与价值链的一部分。

除了极少数垄断企业之外，企业实现盈利的唯一原因是持续为客户创造价值。"买单"代表客户满意——只有对客户负责，才能让客户买单。回到企业内部，为了能让客户买单，就需要设计和不断优化工作流程、价值链，形成"一级管一级，一层落一层，各自承担对客户买单的责任，共同创造客户满意"的价值链。因此，中层管理者向上负责，本质上还是对客户负责，对公司持续增长负责。

公司要实现持续增长，当然需要中层管理者的硬实力，为上级和组织绩效提升"添砖加瓦"胜过无数次"甜言蜜语"。对与中层管理者而言，除了要达成日常绩效目标之外，还需要了解向上负责的三个真相。

真相一：关键时刻，别掉链子

何谓中层管理者的"关键时刻"？有关"关键时刻"的定义，当然需要回到公司和上级视角，回到中层管理者的职责和使命，回到组织对于中层管理者的角色定位。"关键时刻"可以从绩效与行为两个视角来划分。

首先，我们来看绩效视角的"关键时刻"，分别是：高光时刻、低

谷时刻、突发时刻。

所谓绩效的"高光时刻",指的是绩效目标按既定计划达成,甚至超额达成。这当然代表了中层管理者的实力,也是中层管理者自身管理水平的展现。然而,绩效达成只能算"高光时刻"的开始。除了带领团队庆祝绩效达标外,中层管理者还要更进一步,回到"做正确的事"与"正确地做事"层面,进行总结与思考。比如,总结可复制的绩效成功经验与关键行动措施;打造部门和团队绩效标杆,为更多人对标学习提供借鉴;持续优化业务流程和机制,让持续增长变为良性循环,等等。确保部门或团队在做正确的事,形成可持续、可复制、可转化的做事方式,不断推进流程优化、团队能力、业务创新水平的提升,这才是中层管理者立足于自身职责和使命的正确做法。让绩效的"高光时刻"熠熠生辉,也是向上负责的最直接体现。

应该如何面对部门或团队绩效的"低谷时刻"呢?显然,"低谷时刻"意味着绩效目标没有达成或者达成的质量不高。在这种情况下,中层管理者是将绩效未达成的责任归因于外,还是归因于内?是着眼当下的不足,还是今后的改进?是就事论事提出解决方案,还是回到流程和机制查找不足?是纠结于个体的责任和问题,还是回到团队文化层面洞察"问题背后的问题?"等等。与绩效的"高光时刻"相比,绩效的"低谷时刻"更考验中层管理者的管理水平,有些管理者经常被团队绩效的"低谷时刻"所打败,背后的原因是:没有将"低谷时刻"出现的问题,作为团队改进的"养料";过于计较目标未达成的结果本身,太在意自己在团队中的"面子"问题;陷于当下的"低谷时刻"不可自拔,情绪容易受触动,进而自我否定,没有从更长远的视角看待当下的团队绩效问题,等等。事实上,中层管理者要接受一个现实:没有人永远都在"高光时刻",在大多数情况下,应对并走出"低谷时刻"会帮助中层管理者认知到自己的不足,进而在流程、机制、管理方式等方面，回到管理的原点进行思考和反省。从这个角度而言，"低谷时刻"才是中层管理者能力提升与持续进化的关键所在，也是向上负责的挑战所在。

什么是部门或团队绩效的"突发时刻"？即在绩效目标与计划推进的过程中，部门或团队遇到了之前未预计到的意外情况，导致原有的计划措施面临变更和调整。突发，意味着不确定性，就像我们之前在第四章提到的VUCA——这不仅是公司高管面临的问题，也越来越成为中层管理者在达成业务目标、提升组织绩效、推进部门变革与创新过程中需要克服的挑战。面对绩效的"突发时刻"，中层管理者该如何选择：是怨天怨地怨变化，还是沉着应对找策略？是想方设法调动资源解决问题，还是固守过去的成功经验被动挨打？如果顺利解决了突发问题，是停留在解决问题本身，还是寻找问题突发的根源，举一反三，在流程和机制上建立预警体系，防止和减少类似突发情况的产生？如果没能解决突发问题，该如何总结经验和教训，如何建立问题识别与及时止损的流程机制，如何避免下一次突发带来的类似问题？等等。没人期待"突发时刻"的到来，应对"突发时刻"意味着管理者要付出更多的时间、精力与成本，而且未必能获得好的结果。而且，有些"突发时刻"事实上可以避免，恰恰是因为过程管理做得不到位、很多计划措施没有得到落实才出现的。但必须要承认的是，无论多么好的预防措施，都很难避免"黑天鹅"事件的发生。尤其是对于那些身处高速成长、瞬息万变的风口行业或细分赛道的企业来说，多变才是常态。因此，对于管理者而言，应对和解决突发情况，本就是管理的应有之义。而每一次对"突发时刻"的应对，都是一次流程优化、机制改进与业务创新的机会，都将深远地影响部门和团队绩效结果，也是向上负责的一次能力跃迁。

其次，我们来看行为视角的"关键时刻"。

这里提到的"行为",其实是中层管理者基于自身的角色定位与岗位职责,对部门和团队成员所做出的管理行为。比如,如何制订计划,如何检查过程,如何辅导员工,如何进行激励,等等。行为决定结果,真正的向上负责需要中层管理者的行为体现。对行为进行拆解,对于中层管理者而言,有些是基于目标与绩效达成所进行的过程管理行为,有些是基于流程与机制运行所进行的纠偏管理行为,还有些是基于企业文化落地所进行的价值观管理行为。如果是那种类似PDCA的重复性管理行为,对中层管理者的挑战并不大,况且还有基层管理者在业务一线直接管理,只需按部就班进行管理就可以了。反而是遇到那些突发的、例外的、非典型的管理事件,中层管理者采取什么样的管理行为进行应对,才更能反映中层管理者向上负责的能力水平。我们暂且将这些事件称为非典型事件,而管理者需要重点关注以下三类不同的非典型事件。

一是业务层面的非典型事件。业务层面的非典型事件指的是员工在业务层面不按常理出牌,做出了一些创新和改变。这些创新和改变与以往的既定做法格格不入,可能会带来意想不到的创新成果,也可能会增加很多未知的业务风险,也不是基层管理者能直接判断和解决的问题,在这种情况下,中层管理者要采取什么样的管理行为呢?

要知道,在大多数情况下,公司一般都会鼓励员工的业务创新和改变。只有不断地"折腾",才能让公司保持竞争力。但不可否认的是,并非所有的创新和改变都一定有利于组织绩效的达成:有的可能会让业务方向发生偏离,有的可能会伤害客户价值,有的可能是画蛇添足,有的可能是一厢情愿的瞎折腾。面对业务层面的非典型事件,中层管理者需要在第一时间识别和判断事件本身与公司的战略方向、绩效目标、企业文化和价值观是否相违背。如果方向没问题,符合公司战略要求,那就想方设法帮助员工协调公司内外资源,推进业务创新和改变；如果方向有问题，或者和战略方向不相符，损害客户价值，则要及时叫停，快速止损和纠偏。在这方面，中层管理者的不作为（不闻不问）与不担责（出事全怪下级）都是消极的管理行为，也是一种不负责任的表现。当然，也有些中层管理者选择躺平，顺手将问题推给上级，等着上级的决策和指示，上级让怎么做就怎么做，这种管理行为不是向上负责，而是推卸责任。

二是机制层面的非典型事件。机制层面的非典型事件指的是员工的某些做法与现有的流程和制度不相符——要么是没有按照现有的流程和制度执行，要么是现有的流程和制度没有进行明确的界定，而基层管理者又无章可循。在这种情况下，中层管理者要采取哪些管理行为呢？

显然，如果回到职责与使命层面，中层管理者可以捍卫公司的流程与制度，确保部门和团队在流程和制度框架内行事。这本身就是在守护部门管理的安全线，没什么问题。只不过，中层管理者也要意识到，所有的流程和制度都会存在天然的不足：不能囊括所有现实情况，总会存在流程和制度管不到的地方。一方面，这是因为设计流程和制度之时，大多是基于企业当时或过往所面临的问题与挑战，即便是考虑到未来可能出现的情况，也很难考虑得那么周全；另一方面，VUCA 的客观存在让例外、突发与不确定性在组织中随时会出现，现有流程和制度的假设前提都不存在了，再按流程和制度进行管理，就会出现刻舟求剑的问题。因此，当员工出现新的问题，而现有的流程和制度没有相应的规定时，才是对中层管理者的真正考验。

在管理实践中，优秀的中层管理者往往会有三种做法。一是从问题所带来的后果出发，如果后果可能影响组织绩效和团队发展，显然需要及时干预，要么从既有流程和制度中找寻可参考的依据条款，要么从现实出发给流程和制度"打补丁"，避免不良后果的出现。如果带来的后果有助于组织绩效和团队发展，那么就要重新审视流程和制度，看看是否有改进和优化的空间。二是从问题产生的根本原因出发，不是纠结于问题本身，而是回到产生问题的根本原因，解决了根本问题，很多连带问题或表象问题就很容易烟消云散，同时还能预防类似问题的发生。三是从公司战略方向或组织目标出发，回到"第一性原理"，判断非典型事件是否有利于客户价值增值，是否有利于公司战略推进，是否有利于组织绩效达成。如果现有的流程与制度已经脱离实际，当然需要创新与变革，中层管理者可以将问题转化为典型案例，引导团队进行思考和研讨，从而进行流程与制度优化，甚至重新设定新的流程与制度。

再进一步，中层管理者还可以由此观察公司其他部门和团队是否存在类似问题，公司其他流程和制度是否需要优化改进。如果中层管理者能将部门的管理实践转化和升级为公司层面的流程再造与制度创新，那就不仅仅是向上负责了，而是站在公司和高管视角看待问题，这是中层管理者完成认知跃迁的重要一步。

三是文化层面的非典型事件。文化层面的非典型事件指的是员工的某些行为方式与企业文化和价值观不相符，或者现有的企业文化和价值观无法对员工的行为做出评价。面对这种情况，基层管理者要么无意识，放任不管；要么不知所措，不清楚该如何处理。这个时候，中层管理者该采取什么样的管理行为呢？

提到企业文化，人们的第一感受是比较"虚"。因为相对比较明确和具体的制度规范，企业文化所呈现出来的往往是形而上的愿望、口号与期待。这可能是对企业文化的最大误解。组织行为学专家金·卡梅隆（Kim S.Cameron）与罗伯特·奎恩（Robert. Quinn）在所著《组织文化诊断与变革》（第三版）（*Diagnosing and Changing Organizational Culture*，中国人民大学出版社，2020 年 1 月）一书中对企业文化的定义是："理所当然的价值观、潜在假设、期望、共同的记忆和对企业的定义。它代表了'这里的事情是怎样的'，它反映了人们脑海里普遍持有的观念，它向企业成员传递了某种特性，为在组织中如何行事提供了未写明、未言明的指导原则。"这样看来，企业文化至少包括潜在假设、（由潜在假设衍生出来的）共同遵守的契约和规范、人工饰物（办公室布局、着装、标语、仪式等）、外在行为（企业员工相互交往的方式，个体全身心投入企业的程度，以及人们对企业所发起活动的响应和参与度）等几个方面。之所以有人会觉得企业文化"虚"，主要是他们对企业文化的理解停留在表面层次，但很多优秀企业往往会通过诸如《企业文化手册》或《员工文化行为准则》的方式来将企业文化落地，甚至将员工在企业文化层面的具体表现与年底的绩效评价、升职加薪、奖金、分红等结合起来，从而使企业文化落地并对员工的行为表现产生深远影响。

然而，即便如此，哪怕是将"以客户为中心"的企业文化细化为更具体的"各部门以客户为中心的十大典型行为"或"不以客户为中心的十大典型行为"，中层管理者依然会发现，这还是不能囊括所有行为。有些员工行为很难在第一时间被判断为是否符合企业文化要求，这个时候，就需要中层管理者基于事实进行应对：该行为会带来哪些影响？这种影响与当前的企业文化是否相符？所带来的影响是否有利于公司战略与绩效目标的达成？这样的行为可以被复制吗？如果不是个案而是团队成员的普遍行为，将会对部门产生哪些影响？类似的行为在公司其他部门出现过吗？其他部门是如何处理的？你所了解的同行员工中是否有过这样的行为？他们是如何处理的？你是否和上级高管讨论过类似问题？高管的意见是什么？等等。这样看来，中层管理者处理有关企业文化的非典型行为，肯定不能停留在就事论事的层面，而是要回到公司战略层面，回到企业文化与价值观层面，回到行业普遍做法上。如果这种行为是有利于企业发展的星星之火，那就让它发扬光大，让员工成为标杆和榜样；反之，则要及时喊停，第一时间解决问题，不让这样的行为演变为危机。

总之，处理好"关键时刻"的部门或团队管理问题，对中层管理者至关重要。在此基础上，中层管理者还需要在为人（靠谱）与处事（解决问题）两个层面更进一步，为组织承担更大的责任。

真相二：紧要关头，你最靠谱

别觉得"靠谱"简单，要做到可不容易。多年来，我们曾就这个话题访谈过数百家国（央）企、外企、民企以及一部分非营利组织的负责人，在老板和高管看来，中层管理者的哪些行为才算靠谱呢？一般而言，他们都会提到三个核心要素：一致性、原则性、有效性。

要素一：一致性。

这里提到的"一致性"，特指中层管理者在实施管理动作时，与其之前对老板或高管所声明与表达过的目的、目标、想法、意见等相一致。简言之，可以理解为"言行一致，知行合一"。老板和高管们都喜欢有一致性的中层管理者，在他们看来，中层管理者的一致性越高，上下级之间的管理成本就越低，团队协同的效果就越好，组织文化也会更健康。而一致性的反面是"两张皮"。"两张皮"指的是中层管理者实际做出的管理动作和自己之前所声明的内容不一致，甚至出现截然相反的情况，即"人前一套、人后一套"。为什么大家都会反感"两张皮"呢？除了人格与道德层面的因素外，在实际管理中，"两张皮"现象对上下级的沟通与协作造成了恶劣的影响。

第一，会导致沟通无效。比如，上下级事前花费了无数时间协商一致，可到了具体执行的时候，上级却发现下级的做法和之前沟通时截然不同，这就让目标达成变得遥不可及。

第二，会导致不可预测性。一旦有"两张皮"现象，上级就无法准确预测下级在某些问题上的态度和做法：到底是会做还是不会做？是表面应付还是全力以赴？既然不可预测，除了换人外，上级往往会采取强力的管控措施，甚至会做到全过程监督，从而大大增加了上下级之间的管理成本。

第三，会降低信任度。如果上级总是需要猜测下级的想法，总是对下级的言行一致存有疑虑，那就没有什么信任可言了。而一旦没了信任，上下级就会形同陌路，无论做什么，彼此都会怀疑对方的动机。如果这种事发生在高管与中层管理者之间，那么很不幸，这对公司和部门发展都是利空。

要素二：原则性。

面对棘手问题，中层管理者能否不计个人得失，千方百计捍卫公司原则？在出现个人利益与公司利益相悖的时候，中层管理者能否以维护公司利益为首要标准？在解决具体问题时，中层管理者能否坚守公开公平公正原则？等等。这就是中层管理者的原则性。对于中层管理者而言，原则性不容易做到，主要有以下两个原因。

一是捍卫原则容易得罪人。在部门或团队管理中，如果出现了员工（特别是与自己关系较好的员工）违反规章制度的情况，中层管理者是选择捍卫公司的规章制度，还是更多考虑日常人际关系，睁一只眼闭一只眼呢？通常来说，选择前者意味着"得罪人"，会影响中层管理者与当事人的社交关系；而选择后者则又会对团队其他成员造成冲击，会让大家认为谁和领导的关系好，谁就能规避规章制度的约束，这事实上是在"得罪"团队的其他人。在这种两难情况下如何抉择特别考验中层管理者的勇气和智慧。

二是想要维护原则，需要中层管理者在关键时刻有敏感度，意识到当前发生的这件事和公司的规章制度有关。千万不要小瞧敏感度，在很多情况下，中层管理者在原则性上遇到的最大问题，不是不想捍卫公司的原则，而是在遇到问题时，没能在第一时间意识到这件事触碰了公司的原则，需要采取必要的行动。缺乏在原则问题上的敏感度，这既和中层管理者以往的经历相关（过去做基层管理者，解决的往往是业务问题），也和中层管理者缺乏必要的刻意练习有关。要相信，敏感度是可以习得的。在这方面，老板和高管有义务帮助中层管理者提升管理层面的敏感度。可以通过案例复盘或相关的主题培训，提升中层管理者在原则问题上的敏感度，这对组织的健康发展至关重要。

要素三：有效性。

管理学大师彼得·德鲁克曾在《卓有成效的管理者》中提到："化资源为成果，才是管理者的卓有成效。"德鲁克还总结出了卓有成效的管理者的五项修炼：时间管理、成果管理、用人所长、要事优先、有效决策。然而，理解这五项修炼并不难，但做到卓有成效却很难。对于中层管理者而言，要跨越两个关键障碍：无效、低效。

所谓"无效"，指的是很多中层管理者往往会走两个极端：一个是"沿着旧地图，找寻新大陆"——遇到问题，喜欢用过去验证过的成功经验来解决，至于场景是不是适合，则不在考虑范围之内；一个是闭门造车，总想从零开始解决问题，看不到或者压根不去了解公司其他部门或团队解决类似问题的方式方法，在时间紧、任务重的情况下，这种解决问题的方式往往一无所获。原因很简单，时间成本过高。

所谓"低效"，指的是中层管理者愿意投入时间和精力解决问题，只不过在解决问题的效果上，要么投入与产出不成正比，要么没能达成预期效果，在质量上打了折。如果长期处于低效状态，在老板和高管看来，这就是中层管理者的岗位胜任力出了问题，这往往和三个因素有关。一是认知问题。中层管理者受制于当前的管理认知，在应对相关问题时，没能了解和发现更有效的策略和路径。一旦认知出了问题，即便是部门或团队成员给出了更有成效的解决方案，中层管理者也未必会采纳。二是方法问题。中层管理者希望采取更有效的方法解决问题，但他们既不清楚别的部门或团队遇到类似问题是如何解决的，也无法回到问题的原点，在方法上很难做到卓有成效。三是资源问题。正如德鲁克所说，卓有成效的关键在于"化资源为成果"。中层管理者面临的问题往往不是缺少资源，而是不知道这些资源分布在哪里以及应该如何调动公司内外资源为己所用。

总体上看，如果中层管理者无法做到一致性、原则性与有效性，那么在老板和高管看来，其"靠谱"指数会大大降低。反过来，中层管理者应该时刻检讨自己的一致性、原则性与有效性，这会有助于提升自己的影响力，有利于上下级沟通与协作。

真相三：山穷水尽，你来开路

对于公司而言，要保持持续增长，就必须不断创新。创新是主动而为，还是被动而为？很多人说，创新的原动力来自于企业家和创始人的伟大梦想和使命。这句话当然没有问题。但对于大多数中小企业而言，创新的原动力更多是由于面临某种危机时刻时的"不得已而为之"——更极端的情况是，不创新就出局，企业就看不到明天的日出。无数个微创新、小创新、推进公司业务变革的创新才是公司创新的常态。正所谓，山穷水尽，你来开路。在这方面，领衔的不是老板和高管，而是中基层管理者。要开路，没那么容易，中层管理者至少要经历三个挑战。

挑战一：找到新的路。

既然是新的路，就意味着过去没走过，这就存在两种情况。

　　第一种情况，你没有走过，但别人走过。这就要求中层管理者保持开放心态，及时了解行业的发展趋势，知晓业内标杆或竞争对手的变化，特别是同行在遇到类似情况时采取了哪些做法，做了哪些创新，成效如何，等等。中层管理者千万不要以为这些事都应该由老板和高管来做。同时，中层管理者还要主动学习和借鉴公司其他部门和团队的优秀做法，并根据本部门的情况因地制宜。这种"拿来主义"也值得提倡，不要凡事总想着摸索一遍，要考虑时间成本。

　　第二种情况，你没有走过，别人也没走过。这是整个行业面临的新课题。对于公司而言，这既是挑战，也是机遇——一旦率先解决了问题，就成了行业先驱。对于中层管理者而言，尽管存在诸多变量和未知，但这何尝不是一次能力提升与创新探索的机会？如果能实现从0到1的突破，那给个人和组织都能带来价值。当然，中层管理者也要意识到，任何创新探索都会存在失败的可能性，甚至折腾半天发现方向是错的。没关系，结果可能没达成，但是经验、教训和能力会留下，这至少是一次个体进阶。

　　挑战二：找到了新路之后，既要说服上级支持，又要动员部门基层管理者和团队成员一起走。

　　要赢得上级的支持并不容易。中层管理者需要回到公司战略层面，从公司视角出发，让上级意识到这条新路值得尝试。要说服上级，中层管理者不仅需要介绍翔实的事实和数据、可能出现的问题与障碍点、针对性的解决方案、风险与收益等信息，还需要有以往所积累的信任基础。如果上下级之间的信任度不高，中层管理者的创新探索就很难赢得上级的支持。这也提醒中层管理者，日常处理好与上级的关系并不是不务正业，更不是邪门歪道。如果不能在关键时刻赢得上级的支持，中层管理者往往很难整合资源、解决问题。

　　有了上级的支持，中层管理者还要动员部门基层管理者和团队成员一起走新路——需要和他们达成"一起走"的意愿，让他们认可"一起走"的方向，同他们建立"一起走"的信心。基层管理者和员工凭什么相信你所选的这条路一定可以带领大家走出困境？这其实是每个中层管理者都需要回答的问题，即使是在"官大一级压死人"的组织中，也会存在员工口服心不服的情况。如何让更多的基层管理者和员工参与进来，如何将团队成员的个人诉求与组织变革需求相结合，如何帮助员工走出舒适区等问题都需要逐一解决。同时，面对创新的不确定性，团队成员还会心存恐惧：万一创新失败怎么办？万一自己要承担责任怎么办？万一我的能力不胜任怎么办？等等。既要给员工希望，又要想方设法减少员工内心的不安，这对中层管理者的领导力要求极高。

挑战三：如果路上遇到危机，中层管理者要带领大家解决问题、及时止损、随时掉头。

事实上，没有哪个管理者能保证自己所选的路一定是对的。即便是老板、高管和团队成员都相信中层管理者所选的路是对的，也不能保证这条路一定行得通。在推进创新的过程中，中层管理者会遇到很多变量，比如，外部环境的变化，客户需求的变化，竞争对手的变化，技术趋势的变化，产业政策的变化，公司组织架构或管理体系的变化，等等。这些变化对创新的影响并不全是正向的，有些变化甚至会让正在推进的创新失去原有的价值。这个时候，中层管理者要及时发现问题，以公司战略和组织利益的视角，调整创新的节奏和方式，从而适应变化。如果外部变化让当下的创新失去意义，那么中层管理者还要勇敢喊停，哪怕之前的努力付诸东流。这又会涉及说服上级和团队成员的问题：万一大家无法达成共识怎么办？万一大家认为变化不足为虑怎么办？万一团队因沉没成本过大不想放弃怎么办？等等。事实上，经历过这种变革与创新的考验，中层管理者的靠谱指数在上

级高管那里会飙升。

能达成绩效，能搞定变量，能推进创新，能执行战略，这样的中层管理者才能更好地向上协同，与上级一起持续打胜仗，进而实现组织目标。如何向上协同？我们下一章接着讲。

> **一、转型思考题**

1. 向上协同的前提是向上负责。为什么中层管理者向上负责的本质还是对客户负责，对公司持续增长负责？

2. 是什么造成了中层管理者的"低效"和"无效"？卓有成效管理者的五项修炼指的是什么？

3. 中层管理者如何让看起来比较"虚"的企业文化在本部门和团队落地生根，进而影响和带动绩效提升？

> **二、转型工具箱**

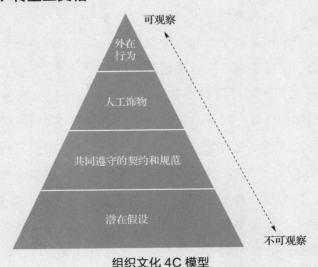

组织文化 4C 模型

组织文化 4C 模型是组织行为学专家金·卡梅隆与罗伯特·奎恩在其所著的《组织文化诊断与变革》(第三版)一书中提到的组

织文化分析框架，一般包括潜在假设、共同遵守的契约和规范、人工饰物、外在行为等四个要素，后结合对立价值观模型，将组织文化细分为等级（控制）型文化、市场（竞争）型文化、部落（合作）型文化、委员（创造）型文化。

三、转型方法论

卓有成效管理者的五项修炼

管理学大师彼得·德鲁克在《卓有成效的管理者》一书中提到："化资源为成果，才是管理者的卓有成效。"管理者如何做到卓有成效？德鲁克特别提到了时间管理、成果管理、用人所长、要事优先、有效决策等五个方面。

第八章
向上协同的策略

——不是被动响应，而是主动协同

向上协同当然不是面面俱到，更不是天天围着上级转。要做到向上协同，中层管理者需要从目标、沟通与执行三个层面入手，变被动为主动，为组织创造更大的价值。

策略一：基于目标的协同

上下级是天然的"目标共同体"，但这并不代表上下级都认同彼此的目标。这不仅涉及对目标的认知，还涉及目标制定过程中的需求、分歧和变量。

岁末年初，每个公司都要进行战略目标分解，将公司目标层层分解为部门、团队与岗位目标。目标分解的本意，一方面是实现"千斤重担众人挑，人人头上有指标"，让责任落实到公司的每个人；另一方面，将公司大目标分解为部门、团队和岗位小目标，才能化目标为行动，化资源为成果，实现整个公司一盘棋。而中层管理者理解并认同公司的目标并非指数字本身，而是要从三个维度实现向上协同。

一是从公司目标中，理解公司所处的发展阶段和所面临的主要矛盾。

一般而言，企业通常要经历创业期、成长期、成熟期、衰退期等几个阶段。著名管理学家、企业生命周期理论的创建者伊查克·爱迪思（Ichak Adizes）在其经典著作《企业生命周期》（*Managing Corporate Lifecycles*，中国人民大学出版社，2017 年 10 月）中以人的生长周期做类比，将企业的生命周期细分为孕育期、婴儿期、学步期、青春期、盛年期、稳定期、贵族期、官僚化早期、官僚期、死亡期等十个阶段。

在爱迪思看来，企业在每个阶段要达成的目标以及所面临的主要矛盾皆不相同。比如，在孕育期，这是一个关于梦想和对梦想做出承诺的阶段，重要的是创业构想以及能否有勇气将理想照进现实，迈出创业的第一步；在学步期，企业要循序渐进，先学会走再学会跑，千万不能大跃进，更不能视一切为机会；在盛年期，企业的业务蒸蒸日上，客户订单源源不断，但这个时候需要关注底线，既不能影响业务增长的步伐，又不能放弃底线和原则，活力与健康缺一不可。理解了公司所处的发展阶段，中层管理者就能理解公司制定目标的战略初衷。特别是当上下级出现意见分歧时，中层管理者可以回到公司所处的发展阶段及所面临的主要矛盾层面来解决问题，这样更有利于上下级的同频共振。

二是主动参与公司（上级）目标的制定和分解。

对于传统科层制企业而言，自上而下分解目标往往是常态，但这并不妨碍中层管理者参与公司（上级）目标的制定和分解。比如，中层管理者通过对过去一年部门或团队工作的复盘，向上级反馈经验和教训，帮助上级从执行层面反省过往的战略决策，在新的一年调整战略方向和目标，让战略与执行融为一体；再比如，中层管理者还可以和上级分享自己对公司战略的理解，站在上级的视角，结合自己过往的业务实践，提出有关公司创新与变革的意见和建议。

很多中层管理者往往存在这样的认知误区：制定公司战略目标是老板和高管的事，和自己没什么关系，只要把上级交代的任务完成就行了，自己哪有什么资格对上级的目标"指手画脚"。此言差矣。要知道，上级也有自己的认知盲区，也希望下级多提供一些反馈意见。如果中层管理者能将自己对公司战略的理解，对上级所负责条线、业务、区域、职能板块的建设性意见，融入上级的战略目标制定中去，不仅有助于上下级战略执行一体化，也能从源头开始让上下级对目标的理解和拆解达成高度一致，继而实现上下同欲。

三是让上级了解自己的目标及关键举措。

在很多中层管理者看来，只要自己的目标是从上级那里层层拆解而来的，那就与上级目标保持一致就可以了，至于自己怎么做，上级并不关心。事实上，中层管理者要区分三种情况。一是上级的管理风格。如果上级期望了解具体的行动计划和业务细节，中层管理者就需要及时反馈与沟通。二是公司的发展阶段。特别是在新业务启动期，从决策到执行纠偏的时间短，需要上下级快速反应，随时同步信息。三是公司的组织形态。传统金字塔结构与扁平型化组织结构完全不同，这既和公司的发展阶段有关（如初创企业与百年老店），也和业务属性有关（如制造业与科技互联网行业），在不同的组织形态下，上下级对目标分解的颗粒度要求不同。

比如，公司正寻求新的业务增长点，希望通过业务创新来解决公司增长瓶颈问题。这个时候，作为老板和高管的上级，不仅关心目标达成问题，还关心变量、障碍点、资源整合、管理体系优化与创新等问题，中层管理者到底如何承接目标、如何向下拆解目标、如何推进关键行动措施等，都会影响公司层面的业务推进，上级当然需要中层管理者的即时沟通。在管理实践中，推进上下级基于目标的协同，企业最常用的方法有两个：一个是KPI模式，另一个是OKR模式。

　　二者的相同点在于：①都是 MBO（Management By Objective，目标管理）在公司管理体系中的具体应用。②都是在帮助管理者分解和层层落实目标，让目标可执行、可落地。③目的都是实现上下同欲。二者的不同点在于：① KPI 侧重于绩效考核，主要用于相对确定的目标场景，从而实现"千斤重担众人挑，人人头上有指标"。② OKR 侧重于目标协同，主要用于不确定的目标场景，关键在于上下级如何有效设定和分解富有挑战性的目标，并找到实现路径和策略。③通常情况下，KPI 与绩效直接挂钩，OKR 并不与绩效直接挂钩（有的公司将 OKR 用成了 KPI，这种情况另当别论）。接下来，我们以 OKR 模式为例，来说明上下级之间的目标协同问题。

　　全球知名风险投资公司 KPCB 合伙人约翰·杜尔（John Doerr）提到过一个经典的 OKR 案例：一家名叫沙滩独角兽公司的总经理制定了一个这样的目标：为股东赚钱，也就是 OKR 中的目标（Objectives）。为此，他列出了两个关键结果（Key Results）：第一，赢得超级碗（美国职业橄榄球大联盟年度冠军赛）的胜利；第二，主场上座率达到90% 以上。作为总经理，他需要将自己的目标与两个直接下级进行关联（在 OKR 模式中，一般上级的关键结果往往是下级的目标），一个是主教练，承接"赢得超级碗的胜利"的目标；一个是营销副总，承接"主场上座率达到90%"的目标。其中，主教练的OKR 是这样的：目标——赢得超级碗的胜利；关键结果——每场比赛传球进攻 300 码以上，每场比赛防守丢分少于 17 分，特勤组弃踢回攻补位排名前三。当然，主教练的目标还可以依次分解到进攻教练、防守教练、特勤教练的头上，不仅实现了整个教练组的团结一心，还让教练团队与总经理之间实现了目标协同。

　　在这个案例中，如果进攻教练认为"每场比赛传球进攻 300 码以上"的目标过于保守，他做了详细的数据分析和对比，认为该目标必须提升 10% 才能赢得超级碗的胜利（同样的情况，也可以发生在防守教练、特勤教练那里）。那么，进攻教练就可以拿着事实和数据，与主教练沟通他的不同意见：首先是理解和认同"为股东赚钱"和"赢得超级碗"的组织目标；其次是将自己的意见，以及为何得出这样结论的事实和数据呈现给主教练，分享自己的出发点，与主教练达成新的共识；同时，还要把自己 OKR 中的关键结果（KRs）与主教练分享，让主教练明白自己如何确保传球进攻目标的达成，会有哪些关键行动，有哪些可能存在的风险，需要公司提供哪些资源支持，等等。这样的交流就是典型的向上协同，会让上下目标协同的效果更好。

策略二：基于信任的沟通

没有信任，何谈向上协同？对于上下级来说，信任是前提，协同是结果。

当然，一个巴掌拍不响，信任是相互的。对于中层管理者而言，没有信任的向上协同，要么是表演状态，要么是被逼无奈。

对于中层管理者而言，向上构建信任有两层意思：一是如何让上级信任自己；二是如何让自己信任上级。第一层很容易理解，我们在本书前述内容中做过阐释。而第二层意义则不容易理解，甚至很多中层管理者没有意识到，自己对上级的信任问题不仅影响了向上协同，还成为组织发展的关键障碍点，有三种情况最为典型。

第一种情况：中层管理者不服从上级的领导。

原因大致有两个。一是在专业能力上，中层管理者认为上级的水平不如自己，甚至是"外行领导内行"。在这种情况下，中层管理者很难从内心接受上级的领导。如果这种认知被强化，最后往往会演变成"只要是上级的提议，我都反对"这种极端的情况，上下级之间的紧张关系可想而知。二是在价值观层面，中层管理者认为上级的某些做法与自己的三观不符，甚至认为上级那样做完全是错的。越是持这种看法，中层管理者越会对上级"敬而远之"。在这种情况下，中层管理者对上级的信任就无从谈起。

第二种情况：中层管理者与上级之间发生过冲突或误解。

之前我们提到过，上下级之间关于某个问题的观点与解决方案可能会截然不同，这本身很正常。但如果这种"异见"变成了双方之间的冲突和对抗，或者中层管理者选择用暂时妥协的方式掩盖内心的反对意见，这就形成了误解与隔阂。时间久了，中层管理者对上级的成见越来越深，日常的沟通往往也是浅尝辄止——表面风平浪静，实则波涛汹涌。在这种情况下，上级提出的任何观点和意见都会在中层管理者这里打折扣——要么不执行，要么假装执行，要么拖延执行。上级越来越不满，中层管理者对上级的信任也越来越差。

第三种情况：中层管理者的固有认知或性格使然。

有些中层管理者偏爱业务或技术层面的工作，在埋头苦干方面没有问题，也能带领团队攻城略地，但在和上级沟通与交流层面非常被动，认为很多事没必要非要向上级反馈——认为上级应该知道，或者坚持"上级不找我，我也不能去打扰上级"的做事方式，增加了上下级之间的信息不对称。有些中层管理者从一开始就存在"没事围着上级转，不是拍马屁，就是居心不良"的固有认知，在这种情况下，除了和上级必要的沟通外，能不交流就不交流。这样做的后果是，这些中层管理者不清楚上级制定某些决策的背景和出发点，也不了解上级的角色需求与偏好，上下级渐行渐远。

反过来，如果上下级之间充分信任，则会表现出这五种情况：①上下级之间沟通顺畅，交流频繁。②有话直说，开诚布公，有不同意见随时谈。③上级对下级充分授权，下级对上级及时反馈，流程和机制运转良好。④业务问题及时解决，管理隐患及时发现，不犯底线错误。⑤业务创新不断，绩效持续提升，人才不断涌现。中层管理者可以采取以下三个方法来提升上下级之间的信任度。

方法一：构建"上级视角"。

面对两难问题，中层管理者可以问自己：如果我的上级遇到这种情况，他会如何面对和解决问题？这就是典型的"上级视角"。中层管理者要构建"上级视角"，首先要有意识地提醒自己，学会从上级的角度看问题，不断训练自己的"上级思维"；其次要对过往发生的案例及时复盘，特别是了解上级做出决策的出发点、标准和依据，以及为什么会有这样的思考和判断，等等；最后，如果遇到新问题实在是没思路，那就直接和上级沟通，不要藏着掖着，这会令中层管理者少走很多弯路。

方法二：及时沟通与反馈。

上下级之间持续而有效的沟通不仅有助于消弭误解，还能增进彼此的关系，从而更好地解决管理问题。向上沟通与反馈，需要把握三个原则。一是及时沟通。不要总是等待所谓的"最佳时机"，如果无法确定什么时机是最好的，那么当下就是最佳时机。在这方面，中层管理者永远要提醒自己，沟通的及时性比沟通的方法和技巧重要得多。二是全面沟通。不要报喜不报忧，不要过滤掉某些对自己不利或不想反馈的内容，给上级一个筛选后的"虚假繁荣"。让上级了解真相和全貌，才更利于上下级达成一致。三是沟通后的行动与总结。如果每次沟通都很顺利，但就是沟通后，中层管理者没有采取任何有价值的行动，或是也没有对行动措施进行复盘和总结，那么在上级看来，这样的中层管理者要么是胜任力欠缺，要么是说一套、做一套，这可就麻烦了。

方法三：积累信任积分。

何为信任积分？给大家举个例子：在电商平台上，买家和卖家都有自己的信任积分。上下级之间也需要类似的信任积分。尤其是对于中层管理者而言，日常行为、绩效结果、关键时刻的表现等都构成了上级对中层管理者的信任积分评价体系——中层管理者的信任积分越高，往往获得的业务机会和资源支持就越多，升职和加薪的可能性就越高，上下级的关系就越融洽。中层管理者该如何提升自己的信任积分呢？有三个做法。一是提高日常工作中的表现。比如，不犯底线错误，在业务层面上和上级的战略目标保持一致，接到任务后及时响应，出现问题和取得阶段性成果时第一时间反馈，遇到困难不抱怨，等等，这些都是中层管理者在日常工作中的信任积分点。二是提高部门或团队的绩效结果。通常情况下，绩效得分越高、绩效波动性越小，中层管理者在上级那里的信任得分就越高。特别是，当中层管理者所负责部门或团队的绩效明星越多、因持续改善或业务创新所带来的绩效提升越多时，中层管理者就能获得越高的信任积分。三是提高关键时刻的表现，在上级眼里，关键时刻的表现往往是权重更高的信任积分项，这一点我们不再赘述。

策略三：基于成果的执行

有了基于目标的协同和基于信任的沟通，中层管理者最终还是需要回到成果层面验证向上协同的效果。反过来，如果目标协同没问题，信任沟通也没问题，就是最终的绩效表现有问题，这显然也是不正常的。当然，好绩效不是从天上掉下来的，在通向成果的路上，中层管理者还会遇到以下几只"拦路虎"。

第一只"拦路虎"：资源是有限的。

刚刚在上级那表完决心，回到部门后，中层管理者傻眼了：达成目标所需要的资源远远不够。不仅是人、财、物等预算资源不够，就连现有的流程和制度、团队能力、跨部门协作体系统统不支持。既要马儿跑，又要马儿不吃草，中层管理者真是做不到呀。

做不到怎么办？向上级要资源？上级往往双手一摊告诉你"我也没有"。事实上，上级还真不是搪塞你，资源不够是各层级管理者总会面临的现实挑战，而"化资源为能力"恰恰是德鲁克所说的"管理者职责"的一部分，也是管理的应有之意。如何对付"资源不够"这只拦路虎？

第一种方法：从过往的案例中吸取经验。这个不难理解，太阳底下没有新鲜事，很多新问题其实是"穿上马甲"的旧问题。那些习惯于总结复盘的中层管理者，通常都能从过往的案例中吸取经验和教训。前文中提到的"复盘"模型可以帮助中层管理者有效提升案例总结能力。同时，中层管理者还不能停留在案例复盘本身，还需要举一反三，解决今后出现的类似问题，并将这一方法论切换到其他工作场景中进行应用，这就是所谓的场景切换能力。

与复盘相比，场景切换能力对中层管理者的要求更高。首先，要确认复盘所总结的经验和教训适合于哪些工作场景或问题：遇到什么情况，出现哪些问题，表象背后的本质是什么（能力问题、方法问题、效率问题、方向问题等），哪些场景适合复盘所总结的方法论，等等。其次，在遇到相关工作场景或问题时，能快速识别该问题与之前复盘案例的关联性，是完全相同、基本相似还是压根没有关联？如果适用性非常高，还要将之前总结的复盘方法论根据当下的工作场景进行微调，这就做到了场景切换。最后，完成后还需要接着复盘，通过复盘将之前的方法论迭代升级，正是通过一次次的"实践—复盘—场景切换—再复盘—再场景切换"，才能真正提升团队能力，不断积累和沉淀组织智慧。

比如，华为在业内久负盛名的"铁三角"销售模式，由客户经理（Account Responsible，AR）、方案经理（Solution Responsible，SR）、交付经理（Fulfill Responsible，FR）三方组成，对华为的业绩增长和竞争优势的建立功不可没。从表面来看，这是集合各方力量共同完成销售目标的销售方式，但如果切换场景，就会发现，公司很多业务单元与中后台体系都存在类似问题：各自为战、互相扯皮、流程职责不清、关键信息不同步，进而影响绩效达成与客户满意度。那么，公司内部的研发项目是否存在类似问题？分子公司运营管理是否存在类似问题？职能支持体系是否存在类似问题？等等。所以，华为不仅有销售铁三角模式，还有职能铁三角、项目铁三角等模式。很多对标学习华为的公司，还衍生出研发铁三角、技术铁三角、运营铁三角、中台铁三角、敏捷制造铁三角等模式，本质上都是聚焦客户（包括外部客户和内部客户）需求，通过组织的力量来替代能人模式，进而形成组织能力。

第二种方法：学习雷锋好榜样。无论是内部学习，还是外部学习，中层管理者要提醒自己：不要总是试图"重新发明轮子"，我在当下所遇到的问题，其他公司或部门可能早就解决了。太阳底下没有新鲜事，不要只顾着"埋头苦干解决问题"，在资源有限的背景下，借鉴别人的优秀做法，快速解决问题，才是中层管理者的明智之举。但问题是，为什么很多中层管理者放着"明智之举"不干，非要亲自做一遍，哪怕碰个头破血流？在调研中，我们发现了以下两种典型情况。

第一种情况：一些中层管理者认为"学习别人"等于说"我不优秀"。这一点非常致命，一旦形成了这样的认知，中层管理者就很难主动向公司内外的榜样学习。即便是在公司的"强迫"下去对标学习，其效果也往往是蜻蜓点水。这种拒绝学习、凡事喜欢闭门造车、不愿意和外界交流的作风，不仅会影响中层管理者的能力提升，还会影响部门和公司的发展。久而久之，中层管理者会发现，自己成了部门发展和绩效提升的瓶颈。还有一类中层管理者给出的理由是"我的部门或团队很特殊、我所负责的业务和其他公司或部门的业务不一样"等"特殊论"，为自己的故步自封找借口。其结果往往是，这些中层管理者会将别人所犯的错误再犯一遍，将别人所走过的弯路再走一遍，给公司带来极大的时间成本与管理成本。

在这方面，华为的做法值得很多企业学习。为更好地学习全球一流企业的成功经验，少走弯路，任正非提出华为要全面引进国际化的管理体系，为此花费巨资引入了 IBM 集成开发体系（Integrated Product Development，IPD）。在实施阶段，IPD 与华为过往的管理模式发生了冲突，引发了部分内部员工的排斥和抵触。1999 年 11 月，在华为内部 IPD 体系实施第一阶段总结会上，任正非特别提到："我们切忌产生中国版本、华为版本的幻想。引进要先僵化、后优化，还要注意固化。在两三年之内以理解、消化为主，两三年后，允许有适当的改进。IPD 关系到公司未来的生存与发展，各级组织、各级部门都要充分认识到它的重要性。我们要先买一双美国鞋，不合脚，就削足适履。"

对于中层管理者而言，最难的恰恰是"削足适履"的勇气。学习不丢人，这是中层管理者学习提升的第一步。

第二种情况：在有些公司，因业务特点和行业属性，日常管理相对比较封闭，这就导致包括中层管理者在内的管理层普遍缺乏对标学习意识，还停留在按部就班的状态。等到市场环境变化，或行业变革出现时，这类公司会发现好日子快到头了。

第二只"拦路虎"：员工能力是欠缺的。

解决了资源问题，也并非万事大吉。对于中层管理者而言，你不是单兵作战，个体能力再强，也需要通过部门的基层管理者及一线员工共同努力解决问题。那么，这个时候第二只"拦路虎"就出来了，那就是员工的能力欠缺。

首先，中层管理者要接受一个现实：除了少数天才和明星员工外，大多数员工的能力永远欠缺。为什么这样讲？和两个因素有关。第一，通常情况下，公司制定的目标（相比前一年）的挑战性越来越高，实现的难度越来越大。这就意味着，新目标对员工的能力要求不断提升。第二，和外部环境的变化有关。一方面，客户需求不断升级，对产品和服务的要求越来越高，转化到公司内部，就意味着对员工的能力水平提出了新的要求；另一方面，行业竞争水平整体提升，公司面临的挑战更大，相应地，就对员工的能力水平提出了新的要求，所谓不进则退就是这个意思。因此，中层管理者不仅要接受这个现实，还要以此为前提，进行管理策略和方式的调整，进而带领团队达成新的目标。

其次，中层管理者要帮助团队成员（既包括中层管理者的直接下级即基层管理者，也包括团队一线员工）提升能力，有以下两个关键动作要做。

第一个关键动作：构建多方位的员工绩效辅导体系——以员工绩效提升为目标，通过业务辅导、阶段反馈、问题纠偏、持续改进等方式，建立"周-月-季-年"的全过程员工绩效辅导体系。在这方面，中层管理者要做团队的"造钟者"，而不是"报时人"。"造钟，而不是报时"出自管理学家吉姆·柯林斯（Jim Collins）与杰里·波勒斯（Jerry I.Porras）所著的《基业长青：企业永续经营的准则》（*Built to Last*）。两位作者的原意，指的是公司创始人要专心致志地构建一种能让公司持久运营的机制和文化（造钟者），而不能像公鸡每天早上打鸣一样，喜欢亲力亲为、事无巨细地去管理（报时人），以至于让整个组织都产生依赖性（离开了创始人的管理，公司发展便出现停滞甚至衰退）。我们这里借用"造钟者"概念，并非让中层管理者像老板和高管那样，完全站在公司的视角构建机制与文化，而是提醒中层管理者，不要凡事亲力亲为，要回到部门视角进行管理。就部门员工辅导而言，中层管理者要做的，是构建高效的员工辅导机制，影响和带动部门内的基层管理者进行针对性的员工辅导，进而真正实现整个部门团队能力的提升，这才是中层管理者作为部门"造钟者"的责任。

第二个关键动作：建立以问题为导向、以能力提升为牵引的内部培训体系。千万不要以为，员工培训只是公司人力资源部门或者培训部门的事情。团队成员到底需要什么样的培训，中层管理者最清楚。因此，团队成员遇到的问题到底是什么，需要通过培训解决哪些具体问题，什么样的培训方式最适合等问题都需要中层管理者来回答。同时，中层管理者也要意识到，内部培训体系的建立是一项长期的工作，不能等到出现问题再培训，也不能将解决问题的全部希望寄托于培训。一方面，培训要与部门实际业务相结合，只有解决实际问题，才能达成训战结合的效果；另一方面，培训要支撑部门战略目标的达成，围绕达成目标过程中所欠缺的能力弱项，通过工具、案例、方法与技能的培训，助力部门目标的实现。从另一个角度来看，培训也是选拔和培养部门人才梯队的重要方式。对后备梯队和继任者的培养，不仅关系到部门绩效和团队竞争力，还关系到公司的长远发展。

此外，中层管理者在提升员工能力层面还要明确几个问题：第一，提升能力本质上还是员工自己的事，中层管理者要做的是创造条件和环境，通过流程、机制与文化的方式，让包括基层管理者和一线员工在内的团队成员，都有能力提升的机会。第二，中层管理者更多需要从工具、流程、机制、环境等方面展开行动，要先作用于基层管理者，通过对基层管理者的赋能，实现团队成员的集体进阶。第三，提升团队能力不能只盯住少数几个明星骨干，要分层级、分阶段、分情况组织员工能力的培养，不要试图搞"齐步走"。第四，如果尝试了各种方式，在团队能力提升上总看不到效果，要么是执行层面出问题了，要么是员工不领情，要么压根就选错了人。这个时候，就需要中层管理者快速决断，对症下药解决问题。

第三只"拦路虎"：计划赶不上变化。

资源问题解决了，员工能力问题也解决了，执行总该没问题了吧？当然不是。别忘了，还有老天爷的"无形之手"——不确定性。人们经常用"计划赶不上变化"来形容计划执行中可能遇到的问题。对于中层管理者而言，如何应对这种变化并推进部门和团队绩效目标的达成，这不仅是目标管控问题，还将考验自身的领导力。正所谓"想清楚，才能干明白"。为什么计划赶不上变化？除了客观存在的外部变量，还和以下三个原因有关。

第一，计划过于理想主义，脱离实际。有些中层管理者把一切都想得无比美好，殊不知现实总是荆棘密布。比如，中层管理者在年初制定的部门战略计划永远是参考往年的计划，根本不去洞察和考量组织内外可能存在的各种变量。而到了计划执行环节，中层管理者却突然发现，外部市场环境变了，内部团队也变了，且现有的流程、制度与文化对计划的支撑不够。在这种情况下，中层管理者只能被动应对各种变量，处于事实上的"救火"状态。到底能不能完成计划，只能交给老天爷来决断了。

第二，计划非常周密，没有变更余地。还有的中层管理者在制订计划时考虑方方面面，没有优先级，没能抓大放小，把计划做得满满当当。表面看，这种将时间节点、行动措施、资源支持等情况详细展现出来的计划的可执行性非常高。然而，一旦遇到外部变量，这种"顶格计划，不留余地"的做法很难有调整的空间。对于中层管理者而言，计划也是部门资源分配的一种方式，包括自己的精力和时间。

因此，哪些工作是部门重点，哪些工作需要授权给别人做，哪些工作暂时先不考虑，哪些工作会影响部门的整体进展，等等，这些情况比计划本身更重要。

第三，计划没有随需而变，而是为了做计划而做计划。不是说计划一定要调整，谁都希望之前的计划能顺利实施。但必要的预案还是要有的，如果没有备选计划，则计划执行往往会面临大问题。就好比出海的船只，当然要根据现实的天气情况调整航行计划；公司的生产计划，必须要根据客户订单和供应链情况做变更。这样做，并非否定之前所做的计划，而是根据内外部环境的变化，重新调整资源、转换方式、改进行动措施，进而确保目标的达成。在变化面前，想方设法达成部门目标，才是中层管理者的首要考量。

看来，"计划没有变化快"是常态。那么，在这种情况下，中层管理者该如何应对不确定性，如何将变化给部门目标达成带来的不利影响降到最低呢？关于这一点，桥水基金创始人瑞·达利欧（Ray Dalio）在其所著的《原则》一书中，提到了应对不确定性的"五步流程"：第一步，制定明确的目标与计划；第二步，找到阻碍你执行的问题（因各种不确定性），并且不容忍问题；第三步，基于原则诊断问题，并找到根源；第四步，设计解决问题的方案；第五步，践行方案，不断迭代，并最终拿到结果。结合瑞·达利欧的五步流程，我们给中层管理者应对"计划没有变化快"这只拦路虎提供了以下三个操作策略。

策略一：因不确定性导致问题出现不可怕，但中层管理者要学会"不容忍问题"。既然"计划没有变化快"是大概率事件，因此"不确定性"本身不足为惧。但中层管理者必须能及时识别可能出现的问题，且要"不容忍问题"——承认问题的存在、找到出现问题的根本原因、设计解决问题的方案。对于很多中层管理者而言，识别部门可能出现的问题并不难，但难的是如何做到"不容忍问题"。在这方面，中层管理者面临的最大挑战是：承认问题的存在。

　　之所以有这个挑战，根本原因在于瑞·达利欧提到的两个障碍点：自我意识障碍与思维盲点障碍。所谓自我意识障碍，指的是潜意识里的防卫机制，它使得人们难以接受自己的错误和弱点。比如，一些中层管理者将"出现问题＝我能力／水平不够"作为自己处理问题的出发点，首先想到的是上级领导和部门员工怎么评价自己，过于看重别人对自己的评价。所谓思维盲点障碍，指的是人们理解和认知问题是有差异的，总是倾向于以自己的方式处理问题，而对于自己存在的思维盲区却往往毫无意识。比如，中层管理者并非全知全能，即便是在自己所负责的部门，也不能做到对所有技术或业务项目的精通，一定会有思维盲点的存在。而承认问题的存在，承认自己的认知局限，是中层管理者有效应对"计划赶不上变化"的前提条件。

　　策略二：用"确定性"原则去解决"不确定性"所带来的问题。在变化面前，情绪不重要，接受变化和不确定性才重要。对此，瑞·达利欧给出的建议是，用确定性的原则来应对计划执行环节的不确定性。

　　这就要求中层管理者形成若干处理问题的原则与方法论。事实上，很多看似突发的问题，也分成四种情况。第一种情况，这个突发问题只不过是过往某个问题的升级版（穿个马甲你就不认识了），这属于不长记性。第二种情况，这个突发问题的出现，是因为之前的某个问题没能彻底解决所引发的连锁反应，这属于历史欠账问题。第三种情况，这个突发问题确实是过去未遇到的全新问题，但你遇到的这个所谓新问题，可能是别人早就解决了的老问题。因此，那些秉承极度开放原则、保持眼睛向外等行为习惯的中层管理者可以很好地借鉴别人的实践，解决这类突发问题不在话下。第四种情况，这个突发问题属于"前无古人后无来者"级别的新问题，过去通过复盘所总结的方法论统统派不上用场。这个时候，中层管理者可以带动部门内的基层管理者和骨干员工，通过群策群力的方式解决问题，这也是一次团队共创的良机。对于中层管理者而言，解决问题的过程也是一个新的原则与方法论诞生的过程。哪怕最后伤痕累累，中层管理者也会收获良多，下次再遇到这种情况也就有底气了。

策略三：小步快跑，不断迭代，直到达成目标。既然不确定性如影相随，那么，中层管理者应对不确定性的最佳方式，就是在目标与计划的牵引下"发动群众，解决难题"——用小步快跑的方式，边实施计划，边应对突发情况，边解决问题，边修正计划。计划变更也是一种"折腾"——资源重新调配，时间重新安排，甚至人员分工都会发生变化。既然是"折腾"，就一定会付出成本和代价。中层管理者既要善于变更计划来应对不确定性，也要努力控制"折腾"的成本，选择性价比较高的解决方案。

当然，不能白"折腾"。除了达成目标，中层管理者还要在"折腾"中总结新的原则与方法论，训练和培养团队能力，找到解决业务问题的创新策略和方法。通过"折腾"来锻炼团队，提升能力，形成可复制的方法论，这样的"折腾"才更有价值。同时，中层管理者要将"折腾"后的复盘总结与实践向上级进行反馈，让部门内的实践成为公司其他部门可复制的方法论。如果有些问题已经超越部门层面，属于公司层面的战略、流程、机制与文化问题，中层管理者不仅需要向上反馈，最好还能提出自己的解决方案。这就不再是中层视角，而是上升到了高管视角和公司视角。用什么样的视角看待和解决问题，就会成为什么样的人，这对于中层管理者的持续进阶至关重要。

➥ 一、转型思考题

1. 在目标协同层面，为什么中层管理者会出现与上级目标不一致，或者不认同上级目标的情况？

2. 在构建信任层面，中层管理者如何提升自己在上级那里的信任积分？所谓的"上级视角"是怎么来的？

3. 在"计划没有变化快"的情况下，中层管理者如何应对变化？如何基于过程执行的变量，不断调整计划，进而提升团队能力？

➥ 二、转型工具箱

瑞·达利欧的"五步流程"

桥水基金创始人瑞·达利欧在其所著的《原则》一书中提到了应对不确定性的"五步流程"：第一步，制定明确的目标与计划；第二步，找到阻碍你执行的问题（因各种不确定性），并且不容忍问题；第三步，基于原则诊断问题，并找到根源；第四步，设计解决问题的方案；第五步，践行方案，不断迭代，并最终拿到结果。

➥ 三、转型方法论

华为"铁三角"模式源于 2006 年华为苏丹项目的惨败，之后苏丹代表处痛定思痛，总结出"铁三角"运作模式，并推广到全公司。华为创始人任正非对"铁三角"模式的评价是："让听得见炮声的人做决策，由客户经理、方案经理、交付经理组成工作小组，从面向客户的单兵作战转变为小团队作战，形成面向客户的小团队作战单元。"

华为"铁三角"模式

中层管理者

第三部分
如何向下赋能
——不是施压管控，而是团队赋能

第九章
团队赋能的前提

——不是树权威，而是定军心

中层管理者对于"团队管理"不陌生，但对于"团队赋能"却并不熟悉。

先说团队管理。怎么定目标、怎么列计划、怎么凝聚团队、怎么做过程管控、怎么抓绩效提升等，这是很多中层管理者提到团队管理的第一反应。事实上，这也符合管理过程学派创始人、古典管理理论代表人物之一的亨利·法约尔对管理五要素的定义（计划、组织、指挥、协调、控制，又称"法约尔五要素"）。不过，在带领团队达成目标这条线之外，还有另外一条线：如何提升团队能力，如何激发员工意愿，如何激励团队挑战高目标，如何实现团队成员 1+1 >2，等等。尤其是在数字化与互联网时代，以 95 后、00 后为代表的新生代员工崛起，他们在选择公司、工作方式、职场价值观、成就感与自主性、处理工作与生活之间的关系等方面都和之前的 70 后、80 后、90 后员工有所不同，这就意味着诞生于工业革命时代的管理理论和方法需要更新、迭代和改变。人，正在从管理的客体，转变为管理的主体。因此，在传统的团队管理方式之外，管理者需要更好地激发员工个体，促成团队的持续进阶，不断适应新的外部竞争环境。

这就说到了团队赋能。何为赋能？心理学家马丁·塞利格曼

（Martin Seligma）将"赋能"（Energization）作为当事人的负面情绪转化及能量激活的重要方式；政治学中的"赋能"（Empower），直译为"授权"，后引申到企业管理中；阿里巴巴集团前执行副总裁曾鸣提到的赋能（Enable）一词，意思是如何让员工有更大的能力，去完成他们想要完成的事。美国将军斯坦利·麦克里斯特尔（Stanley McChrystal）在其所著的畅销书《赋能：打造应对不确定性的敏捷团队》（*Team of Teams*）中，将"赋能"总结为：在不确定环境下，建立一个极度透明的去中心化团队，通过流程优化、机制变革与组织创新，将决策和执行的权力赋予一线最了解业务的员工，也就是华为所说的"让一线呼唤炮火"。

由此看来，所谓团队赋能，不是让管理者做甩手掌柜、撒手不管，而是通过流程、机制与文化体系的打造，赋予一线员工更多的主动性，千方百计帮助员工提升能力，用组织的力量给员工"加杠杆"，让他们敢于创新、主动探索、承担责任，进而实现员工与公司的双赢。对于中层管理者而言，团队赋能的更现实的价值在于：通过一系列的工具、技能、方法、流程、机制和环境的打造，帮助员工持续提升应对各种挑战和复杂问题的能力水平，继而实现组织目标的达成以及团队绩效的提升。

从赋能对象看，中层管理者的团队赋能有两层含义：一是为直接下级（基层管理者）赋能，包括部门内的主管、项目经理、小团队负责人（一般按业务、技术、区域等进行划分）等基层管理者；二是为所负责的部门或团队所有成员赋能。从赋能方式看，中层管理者的团队赋能也分两种：一种是作为日常管理动作的赋能，包括指导、授权、反馈、激励等环节；另一种是作为部门管理体系的赋能，包括流程赋能、机制赋能、文化赋能、模式赋能、工具赋能、资源赋能等。要做好团队赋能，中层管理者需要回答以下三个问题。

"团队赋能三问"之一：拿什么赋能团队

首先，中层管理者要意识到，让员工听话照做并非赋能，用权力压制让员工服从更不是赋能。在团队赋能这件事上，中层管理者先要抛开自己所拥有的职位和权力，而是换个角度问自己：我能为员工做些什么？我可以帮助他们提升能力，应对挑战，轻装上阵，从而更好地达成绩效目标吗？

其次，中层管理者要思考：采取什么样的赋能方式更适合当下的团队，更容易为团队成员所接受？中层管理者千万不要将团队赋能变成自己的一厢情愿，折腾半天不见效果，员工还不领情，这样的赋能其实是一种双输。所以，团队赋能还是需要结合团队成员的现状，聚集具体的业务场景和能力短板，让赋能成果看得见、摸得着，这样的团队赋能才能赢得人心。无论是我们之前提到的作为日常管理动作的赋能，还是基于部门管理体系的赋能，中层管理者的团队赋能通常有以下四种方式。

第一种方式：用经验和培养赋能。

这种赋能方式很直接，中层管理者可以通过关键点示范、疑难问题辅导、典型案例复盘、主题培训、标准化手册解读等方式来进行。一方面，这种赋能方式可以直达员工的问题痛点，往往可以起到立竿见影的效果；另一方面，通过这种方式也完成了部门层面的经验传承，让个体经验变成群体智慧。当然，并不是所有的赋能动作都需要中层管理者自己来完成，有些赋能措施需要中层管理者推进部门内的基层管理者、标杆和骨干来协作完成，如经验分享会、案例研讨会、主题培训项目等，这也是中层管理者进行团队赋能的基本功。

第二种方式：用沟通和信任赋能。

很多赋能动作往往都需要通过沟通来完成。这里的沟通既包括基于绩效层面的过程反馈、辅导和纠偏，也包括非绩效层面的员工职业规划、认知提升、冲突解决等方面的沟通。要知道，阻碍员工能力提升的，不仅仅是工具、方法和技能不足，还涉及员工自身的认知改变、心态调整和意愿激发等问题。通过沟通，中层管理者往往可以洞察问题的真相，帮助团队成员在关键时刻成长进阶。

而要想达到更好的沟通效果，中层管理者与团队成员的信任关系至关重要。事实上，被信任本身就是一种赋能。史蒂芬·柯维（Stephen R.Covey）提到："信任是基础。管理者必须通过积极的行为表现，才能赢得员工的信任，才会有真诚的沟通。"领导力专家乔·欧文（Jo Owen）指出："信任是管理者与下属高效协作的关键，只有建立了信任，才能有效赋能团队。"当员工感受到被信任时，他们就会感受到被认可、被尊重，这种感受会激发他们的工作热情和创造力。这样下级就可以和上级进行充分的沟通，也更容易接受上级的辅导和帮助，这是一种双赢的结果。信任最直接的表现其实是授权。这包括授予员工在某些任务或项目方面的自主权与决策权（职责范围内）；给员工提供必要的资源支持，让其可以调动公司或部门资源为己所用；在授权的同时，针对员工的能力短板给予必要的反馈、辅导和沟通，创造条件帮助员工达成目标，等等。这种授权方式不仅可以很好地调动员工的积极性，还能让员工在实践中获得成长与突破，发挥自主性与创造力，进而达到赋能的预期效果。

第三种方式：用目标和激励赋能。

没错，好的目标本身就能赋能团队，这包括两层意思。一是明确、清晰与可达到的目标，减少了员工的各种疑虑，而达成目标通常意味着拿到奖励（除了绩效奖励，哪怕仅仅是来自上级的表扬或认可，也会让员工感受到力量），且有着明确的路线图和实施路径，这样的目标具有赋能作用。二是好目标一定是员工想要的。别小看这一点，很多公司给员工下达的目标往往是公司或上级想要的，但不一定是员工想要的。中层管理者不仅需要下达目标、布置任务，还要让员工认为目标是自己想要的，既然是自己想要实现的目标，员工全力以赴达成目标的信心就更足，意愿就更强烈。这个时候来自中层管理者的赋能举措就会起到事半功倍的效果。

激励之所以能给员工赋能，本质上是激发了员工的意愿和积极性。那种强迫员工接受的所谓团队赋能措施，其实还是管控的老套路，也无法产生好的赋能效果。而所有取得良好效果的团队赋能举措都指向了同一点：想方设法激发员工自身的潜能与创造力。

第四种方式：用机制和文化赋能。

对于中层管理者而言，一对一赋能的方式，不仅成本高，而且效率低。一旦团队快速扩张、人员规模倍速增长，再采用一对一的赋能方式就会出现很大问题。

这就需要中层管理者发挥机制与文化的力量。比如，流程再造也是一种团队赋能——提升整个团队的工作效率，避免让员工在无效的环节浪费时间，降低内耗和冲突，提升团队内外的高效协作水平，这相当于给员工工作效率加杠杆。再比如，通过导师制或师带徒的机制，一方面确保部门成功实践和成功工作方法的传承，降低了新员工的摸索成本；另一方面，这种方式也让骨干成员参与到团队人才梯队培养中来，让他们成为培养后备梯队的主角，可以极大地提升部门人才培养效率和成果。所以，流程再造、制度优化等方式可以从平台层面为团队赋能，大大提升了团队赋能效率。

除了流程和制度，积极正向的团队文化也是确保团队赋能效果的重要保障。想想看，如果部门到处都是办公室政治，每天都流行小道消息，那些敢于担责的员工总会受伤，那些破坏原则和制度的员工并未得到应有的处理，在这种情况下，再好的团队赋能举措都无法取得好的效果。反过来，如果团队文化积极正向，无论是部门中的基层管理者还是一线员工，大家都能从团队赋能中获益，都愿意成为团队赋能的一分子，这样的团队赋能才能进入良性循环。

"团队赋能三问"之二：靠什么达成绩效

怎么证明中层管理者的团队赋能效果好？道路千万条，绩效第一条。

原因很简单：如果部门或团队没有好的绩效表现，要么意味着团队赋能与当下的部门现状和员工实际情况不匹配，没能起到应有的作用；要么意味着员工因为种种原因，不接受团队赋能的举措。如果是前者，中层管理者要反思的是，团队赋能的匹配度问题——脱离部门业务实际的团队赋能，往往是一厢情愿；如果是后者，中层管理者要反思的是，你和团队成员之间到底存在哪些问题？是关系问题、机制问题还是文化问题？如果不能解决这些问题，任何团队赋能举措都无法取得好的效果。说到底，业绩或绩效成果才是团队的信心所在，所谓"打胜仗是最好的激励"也是这个意思。

如何达成绩效？在过去，很多中层管理者的第一反应是按照PDCA的方式实现基于目标和绩效的全过程管理。这样做没问题，但很多中层管理者发现，在很多情况下，PDCA的每一个关键点都做到位了，可部门最后的绩效产出却并不理想。问题到底出在哪里呢？在彼得·德鲁克看来，没有用人所长，没能激发人，没有做到人岗匹配，没能辅导和培养人，这才是问题的关键。说到底，目标和绩效不仅仅是通过PDCA的方式管控出来的，也需要通过团队赋能的方式帮助员工解决实际问题，提升应对挑战的能力，这样才能更好地达成高绩效。从绩效出发，中层管理者该如何通过团队赋能的方式，打通部门绩效的痛点和难点，持续产出高绩效呢？有以下三个路径。

路径一：基于部门业务实践的标准化与流程化。

中层管理者的团队赋能，需要立足于部门绩效的提升。最常用的方法就是通过总结、梳理和复盘部门业务实践，形成标准化、流程化、可复制的模板、工具和行动策略，将原来需要一对一辅导解决的问题变为标准化解决方案，这就大大提升了团队赋能的效率，助力整个部门的绩效提升。

都知道流程化与标准化可以帮助部门降低管理成本，提升工作效率，提高绩效产出，可为什么很多部门的标准化与流程化推进缓慢，甚至阻力重重？这其实与三个因素有关：一是很多中层管理者还是停留在过去一对一解决员工个性化问题的阶段，凡事喜欢亲力亲为，对采用标准化与流程化的方式解决问题没有兴趣，甚至认为这样做反而会耽误时间。二是一些中层管理者对部门所出现的问题，还习惯于之前就事论事的分析、判断和解决，至于如何解决类似问题、如何提前识别和预防此类问题的产生、如何从系统层面找到产生这些问题的根因等，还没有进入这些中层管理者的"思维雷达"。三是没有将标准化与流程化转化为部门管理的"规定动作"，没有形成相应的机制和文化，而员工对于标准化与流程化能给自己带来什么，还存在认知盲区或误解，以至于一线员工没有参与部门标准化与流程化建设的动力。既然中层管理者和一线员工都没有兴趣推进流程化与标准化，那这事也就不了了之了。当然，缺少了流程化与标准化这个抓手，中层管理者的团队赋能又回到了一对一解决问题的老路。

既然如此，如何提升部门的标准化与流程化水平呢？中层管理者可以这样做：首先，用部门内发生的业务实践或典型案例做示范，带领部门或团队成员进行梳理、总结与复盘，形成标准化与流程化的行动措施，并让员工清楚为什么这样做，以及实施标准化与流程化能给团队成员带来哪些提升；其次，要回到公司信息化和数字化平台层面，将标准化与流程化的成果转变为公司和部门管理系统优化的一部分，这会大大降低对人的依赖；还有，中层管理者可以通过树标杆、给激励的方式，让团队成员知晓标杆的做法是什么，参与流程化与标准化能获得哪些好处，激励更多的员工参与到部门标准化与流程化的建设中来。

路径二：基于目标差距或胜任力短板搭建培训体系。

团队赋能最常见的实施方式就是培训，但并非所有的培训都能解决团队赋能问题。在管理实践中，越来越多的中层管理者发现，基于部门目标（与现状的）差距或团队成员胜任力短板搭建培训体系，可以更有效地解决团队成员面临的实际问题，提升大家解决复杂问题以及应对未知风险挑战的能力，从而能更好地解决团队赋能问题。

目标差距好理解，胜任力短板是什么意思？所谓胜任力（Competency），最早由美国社会心理学家戴维·麦克利兰于 1973 年正式提出，本意是指"能将某一工作中有卓越成就者与普通者区分开来的个人的深层次特征，它可以是动机、特质、自我形象、态度或价值观、某领域的知识、认知或行为技能等任何可以被可靠测量或计数的并且能显著区分优秀与一般绩效的个体特征"。在此基础上，一些管理学家将胜任力分解为职业维度（处理具体、日常任务的能力）、行为维度（处理突发、复杂任务的能力）、战略综合维度（结合变化中的业务场景及组织发展情景，随需而变解决问题的能力）。从管理实践来看，更多的企业将胜任力聚焦到岗位层面，指的是要胜任某个岗位，尤其是完成绩效目标所需要的可衡量的个体特征（知识、技能、行为特质、价值观、内在动机等，也是前文提到的"冰山模型"的一部分）及由此产生的可预测的、指向绩效目标的行为特征。当然，胜任力不是静态的，要随着企业发展阶段、业务变革、组织文化等因素而改变。所谓基于胜任力短板打造培训体系，本意还是回到绩效层面，回到系统提升员工能力层面，帮助员工更好地胜任岗位要求。

既然是基于目标差距和胜任力短板来搭建培训体系，中层管理者就需要聚焦三个问题：第一个问题是，部门或团队的绩效目标是什么？现状与目标之间的差距是什么？在资源有限的情况下，应该聚焦哪些关键目标差距？哪些差距可以通过培训解决，哪些差距不能仅仅靠培训解决，等等。第二个问题是，围绕这些差距，员工需要提升哪些关键能力？改变哪些行为？提升哪些指标？等等。有了这些内容，培训体系的内核就可以搭建起来了。当然，如果不能回到这些具体的行为与能力指标，培训就很容易变成一场看似热闹实则不解决任何问题的集体自娱自乐。第三个问题是，如何做好培训前、中、后的组织和运营工作？比如，如何提升培训的针对性（针对部门出现的哪些典型问题？这些问题是否有代表性？是不是当前部门发展的主要问题？等等）？如何评估培训的效果（是用后续的问题的解决来评价，还是用员工的能力提升来评估，或者采取项目或任务的方式来落实？等等）？如何选择培训的师资（是中层管理者亲自上，还是选核心骨干上，或者邀请其他部门的同事来参加，等等）？如何跟进培训的落地（比如，以项目小组的方式落实某些具体问题的后续解决，等等）？如何让培训形成闭环体系？等等。当然，有些环节可以请公司人力资源部门或培训部门来支持，但有一点中层管理者要明白：任何培训都要聚焦部门的目标差距和员工胜任力短板，那么差距在哪里？短板是什么？这些问题中层管理者更清楚，不要把培训这件事完全"外包"给人力资源部门或培训部门，知道自己想要什么，明确培训的产出和结果，这才是中层管理者在团队赋能层面该做的事。

路径三：基于员工积极性与主动性设计激励机制。

既然团队赋能的对象是员工，所以中层管理者最好的团队赋能方式一定是想方设法调动部门员工的积极性与主动性。当员工比管理者更主动时，团队赋能的效果才更佳。如何调动员工的积极性与主动性呢？显然，中层管理者的赋能方式，绝不是苦口婆心的道德说教，而是要回到部门层面，通过激励机制（主要侧重于激发员工的积极性与主动性，不同于单纯的绩效激励）的设计，提升团队赋能效果。

在激励机制设计层面，中层管理者要避免陷入三个误区。第一个误区是，想当然地进行激励机制设计——不考虑部门或团队当前的实际情况，将别的部门或其他公司的激励机制引进来，要么水土不服，要么起不到应有的效果，反而成了负激励。比如，这些年兴起了"学华为热"，很多企业认为华为的机制设计很不错，无论是虚拟股权，还是虚拟递延分红计划等，不管三七二十一，拿来就用，根本就不考虑华为的业务模式、所在行业特点以及企业文化体系是否适合自己。第二个误区是，只考虑激励内容的设计，却忘记了设计激励机制的初衷是为了目标达成、绩效提升、团队发展、员工能力提升。这就导致了一个问题：表面上看，部门的激励机制很科学，却无法激发员工的主动性和积极性。比如，近年来流行"向游戏学管理"，特别是95后、00后等新生代员工占主体的企业都在尝试游戏化的激励机制。有的企业应用游戏化激励的方式取得了不错的效果，而有的企业因其所在行业的特殊性，更强调员工的执行力，反而不看重创造性，在这种情况下，盲目采用游戏化激励的方式，未必能取得预期的效果。第三个误区是，总想一步到位地设计激励机制。因此，中层管理者总是在不断地求证、比较、推翻、再求证、再比较、再推翻……中层管理者要明白，根本就不可能有一劳永逸的激励机制，公司业务在发展，部门所面临的主要矛盾在变化，激励机制的设计内容和方式也会随之而变。比如，创业阶段的激励机制，往往导向"多打粮食"（业绩），先活下来再说；成长阶段的激励机制，往往导向增长速度和规模，激励的重点是谁跑得快，谁干得多；成熟阶段的激励机制，往往导向效率和创新，激励的重点是"增加土壤肥力"，等等。脱离部门的发展阶段和现实问题去设计激励机制，效果当然有问题。

中层管理者如何通过激励机制设计为团队赋能呢？首先，要从部门年度战略目标出发设计激励机制。激励机制是为战略目标服务的，哪些是优先选项，哪些是底线目标，哪些是战略牵引，要通过激励机制的设计，引导部门或团队员工的行为向战略目标靠拢，这就保证了团队赋能的方向正确，实现"力出一孔，利出一孔"。其次，要从部门发展阶段及所面临的主要矛盾出发设计激励机制，不能想当然。一旦激励机制和部门实际发展情况相脱节，团队成员的主动性和积极性就无从谈起，更不要说团队赋能了。还有，部门激励机制的设计可以从"特区"开始——先在小范围或者某一段时间先行先试，发现问题后，及时改进和纠偏。确切地说，激励机制的设计也需要员工参与，员工的反馈意见可以使部门激励机制不断完善——只有员工感受到激励，才会有更好的团队赋能效果。

"团队赋能三问"之三：凭什么成就团队

如果说"拿什么赋能团队"回答了中层管理者采取什么方式进行团队赋能的问题，"靠什么达成绩效"回答了中层管理者在部门绩效视角下进行团队赋能的路径问题，那么"凭什么成就团队"则要回答中层管理者未来如何更进一步，通过团队赋能实现部门的持续增长与团队发展。

如何成就团队？有人说要满足团队成员的需求，甚至超越团队成员的预期。从员工的满意度而言，这似乎没有问题。但仅仅满足每个团队成员的需求，还谈不上成就团队。美国前第一夫人埃莉诺·罗莎琳·史密斯·卡特（Eleanor Rosalynn Smith Carter）的那句话非常经典："普通的领导者把人们带往他们想去的地方，伟大的领导者把人们带往他们不一定想去，但应该去的地方。"这和经典的"德鲁克三问"——我们的事业是什么、我们的事业将会是什么、我们的事业应该是什么异曲同工。要成就团队，可不单单是当下的绩效达成，也不仅仅是升职加薪。如何基于组织的持续发展，来实现团队成员和组织的双赢，是团队赋能的内在要求，也是成就团队的关键。具体而言，中层管理者要做以下三件事。

第一件事：让团队"长本事"。

团队赋能最直接的表现方式就是让团队成员"长本事"。在这方面，中层管理者与基层管理者（一线）的定位不同：同样是让团队成员"长本事"，基层管理者往往侧重于一对一的辅导与反馈，通过具体的管理动作带动员工成长；而中层管理者则需要立足于整个部门层面，搭建让团队成员"长本事"的平台与机制，系统推进团队成长。如何让团队成员"长本事"？优秀的中层管理者要集中在以下两个层面发力。

一是引导和推动整个部门或团队"向外看"。什么是向外看？看客户需求、看行业变化、看对手情况、看上下游合作伙伴、看利益相关方、看公司其他部门的优秀做法，等等。用德鲁克的话讲：企业的经营成果仅仅存在于外部，而企业内部只有成本。这当然不是否定企业内部的管理动作，而是提醒所有的管理者，所有的管理举措最终都要转化为客户买单的成果。而向外看则可以引导团队成员基于客户价值提升自己的工作效率和绩效产出，看到自己和外部的真实差距，保持足够的开放和交流，进而实现部门的持续进阶。事实上，不论是华为的"蓝军体系"，还是万科的"对标机制"，都是在解决团队成员向外看的问题。

二是构建部门内部竞争机制。历史一再证明,"大锅饭"一定出懒汉,竞争的本质不是导向"内卷",而是通过持续改善和不断创新,系统提升部门或团队的整体绩效水平。因此,中层管理者有必要在部门层面构建良性竞争机制,激发员工的创新动能,一般有两个切入口。一是围绕部门现状与战略目标之间的差距展开。通过内部竞争机制的设计,让员工自动自发成为缩小差距的主体。所谓"让一线呼唤炮火"不仅是激励问题,更是导向问题,让员工围绕业务差距想办法、多尝试、做创新,对战略目标达成与组织能力提升都很有价值。二是围绕团队核心能力弱项构建竞争机制。每个部门都有自己的职责定位,都需要打造竞争优势与核心能力——要么是效率,要么是成本,要么是质量,要么是创新。部门核心能力的突破,不能寄托于某个点的突破,需要通过竞争机制,盘活部门内部资源,而不是完全依靠中层管理者的个体决策。

第二件事,让团队"升认知"。

英国前首相玛格丽特·希尔达·撒切尔(Margaret Hilda Thatcher)夫人曾说过:"你要小心你的思想,因为它会变成你的语言;你要小心你的语言,因为它会变成你的行动;你要小心你的行动,因为它会变成你的习惯,而你的习惯则会成为你的命运。"当然,"思想"这个词太高远,离我们更近的是认知。从管理的视角来看,员工有什么样的认知,就会有什么样的行为、习惯与做事方式,进而产生不同的绩效表现。这样看来,真正优秀的管理者从来都不是简单粗暴要结果,而是通过员工认知、行为与做事方式的持续优化,帮助员工提升能力和绩效产出。换个角度来看,帮助团队成员"升认知",也是中层管理者进行团队赋能的重要抓手。在这方面,中层管理者可以构建以下三个体系。

一是构建部门案例分享体系。这里有两个重点:一是部门案例库的建设，二是团队内部的分享体系。认知升级的关键是，既要让员工"看到"，又要让员工产生"触动"。比如，我们之前提到的"向外看"，就属于典型的"看到"，只有"看到"了，认知提升才有了前提和基础，但能不能产生"触动"还不好说。相比较而言，要把"看到"变成产生"触动"，最好的方式就是构建部门自己的案例库，将发生在员工身边的案例与实践整理出来，并通过分享与学习机制，让身边的案例与员工建立起高度的关联，扣动员工认知提升的扳机。一般而言，部门案例库分为业务（技术、专业等）案例库与非业务（主要涉及团队文化、协作、冲突解决等）案例库，前者主要帮助员工在业务领域持续提升认知水平，提高业务能力；后者主要引导员工在行为方式上与公司制度和文化的要求形成一致性。团队分享体系的搭建则需要中层管理者根据部门发展阶段以及所遇到的典型挑战，设计部门分享机制、流程、频次、形式、激励措施等，让团队成员主动积极分享，变个体实践为群体智慧。分享体系的建设，不仅适用于部门内部，也适用于"向外看"过程中所学到的案例或实践。如果中层管理者还能创造条件，为部门引入外部案例和优秀分享（比如，参加外部培训，参访标杆企业，请外部优秀人士到部门分享，等等），那就真正实现了认知层面的"内外双修"。

二是构建部门标杆选拔与培养体系。谁能代表部门绩效与做事方式的最高水平？当然是标杆或榜样。标杆的层出不穷，意味着一个部门在持续进阶。要提升员工的认知，不仅要让员工"看到"还有其他可能的做事方式与可能性，还要让员工意识到"有人做到了，我也可以"。上文提到的案例分享机制解决了"有人做到了"的问题，而标杆选拔与培养则让员工形成"我也可以"的认知。别小看这种认知，一个近在眼前的同事，通过部门的团队赋能举措和个人的努力，成为大家眼中的绩效或行为标杆，这件事本身对团队就有很大的激励价值。当然，中层管理者要意识到，标杆不能孤单，不能只有一个，否则起不到示范效应。因此，中层管理者要设定多个标杆选拔的标准（不仅仅停留在绩效上，还有业务能力、技术水平、典型行为等维度），并构建持续打造部门新标杆的培养模式（如师带徒、导师制、传帮带等模式），一旦部门涌现出多个标杆，员工那种"我也可以"的认知就形成了，团队赋能的效果也会越来越好。

三是构建周期性的复盘与自省体系。关于复盘的具体做法，我们在前文有过详细介绍，这里重点说说自省体系。在华为，自省体系被称为"批评与自我批评"；在阿里巴巴，自省体系的最常见做法是"裸心会"。顾名思义，"裸心会"需要团队成员敞开心扉，那种团队成员之间虚情假意、彼此相互防备、企业文化冷漠的部门，根本不可能做到真正的"批评与自我批评"，更谈不上"裸心会"了。因此，构建部门自省体系的前提是中层管理者要在部门打造公开透明的团队文化，要形成比学赶帮超的良性竞争氛围。如果大家总是藏着掖着，则很难有真正的自省。在此基础上，要开好"裸心会"，中层管理者要从体系层面进行驱动：首先，按照时间节点（季度、月度、周）设计周期性的团队"裸心会"，结合部门业务特点，与一线管理者、骨干一起沟通"裸心会"的内容和形式，从事实与数据出发，从业务提升与团队成员的成长出发，不能搞成"批斗会"。其次，要引导部门成员聚焦在行为改进层面进行复盘和自省，多就事论事进行讨论，而不是动不动就上纲上线，陷入动机臆测和价值观攻击，要有具体的行为改进清单，要有可执行的行动措施，要持续跟踪落实结果。当然，要提醒中层管理者的是，团队成员认知的提升千万不要停留在意识层面，如果没有真正的行为与做事方式的变化，没有"看得见的成果"对员工的反馈，如何向员工证明认知提升是有价值的呢？

第三件事，让团队"有输出"。

　　部门不是孤立的，从公司层面来看，一个部门的成功实践应该被公司其他部门或团队学习和借鉴。从这个角度而言，中层管理者不能仅仅停留在部门的团队赋能本身，还要让团队赋能的成果惠及公司的其他部门，为公司赋能体系建设做出贡献。因此，对于中层管理者而言，除了部门绩效的达成，更重要的是，还要将团队赋能的成果（包括工具与方法论、流程机制、赋能体系等）分享给公司其他部门。具体而言，中层管理者需要在工作模式与优秀人才输出层面，为公司的赋能体系做出贡献。

　　一是工作模式输出。中层管理者进行团队赋能的成果之一，就是在部门形成了更高效的工作模式，包括标准化的模板与方法论、持续迭代的业务流程、高效的团队协作模式、人才培养体系等，将这些成果在公司层面进行推广和复制，有助于企业构建整体的团队赋能体系。当然，这需要中层管理者跳出部门视角，从公司视角看问题。换个角度来看，对公司或者其他部门的工作模式输出，也可以反向检验本部门团队赋能的成果，其他部门的应用反馈，可以帮助中层管理者更好地改进本部门团队赋能措施，从而实现团队赋能体系的更新迭代。

　　二是优秀人才输出。如何证明团队赋能的效果好？当然是培养了一大批优秀人才，涌现出很多团队标杆，他们可以在公司更广阔的平台上成长和发展，这对员工、部门和公司而言是多赢的结果。有人说，自己部门好不容易培养出的优秀人才，为何要输出给公司其他部门，这不是给别人作嫁衣吗？显然，这还是站在部门管理层面思考问题。退一步讲，即便是将所培养的人才都留在部门内，难道他们就不想要更好的发展机会，不想持续提升自己的能力水平吗？如果部门的发展平台小、机会少，为什么不主动在公司平台给优秀员工创造更多可能性呢？难道非要等到优秀员工跳槽不可吗？反过来，如果一个部

门的绩效很出色，团队赋能也不错，可就是从来没有给公司输送过人才，你觉得公司高管会如何评价这个部门的管理者？

让团队成员长本事，升认知，有输出，这样的团队赋能才更有价值。

一、转型思考题

1. 为什么团队赋能的前提是激发员工的主动性和积极性？

2. 团队赋能和过程管控有哪些区别？为什么团队赋能要基于部门的目标差距和员工的胜任力短板？

3. 如何检验团队赋能的成果？中层管理者应该通过哪些方式在公司层面输出本部门的团队赋能成果？

二、转型工具箱

团队赋能的四种方式

在管理实践中，对于中层管理者而言，无论是作为日常管理动作的赋能，还是基于部门管理体系的赋能，中层管理者的团队赋能通常有四种常见方式：用经验和培养赋能、用沟通和信任赋能、用目标和激励赋能、用机制和文化赋能。说到底，团队赋能就是帮助团队成员"加杠杆"——通过一系列的工具、技能、方法、流程、机制和环境的打造，帮助员工持续提升应对各种挑战和复杂问题的能力水平，继而实现组织目标的达成以及团队绩效的提升。

⟶ 三、转型方法论

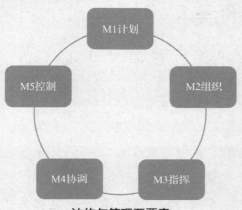

法约尔管理五要素

　　管理过程学派创始人、古典管理理论代表人物之一亨利·法约尔在其代表作《工业管理与一般管理》一书中首次将企业的全部活动分为：技术活动（生产、加工、制造）、商业活动（购买、销售、交换）、财务活动（主要是筹集和有效利用资本）、安全活动（保护财产和人员）、会计活动（财产轻点、资产负债表、成本和控制等）、管理活动（计划、组织、指挥、协调和控制）。其中，有关管理五项职能"计划、组织、指挥、协调和控制"的描述（也被称为法约尔管理五要素）影响了后来的管理学界，在此基础上形成了管理过程学派（也称为管理职能学派）。

第十章
团队赋能的误区
——不是搞平衡，而是守原则

在上一章中，我们提到过团队赋能是在为团队成员"加杠杆"——通过一系列的工具、技能、方法、流程、机制和环境的打造，帮助员工持续提升应对各种挑战和复杂问题的能力水平，继而实现组织目标的达成以及团队绩效的提升。这里的重点在"赋能"，即通过各种举措提升团队成员的能力。在本章中，我们将回到"团队"，毕竟"团队赋能"的重心要落在团队层面。通过赋能的方式打造持续产出高绩效的团队，是中层管理者的职责所在。

在管理实践中，中层管理者需要在团队层面构建以下四个基本认知。

认知一：团队要有共同目标。

没有共同目标，团队就无从谈起。企业组建团队的初衷是完成目标。但如果组织目标不能被团队所有人认同和共享，那么所谓的团队连最基本的"搭伙过日子"都算不上，更不要提深层次的发挥所长、高效协作了。因此，团队成员有没有共同目标，是不是理解和认同共同目标，能不能在共同目标之下兑现自己的承诺才是团队形成的关键。

认知二：团队要相互协同并彼此信赖。

共同目标的达成，需要团队成员之间的相互协作，需要各自发挥优势，且要用自己的优势为团队成员提供互补的价值。反过来，如果一个团队成员之间，既不用相互协同，又不用互相依赖，那么他们"在一起"的理由便不成立。

认知三：团队绩效大于个体绩效之和。

这是前两个认知的延伸，也是管理的应有之义：管理者的存在，就是要使得团队绩效远大于个体绩效之和。当然，这里还有另外一层含义：团队绩效既包括当下的绩效表现，也包括未来的绩效潜能。因此，中层管理者需要想方设法激发部门每个成员的绩效潜能，并通过团队赋能的方式，实现部门绩效的持续提升。

认知四：团队要有共同的价值观。

正所谓"道不同不相为谋"，要长期走下去，光靠利益交换是不够的，需要团队成员有共同的价值观。这是最容易被管理者忽略的，但却总能在关键时刻起关键作用。本质上，价值观在组织层面主要体现为团队成员共同坚守的行为准则和职业信仰，也可以理解为团队成员的长远利益（什么是对的，什么是错的，哪些行为可以做，哪些行为不可以做，等等）。有了共同坚守的行为准则和长期利益，团队才能走得更远。

团队的类型有哪些？根据斯蒂芬·罗宾斯（Stephen P.Robbins）与蒂莫西·贾奇（Timothy A.Judge）在《组织行为学》（第 18 版）（*Organizational Behavior*，中国人民大学出版社，2021 年 1 月）一书中的定义，公司一般存在三种类型的团队：一是问题解决团队（Problem-Solving Teams），主要专注于业务、技术等专业或职能问题的解决，团队职责和分工比较固定，如何提升工作效率，如何更专业、快捷地解决问题是评价这类团队的标准。二是跨职能团队（Cross-Functional Teams），由来自不同专业、不同职能部门的员工组成，往往是为某个项目或临时性、突发性的工作任务而组建，甚至还包括外部供应商等合作伙伴。三是虚拟团队（Virtual Teams），这里的"虚拟"特指基于互联网的远程协作与沟通场景。团队的类型不同，其面临的主要问题和评价标准则不同，对管理者的要求也不相同。从共同点来看，无论中层管理者所负责的部门担负什么样的使命与职责，在团队层面都需要处理以下四种关系。

关系一：公司与中层管理者所负责部门之间的关系。

部门是公司组织架构的一部分，这就意味着，部门的绩效目标，首先来自于公司战略目标。如果遇到公司与部门的目标、做法相冲突，中层管理者需要回到公司层面思考问题，而不仅仅是立足于部门层面看待问题。

关系二：中层管理者和（所负责部门）团队之间的关系。

中层管理者既要对直接下属（一线管理者）的管理成果负责，也要对整个部门的绩效表现负责。如何与一线管理者一起，推进整个部门的流程、机制与文化建设，持续提升团队赋能的效果，这是需要中层管理者重点解决的问题。

关系三：部门团队成员之间的关系。

团队成员之间，到底是积极、主动地协作，还是非常冷漠相互拆台？是彼此信任相互借力，还是内卷不断，见不得别人好？说到底，团队成员之间的关系往往是部门文化的一种投射，也是影响团队赋能效果的关键因素之一。而影响部门文化最大的因子，就是中层管理者的做事方式。因此，想要处理好部门团队成员之间的关系，中层管理者还是要从自身入手。

关系四：本部门与其他部门之间的关系。

公司任何一个部门都不是孤军奋战，需要与其他部门和团队进行协作。而跨部门协作的关键在于共同实现公司目标，这需要中层管理者充分利用本部门的优势，并借助其他部门的优势，提升跨部门协作的效果，构建面向客户的竞争优势。

中层管理者如何处理好这四种关系？这不仅关系到团队赋能，还会影响部门绩效和团队的长期发展。在管理实践中，是坚守原则，还是做相应的妥协？是抓大放小，还是不放过任何一个小细节？是千方百计达成目标，还是充分关注员工的情感和需求？等等。对这些问题的回答，将决定中层管理者的团队赋能方式和效果。优秀的中层管理者一定要警惕以下三个误区。

误区一：当老好人

什么是"老好人"式的管理者？

组织行为学家罗伯特·布莱克（Robert R.Blake）和简·莫顿（Jane S.Mouton）在其著作《管理方格新论》（*The Managerial Grid illuminated*，中国社会科学出版社，1999 年 6 月）中，基于"关注员工（人）"与"关注任务（事）"两个维度，构建了管理方格理论，并将管理者分为五种类型，分别为：放任式管理（Impoverished Management，既不关注人，也不关注事）、权威式管理（Authority-Compliance Management，关注事，但不关注人）、俱乐部式管理（Country Club Management，关注人，但不关注事）、中庸式管理（Middle-of-the-Road Management，对人和事的关注，处于不强不弱的中间地带）、理想式管理（Ideal Team Management，对人和事都非常关注，属于理想情况）。而老好人式的管理者，则被列入了俱乐部式管理风格——过于关注员工的情感和需求，而忽视了组织目标和任务的完成。在多年的管理咨询与培训实践中，我们发现了老好人式管理者的三个典型特征。

一是不想得罪人。

遇到问题和冲突，老好人式管理者的第一反应不是解决问题，而是息事宁人。为此，老好人式的管理者经常是两边安抚，努力不让冲突升级，至于问题本身的是非曲直反而考虑得很少。甚至连公司的原则、制度与文化都会被牺牲掉，只要双方息事宁人就好。还有一种情况是，因为不想得罪人，所以部门成员常出现的小问题没有被及时纠偏和制止，进而发展为更大的矛盾和冲突。

二是先考虑人，再考虑事。

那些老好人式管理者在分析、研判、决策、执行等环节，会过多考虑当事人的感受，继而被这种感受所困——要么延缓了决策进展，迟迟下不了决心；要么让执行变得阻力重重，原本的计划被打乱，最终影响部门目标的达成。

三是对部门成员关系的重视高于绩效本身。

部门当然需要一个好的关系氛围，这不仅有助于日常沟通协作，还有利于团队凝聚力和执行力的提升。但中层管理者要知道，部门成员之间需要构建的是良性关系，这种关系需要建立在共同的原则和制度之上，并允许团队成员之间就意见分歧进行充分的讨论和沟通。而那些老好人式的管理者对团队成员关系的重视胜于部门绩效本身，显然偏离了管理的正常轨道，容易让人情关系影响部门发展。

从实际情况来看，如果一位中层管理者最终选择了老好人式的管理风格，将会给团队赋能和部门发展带来以下三个影响。

一是庸才驱逐优才。

既然对部门成员关系的重视高于绩效本身，那么对于老好人式管理者而言，部门目标是否达成、绩效规则是否兑现，也就没那么重要了。在这种情况下，受影响最大的莫过于部门的绩效标杆，那种你好我好、平均主义、各打五十大板的老好人做法会打击他们的积极性和主动性，反而是那些绩效平庸和落后的员工更喜欢这种老好人式的管理风格，这就出现了"庸才驱逐优才"的奇葩景象，对部门发展极为不利。

二是团队关系被扭曲。

之前不是说老好人式管理者最在意部门成员之间的关系吗？怎么还会出现关系扭曲的情况？在这里，我们要区分两种不同的关系：一是基于目标的业务协作关系，通过团队成员之间的分工、补位、协作来完成。二是与业务目标无关，仅仅强调团队氛围良好，更注重部门成员之间的和谐融洽。老好人式管理者往往更在意后一种关系。但关键问题是，当团队关系与业务目标无关的时候，"关系"会导向哪里？遇到分歧怎么办？遇到业务冲突怎么办？有一点很明确，在企业中，任何脱离业务的团队关系，往往都会被扭曲。

三是自己"很受伤"。

如果总做老好人，中层管理者就需要花费大量的时间去沟通协调，尽可能将问题大事化小、小事化了。表面看起来，团队没有爆发冲突，大家关系不错。但事实上，真正的问题被掩盖了，问题依然没有解决。关键是，中层管理者的这种老好人做法，既不能解决问题，又不能赢得团队成员的尊重，当事人也不领情，只有中层管理者自己很受伤。

那么，中层管理者该如何走出老好人误区呢？以下三个策略不妨一试。

策略一：构建部门明确的标准、流程、机制与文化。

这里的关键词是"明确"——只有明确的标准和原则，才能不给老好人式的做法留空间和余地，中层管理者在处理问题时就能"有法可依"，大大压缩了妥协的空间。同时，这也从客观上营造了一个"不当老好人"的氛围环境。

不能明确的怎么办？显然，部门管理中一定存在某些"灰度地带"。遇到"灰度地带"，中层管理者如何减少自己的老好人行为呢？通常有四个应对方法：一是参考之前发生过的类似案例，类似英美法系的判例法，看看之前是如何决策的，这要比完全没有标准强得多。二是与部门内的一线管理者协商，听取他们的意见后再进行决策，这要比中层管理者单独决策好得多。三是求得上级或其他部门的支持，尤其是当其他部门也发生过类似问题的时候。四是针对那些有代表性、影响范围广、对部门发展有里程碑价值的问题，不妨开启整个部门的讨论，让团队成员参与进来。有些管理者会担心，这种大范围的讨论很容易泛泛而谈，团队成员的意见也比较碎片化，对管理者的决策未必能起到多大作用。但事实上，团队成员充分讨论的过程会让问题曝光在阳光下，有助于中层管理者公开、透明地解决问题，让决策变简单。

策略二：及早发现和解决小问题。

越早发现部门存在的问题，解决问题的难度就越小，就越不需要中层管理者做老好人。当然，这需要中层管理者提升敏感度，能在问题发生的第一时间认知到"小问题"的潜在影响，并采取必要措施解决问题。千万不要将小问题拖成大问题，最后只能逼着自己做老好人了。

如何提升自己对"小问题"的敏感度呢？同样有四种做法：一是从部门年度战略目标和绩效指标出发，凡是与此相关的小问题，中层管理者都要格外重视，尽早解决问题。二是对过往案例进行复盘，从过去的典型案例出发，总结经验和教训，明确哪些是底线问题，哪些是关键问题，哪些是无关紧要的问题，并将这些结论应用到当下所出现问题的分析与判断中，及早发现那些重要的"小问题"。三是定期组织部门成员进行沟通，通过一对一交流或团队会议的方式，及早发现影响部门发展的"小问题"。四是调动部门内一线管理者和团队骨干的主动性，让他们成为发现"小问题"的主力军，发现问题后第一时间解决。

策略三：把绩效管理体系做真，构建公开透明的管理方式。

对于中层管理者而言，绩效管理并不陌生。但同样是做绩效管理，公司和公司之间、部门和部门之间的效果截然不同。这并不是因为他们在绩效管理理念和方式层面有差异，而在于是否把绩效管理做真——把绩效目标做真、把绩效辅导做真、把绩效考核做真、把绩效评价结果的应用做真。要把绩效管理体系做成"硬约束"，而不是"软约束"——留有余地、不按规则执行、考核结果不兑现、绩效落实没人管，等等。

如何将绩效体系做真，将软约束变成硬约束，不给自己做老好人的机会？中层管理者可以这样做。第一，在绩效目标的设定环节，与员工做充分沟通，将规则、标准与承诺公开。事前做公开比私下承诺好得多。第二，注重绩效计划执行过程中的反馈、辅导与纠偏，在过程中发现问题、解决问题，比秋后算账好得多。第三，绩效结果评估要基于事实和数据，要按照之前的规则与承诺执行，不搞"没有功劳也有苦劳""结果不好但态度不错"那一套，中层管理者成为老好人的机会就少多了。

当然，我们还要给老好人式管理者"再补一刀"：要想从根本上解决问题，中层管理者还是需要坦诚地面对自己，弄明白自己内心到底"怕"什么，这种回避冲突的管理方式真的能带给自己想要的结果吗？

误区二：玩平衡

你有没有见过"玩平衡"的管理者？

如果说老好人式管理者的主要问题在于不想得罪人，将关系置于绩效之上，那么喜欢"玩平衡"的管理者则是出于自身利益最大化的考虑，让部门成员之间保持"力量均衡"状态，必要的时候甚至会采

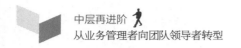

用雨露均沾、压强扶弱的方式来解决问题。为了维护自己的"平衡之道"，有些中层管理者会采取以下几种做法。

第一种情况：上午胡萝卜，下午大棒。

你一定听说过"胡萝卜＋大棒"的激励方式。从激励层面来看，"胡萝卜＋大棒"有其存在的价值。小到日常的表扬点赞，大到升职加薪、股权激励，以及反向的批评、排名、末位淘汰，其实都是"胡萝卜＋大棒"这一激励模式的延伸。但如果管理者的出发点是"玩平衡"，甚至出现针对同一件事，上午给员工胡萝卜、下午给大棒的情况，则会给部门管理带来两个隐患：一是给团队传递了自相矛盾的信号——到底是鼓励员工这样的做法，还是反对这样的做法？今后遇到类似情况怎么办，员工会无所适从。二是当员工不清楚标准是什么的时候，做事容易畏首畏尾，遇到问题先琢磨管理者会怎么想，这会影响团队执行和部门协作。

第二种情况：预先埋坑，相互制衡。

公司要实现持续增长，有两个关键支撑条件：一个是工作效率的持续提升——无论是采取改善或是创新的方式，在同等资源条件下，创造更大的产出。另一个是团队能力的持续提升——通过团队赋能，帮助员工提升解决复杂问题的能力水平，继而提高团队的绩效产出。基于此，中层管理者需要在部门的流程、机制与文化建设层面下功夫，不断提升团队工作效率和能力水平。然而，那些偏爱"玩平衡"的管理者的出发点并非部门绩效的提升，而是自身的安全感（如位置坐得稳、扫除潜在的竞争对手等）。他们在流程和机制层面预先埋坑（障碍点或相互制衡点），等到团队成员遇到冲突无法调和的时候，当然会去寻求管理者的支持，这就给了管理者"坐山观虎斗，择机玩平衡"的机会。

先不说这种方式能否给中层管理者带来安全感，回到部门管理层面，会带来两个问题。一是大大提升管理成本。那些预先埋下的坑，一定会造成团队内耗和冲突。解决这些冲突，当然会增加管理成本，还会耗费管理者大量的时间和精力。二是造成部门内部关系紧张。如果部门成员天天有冲突，则团队协作就无从谈起，实现高绩效更是痴人说梦。如果绩效产出没法交代，部门协作又出现问题，中层管理者该如何向公司交代呢？

第三种情况：今天是明星，明天进冷宫。

这种情况更夸张：今天还把某位员工夸奖成明星，到了明天就莫名其妙地不理他了。当然，这并不代表管理者对这位员工不满意，更可能是一些管理者所谓的"掌握平衡的艺术"。但从员工的层面来看，这种前后截然相反的感受更像是经历了一场职场"PUA"，再不逃离更待何时？

中层管理者的这种做法会带来两个问题：一是部门很难有真正的标杆。试问哪个标杆能经受住"今天是明星，明天进冷宫"的考验？一个缺少标杆的部门很难有团队活力。二是业务层面的平庸。既然标杆的做法可以很快被否定，谁还会致力于业务创新与突破？最好的办法当然是一切照旧，这种情况很容易造成部门业务平庸，团队成员很难有高绩效表现。

为什么有些中层管理者喜欢"玩平衡"？著名管理学家、组织行为学开创者之一的弗雷德·鲁森斯（Fred Luthans）教授在其经典著作《组织行为学》（*Organizational Behavior: Managing People and Organizations*，人民邮电出版社出版，2009 年 9 月）一书中解释了这一问题：一是因为管理者缺乏安全感，这往往和其性格、经历、认知水平、价值观等因素有关。二是与所在公司的企业文化生态有关。如果整个公司都有一种推崇权谋、拍马屁成风、老板一言堂的作风，管理者"玩平衡"的这一做法其实是一种不得已而为之的生存之道。当然，很多中层管理者并不情愿采用这种做法，也可以尝试从以下三个层面进行改变。

策略一：调整认知——不要假平衡，而要真平衡。

首先，中层管理者要问自己三个问题：所谓的"玩平衡"，到底给自己和部门带来什么结果？"玩平衡"的这种做法，是自己主动选择的，还是被动选择的？那些真正优秀的管理者，会在意团队的"平衡"，还是更在意部门绩效或团队成长？

其次，果真要谈到"平衡"，中层管理者反而应该更在意部门的三个平衡。一是部门短期绩效和组织长期发展之间的平衡——短期要绩效表现，长期要梯队建设与机制建设。显然，这种平衡更有利于中层管理者兼顾当下和未来。二是业务发展和团队能力提升之间的平衡——管理者要抓业务增长，要匹配资源，要达成目标，同时也要推进团队赋能、人才培养与企业文化的落地生根。这种平衡有利于管理者兼顾管事与管人。三是本部门的绩效达成与公司其他部门的高效协作之间的平衡——一方面要想方设法完成本部门的绩效目标，另一方面也要助推公司其他部门绩效目标的达成，在公司发展一盘棋的格局下，没有哪个部门能独善其身。

说到这里，不得不提到被《哈佛商业评论》誉为最伟大的管理工具之一的"平衡计分卡"（Balanced Score Card）。哈佛商学院教授罗伯特·卡普兰（Robert S.Kaplan）与诺朗诺顿研究所所长戴维·诺顿（David P.Norton）首创了公司战略管理与绩效评估的四大维度：财务维度（公司要在财务层面取得什么样的成功？应该向股东展示哪些成果？有哪些指标可以衡量公司的盈利水平？）、客户维度（要实现公司的愿景，公司有哪些差异化的客户价值主张？有哪些指标可以衡量客户的满意度以及市场竞争力？）、内部运营维度（要实现股东需求和客户满意，公司要改善和提升哪些运营管理流程与机制？有哪些指标可以衡量公司运营水平？）、学习与成长维度（公司要实现长期增长，有哪些关键能力需要突破？为了弥补这些能力差距需要做些什么？有哪些学习与成长层面的衡量指标）。平衡计分卡终结了过往仅仅以财务成功作为企业评价标准的历史，引入了更加均衡的评价体系，做到了"财务与非财务、短期与长期、内部和外部、结果和过程"的平衡，从而实现企业的持续健康发展。

尽管平衡计分卡是针对公司战略管理与绩效评价体系提出的，但在部门管理层面同样适用。对于中层管理者而言，真正的平衡之道应该体现在绩效目标达成与绩效过程管理、短期业务增长与长期部门发展、部门内部高效协同与跨部门高效协作、业务管理与非业务管理等层面，而不应该将平衡的重点放在个人的安全感与团队关系本身。

策略二：回归角色——不要陷入困局，而要寻求突破。

从组织层面来看，评价中层管理者是否胜任管理角色的关键，从来就不是什么"玩平衡"的水平，而是公司战略在部门层面的落地、部门绩效目标的达成、部门业务水平的提升、团队人才的培养等。这也是中层管理者需要面对的真相：既然"玩平衡"和自身的管理角色无关，为何非要把自己圈在"玩平衡"的困局里不可自拔？

在调研和访谈中，有些偏爱"玩平衡"的管理者给了我们三个"存在即合理"的原因：一是玩平衡这种方式曾帮其解决了不少实际问题，运用越来越得心应手，逐渐就成了自己"成功管理经验"的一部分。二是在公司并非自己玩平衡，平级都这么做，连上级高管也这么做，有样学样。三是有些管理者在面临很多棘手问题时（如上级不信任、团队集体躺平、公司给的年度目标挑战性很大等），发现其他部门的管理者用玩平衡的方式解决了类似问题，自己也开始尝试起来，先搞定问题再说。

唯有回归角色，才能帮助中层管理者走出"玩平衡"的误区。有三种方式供大家参考：第一，处理工作中的两难问题时，先回到公司对于部门的职责定位和绩效要求。标准越清楚，要求越明确，就越能压缩"玩平衡"的空间。第二，在做出重大决策前，可以征求直接下属或团队骨干的意见，避免陷入"孤独决策"（总是自己纠结，或者仅考虑某一个方面，而忽略了可能影响全局的其他视角），通过大家的意见反馈，减少"玩平衡"的可能性。第三，定期做部门重要工作和典型案例的复盘，不仅自己复盘，还要和团队骨干成员一起复盘，从部门视角重新审视过去的决策和管理方式，就能减少中层管理者"玩平衡"的机会。

策略三：加强沟通——不要当局者迷，而要寻求反馈。

我们经常说当局者迷。很多时候，中层管理者往往意识不到自己的行为是在"玩平衡"。在这种情况下，保持与上级、团队成员以及其他部门的沟通非常重要。沟通机制能帮助中层管理者及时照镜子，走出"玩平衡"的误区。

除了日常沟通外，有三个重要的沟通时点，需要中层管理者好好利用。一是在遇到犹豫不定的问题时，主动征求上级或团队成员的意见。这里的关键点并非直接向他人寻求解决方案，而是切换到他人视角，理解别人的立场和观点，这有助于管理者调整自己的认知和处理问题的方式。二是突发或例外问题的沟通。这类问题中层管理者之前没有遇到过，过去的经验往往起不到什么作用。在这种情况下，及时和上级或团队成员进行沟通，有助于问题的解决，避免陷入一厢情愿的"玩平衡"。三是与上级、团队成员定期进行绩效面谈。与上级的绩效面谈，主要是征求上级对于本部门绩效表现的意见和反馈，也可以针对某个具体案例，倾听上级的反馈，以此来为自己的管理动作纠偏。与团队成员的绩效面谈，除了对下级的绩效表现做出评价和改进建议外，也要征求他们对部门内重点工作或典型案例的意见，寻求他们的反馈，这可以帮助中层管理者及时回头，避免陷入"玩平衡"的管理困局。

误区三：一味妥协

还有一类中层管理者，与老好人、"玩平衡"的管理风格不尽相同，主要体现为在遇到棘手问题或部门冲突时，不是选择坚持原则，而是很快做出妥协。总妥协，成为这类管理者的标签。其实，"妥协"原本是个中性词，有折中、让步、互让、和解之意。然而，如果遇到原则问题，特别是大是大非的问题，以妥协的方式让原则蒙羞，让组织利益受损，这就很不值当了。尤其是以下两种情况的"妥协"，更要引起中层管理者警惕。

一是为绩效产出而牺牲公司原则。

中层管理者当然要为部门的绩效达标负责，这本身没有问题，但绩效产出必须是健康的、可持续的、符合公司规则和制度要求的。明显违反公司原则，为了一时绩效而牺牲公司长期利益，为了本部门绩效达成损害其他部门利益等行为，最终只会产出"有毒的绩效"。在"有毒的绩效"面前，如果中层管理者选择睁一只眼、闭一只眼，或者为了部门绩效数字好看，对某些员工挑战公司原则和底线的事视而不见，那中层管理者的威信何在，公司的可持续发展也无从谈起。

为"有毒的绩效"而妥协，特别具有迷惑性。很多中层管理者会说："你看，我做的一切，都是为了部门绩效，当然也是为了达成公司的战略目标。我就是在为公司着想，为什么这样做也有错？"其实，错并不在绩效本身，而在于达成绩效的方式。一旦"有毒的绩效"被接受，或者部门的原则和底线一再被突破，带来的后果是：流程可以更改，制度可以不遵守，给客户的承诺可以打折，产品和服务可以有瑕疵，企业文化可以造假，等等。这时，部门管理的防火墙就彻底崩塌了，再谈绩效就毫无意义了。

二是为部门短期利益而牺牲组织长期利益。

之前我们谈到老好人式管理者也会有类似问题——将人际关系置于部门绩效之上。而"总妥协"的管理者之所以维系人际关系，并非出于不想得罪人，而是为了部门绩效的达成，这其实是"有毒的绩效"的一种延伸。比如，部门正是用人之际，某些员工出现点问题，只要不是太过分，就简单处理，以免影响部门绩效；某个重点项目正处于关键阶段，项目中某得力干将违反了制度流程，如果按规则处理，一定会影响项目进展。目前无人可换，那就放他一马，免得项目出问题。

这样做，短期的好处是：项目暂时不受影响，团队暂时稳定，部门绩效暂时不会出问题，那些被"法外开恩"的员工还有可能对管理者感激涕零。但所有的好处都是"暂时"的。长期的影响是：首先，规矩被破坏，员工对规则不再有敬畏感。其次，很多潜在问题和隐患被掩盖了，等到这些问题积少成多，再也不能通过暂时的妥协来解决的时候，对组织的破坏力极大。还有，一个部门的妥协还会引发其他部门的连锁反应，因为公司是一体的，这就会带来"溢出效应"——其他部门也会通过妥协的方式解决问题，这会把风险和隐患传递到整个公司。

既然如此，中层管理者应该如何减少自己的"妥协时刻"，避免因不必要的妥协，影响组织健康和部门的长期发展呢？在过往的企业管理层访谈中，那些团队绩效出色、领导力水平高、在公司屡获重任的中层管理者，有以下三个策略分享给大家。

策略一：明确原则和标准。

明确就是硬道理。相比较而言，有了做事的原则和标准，"妥协时刻"就会大大减少。因此，中层管理者与其纠结遇到"妥协时刻"怎么办，不如回到原则和标准——有了清晰的原则，就不用为妥协与否而焦虑。

　　原则和标准从哪里来？一般而言，当然是公司出台的流程、职责与制度手册，以及企业文化。通常情况下，只要严格执行，就不存在"妥协时刻"。真正让中层管理者挠头的，其实是部门出现的情况没有对应的流程和制度条款，这个时候就需要中层管理者进行判断，到底该采取什么方式解决。当然，这也容易成为"妥协时刻"的重灾区。怎么办？这个时候中层管理者还有一个抓手：过往相关的案例参考——上一次遇到"妥协时刻"时是如何处理的？效果如何？后续产生了哪些影响？得出什么教训和结论？等等。尽管遇到的问题不尽相同，但处理问题的原则和标准可以参考。

　　当然，"妥协时刻"无法完全消除。中层管理者必须面对的现实是：客户需求在升级，公司业务在发展，外部市场环境与内部组织变革不会完全同步，总会存在某种程度的滞后，进而形成很多部门管理的新问题，这又会成为中层管理者新的"妥协时刻"。如果没有过往的案例做参考，中层管理者还可以有三种方式找到标准和底线。一是回到企业文化与价值观。在很多管理学家看来，企业文化往往是"公司制度之母"，一如华为的"以客户为中心，以奋斗者为本、坚持自我批评、长期艰苦奋斗"、阿里巴巴的"六脉神剑——客户第一，团队合作，拥抱变化，诚信，激情，敬业"。如果中层管理者遇到没有明确原则和标准要求的新问题，可以回到企业文化层面寻找答案，这至少可以帮助中层管理者找到妥协的边界。二是求助于你的上级。在很多情况下，将问题升维到更高一层去看，更能看清问题的本质，能减少很多纠结和犹豫不定。所以，勇敢和你的上级交流，借助上级的视角，中层管理者能更好地应对"妥协时刻"。三是与同级进行沟通。

别忘了，在你的部门或团队出现的新问题，很可能在其他部门或团队早就出现过了，你的同级可能有"独家秘籍"，早交流早受益。

策略二：丑话说在前。

为什么很多双赢的合作，都是从"丑话说在前"开始的，而很多双输的合作，都是从"好话说在前"开始的？原因有两个。一是"丑话说在前"的合作提前设想了最坏的情况，继而设定了相应的规则和底线。当底线标准清楚的时候，双方就更有安全感了——最差也就这样了，合作起来更容易全力以赴。而反观那些"好话说在前"的合作，双方一开始都指向了最理想的结果，聊的都是美好未来，根本不会考虑最坏的情况，一旦合作中出现意外，或者因为某些问题产生分歧，就容易撕破脸。二是预期问题。在"好话说在前"的合作中，双方往往预期过高，哪怕取得了九分成果（假设满分为十分），双方感受到的也是那一分的不满；在"丑话说在前"的合作中，双方提前设定了最坏的结果，且都能接受最坏情况下的处理原则，这就会帮助双方减少很多顾虑，减少了不得已而为之情况下的妥协，最后执行起来也会心平气和。

在部门管理中，"丑话说在前"能帮助中层管理者化解很多的"妥协时刻"。特别是在部门绩效目标推进前、重要项目实施或关键任务执行前，中层管理者都要在启动时做到"丑话说在前"。比如，可能会遇到哪些问题，这些问题如何解决，有哪些资源可用，可能会出现哪些潜在的冲突，做不到怎么办，等等。这也给所有的中层管理者提了个醒：对于重点工作，不能光"画饼"，不能只畅想好结果，还需要回到具体的问题、路径、策略与障碍点，与团队成员进行沟通，把"丑话说在前"，更有利于工作的推进，减少管理者的"妥协时刻"。对于因种种原因，没有做到"丑话说在前"的中层管理者，还有一种方法可以尝试：小问题，早发现——无论是周例会、月度绩效面谈，还是项目（任务）沟通，中层管理者要在日常沟通中提前识别和发现问题。在问题处于萌芽状态的时候解决掉，就可以避免这些问题演变为下一个"妥协时刻"。事实上，很多"妥协时刻"都是中层管理者"拖延"出来的——出现小问题不及时解决，最终拖成了大问题，最后不得不面对"妥协时刻"。

策略三：妥协之后追进展。

如果不得不做出妥协，那就在做出妥协决策后，追踪决策的进展和结果——看看自己在"妥协时刻"的决定，到底会给部门管理带来什么。在很多情况下，实际进展和最终结果可以帮助中层管理者更好地调整认知，不断修正自己的"妥协"行为。尤其是在面对突破情况，不知道该如何决策的情况下，复盘可以帮助中层管理者找到类似问题的边界和规则，今后再遇到这种情况的时候，就有章可循了。

反过来，如果对决策之后的进展不管不问，也不清楚实际执行过程中遇到了哪些问题，不明白决策时所考虑的"妥协因素"和实际情况有哪些不同，那么，此前的妥协到底对中层管理者的价值何在？如果学费总白交，下次遇到类似问题依然如故，决策和管理水平不见提升，这种妥协对部门管理有何意义？这才是中层管理者要面对的"灵魂之问"。

➡ 一、转型思考题

1. 那些老好人式中层管理者有哪些基本管理假设，这些假设成立吗？为什么他们最终既无法带来部门高绩效，也无法赢得团队成员的尊重？

2. 总偏爱在部门"玩平衡"的中层管理者，经常采取哪些"平衡之道"？这些做法会给团队带来哪些风险和隐患？

3."妥协时刻"是如何发生的？什么是"有毒的绩效"？为了短期的绩效结果而牺牲原则和底线，会给中层管理者带来哪些问题？

二、转型工具箱

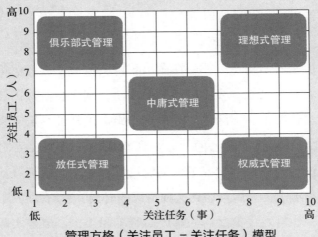

管理方格（关注员工－关注任务）模型

组织行为学家罗伯特·布莱克和简·莫顿在他们所著的《管理方格新论》一书中，基于"关注员工（人）"与"关注任务（事）"两个维度，构建了管理方格理论，并将管理者分为五种类型，分别为：放任式管理、权威式管理、俱乐部式管理、中庸式管理、理想式管理。

三、转型方法论

哈佛商学院教授罗伯特·卡普兰与诺朗诺顿研究所所长戴维·诺顿在其所著《平衡计分卡：化战略为行动》一书中，首创了公司战略管理与绩效评估的四大维度：财务维度（公司要在财务层面取得什么样的成功？应该向股东展示哪些成果？有哪些指标可以衡量公司的盈利水平？）、客户维度（要实现公司的愿景，公司有哪些差异化的客户价值主张？有哪些指标可以衡量客户满意以及市场竞争力？）、内部运营维度（要实现股东需求和客户满意，公司要改善和提升哪些运营管理流程与机制？有哪些指标可以衡量公司运营水平？），以及学习与成长维度（公司要实现长期增长，有哪些关键能力需要突破？为了弥补这些能力差距需要做些什么？有哪些学习与成长层面的衡量指标？）。平衡计分卡终结了过往仅仅以财务成功作为企业评价标准的历史，引入了更加均衡的评价体系，做到了"财务与非财务、短期与长期、内部和外部、结果和过程"的平衡，从而确保企业持续健康发展。

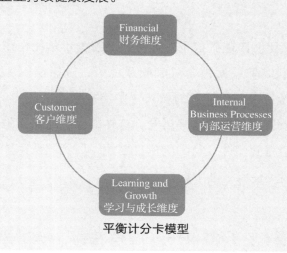

平衡计分卡模型

第十一章
团队赋能的真相
——不是做交易，而是打胜仗

如何验证团队赋能的成果？显然，不能为了赋能而赋能，中层管理者需要回到成果层面为团队赋能照镜子、做纠偏。从公司层面来看，如果不能带来部门绩效的增长，不能带来团队能力的持续提升，不能带来高效协同与创新水平提升，这样的团队赋能就失去了应有的价值，也不会得到团队成员的响应。因此，回到团队赋能的初衷，中层管理者需要关注以下三个真相。

真相一：打胜仗——没有胜利，一切皆空

没错，"打胜仗"是团队赋能的第一真相。

逻辑很简单：如果不能"打胜仗"，部门就很难取得高绩效。如果不能持续产出高绩效，如何证明中层管理者的团队赋能措施有效果？如果团队赋能措施总是无法变现为部门的高绩效，中层管理者坚持的那些团队赋能的动作就失去了意义。因此，无论是员工个体"打胜仗"，还是团队群体"打胜仗"，任何团队的赋能举措都要指向"打胜仗"。

如何"打胜仗"？首先要有团队共识。然而，团队共识并非自动

自发形成的。第一，团队中每个个体都有自己的诉求，会有各种意见分歧和冲突，如果无法求同存异，就很难形成团队共识。第二，团队共识需要时间磨合，需要不断的沟通交流，哪怕是一开始方向一致，也并不代表在具体的决策和执行层面一定能达成共识。第三，随着外部市场环境变化，以及内部团队协同出现的问题，只要目标没达成或遇到阻碍，有些团队成员就会对之前达成的团队共识产生怀疑，这就需要中层管理者和团队成员进行充分沟通，进而达成新的共识。

在"打胜仗"这件事上，要达成团队共识并不容易。一是"打胜仗"的结果不易得，需要经常处理各种突发情况，这就给"打胜仗"带来了各种变量。二是"打胜仗"极其考验团队成员的专业能力，以及相互之间的协作水平，而"打胜仗"是团队作战，能不能"打胜仗"往往取决于团队最短的那块板。三是"打胜仗"的结果是团队所有成员都想要的吗？未必。按理说，"打胜仗"对团队所有人都有价值，但在很多凝聚力不强的团队，成员之间的想法不一致，诉求也不尽相同，那种"宁肯吃败仗，也不让某某赢"的想法很危险。对于中层管理者而言，要让"打胜仗"成为团队共识，有以下三个关键点。

一是团队成员认同"打胜仗"。

优秀员工当然要"打胜仗"。这是员工职业化的应有之义。只不过，真到了承担责任或者奖金分配的时刻，"打胜仗"的评价标准很容易被"不求有功，但求无过""没有功劳，也有苦劳"的潜规则和职场认知所稀释。还有一种普遍现象是：只要没能"打胜仗"，千错万错都是外界的错。比如，外部市场不景气，客户太善变，公司给的资源支持太少，等等。一旦这些找借口成为常态，"打胜仗"就成为中层管理者的一种奢望。

如何让团队成员认同"打胜仗"呢？说教是没用的，要靠体系发挥作用，有三个路径可以参考。首先，将部门战略目标拆解为"必赢之战",然后落实到每个人。既然"打胜仗"是达成目标的一部分,员工当然需要持续不断"打胜仗"。其次,通过 KPI 体系层层分解责任到人,让"打胜仗"成为员工绩效评价的一部分——无论是升职加薪,还是未来发展,"打胜仗"都是员工职场晋级的本钱。还有,中层管理者要构建"打胜仗"的部门文化——人人渴望"打胜仗",人人努力"打胜仗",通过打造标杆、案例复盘、经验复制的方式,让"打胜仗"成为部门管理的常态。

二是"打胜仗"是可以做到的。

只有"打胜仗"的决心与渴望是远远不够的,还要让"打胜仗"看得见,摸得着,做得到。更重要的是,要让员工相信"我可以打胜仗"。

首先,部门每个人都要打一场属于自己的"胜仗",而且是越早越好。这也是为什么很多企业每年都会有"开门红"行动。其次,与"大胜仗"相比,中层管理者更应该重视员工的"小胜仗"。原因在于,小胜仗难度更小、时间更短、获胜的可能性更高,而大胜仗需要能力的积累,需要团队协同,需要应对各种不确定性。在这种情况下,"小胜仗"对员工的激励效果更好,更利于员工坚定"打胜仗"的信心。同时,"打胜仗"是有方法的。要不断总结部门标杆的优秀做法,为员工提供有助于"打胜仗"的工具、技能与方法。看到并相信,想到更能做到,"打胜仗"就不再遥不可及。

三是让"打胜仗"成为最好的团建。

很多团建活动是建立在"虚拟场景"之下的,和企业实际要面对的业务场景、管理场景、技术场景等毫无关系,很多团建活动最后也就变成了集体放松和吃喝玩乐。即便是那些以提升团队信任和协同为目的的团建活动,也是在一个虚拟场景下,提前设定好目标、挑战、规则和障碍点。无论团建活动多么成功,也无法将团建时的虚拟场景体验迁移到实际工作中去。更何况,很多团建活动的规则和玩法早已被"剧透"，如遇到问题该怎么做、在哪些环节要表达、在哪些环节要沉默、哪些话是领导爱听的、如何给自己树立一个热爱公司的人设等，团建成了一些员工的表演舞台。这也是为什么很多企业的团建活动，过程很精彩、场面很感人，但对于企业实际的绩效改进、团队凝聚、管理提升等意义不大。

从这个角度而言，最好的团建活动一定是团队一起"打胜仗"。比如，某个部门要推进年度重点项目，需要团队成员达成共识，需要解决各种分歧和冲突，需要找到最佳的分工协作方式，需要借助于流程和工作来提升工作效率和项目成果，等等。在这种情况下，要实现"打胜仗"就需要解决实际问题，对方向和策略及时纠偏，同时还要持续改进现有的流程缺陷，不断提升团队能力，提高团队协作水平，等等。这些问题不解决，"打胜仗"就是痴心妄想，而解决了这些问题，团队成员彼此之间的信任度就更高，战斗力就更强，"打胜仗"的结果就纷至沓来。从这个角度而言，"打胜仗"当然是最好的团建。

回到团队赋能，要想让"打胜仗"成为最好的团建，中层管理者还要做三件事：一是打造公开透明的沟通氛围，"有话直说"很重要。遇到问题，团队成员之间最怕拐弯抹角，不但会产生不必要的误解，还会阻碍问题的解决。这方面，中层管理者要做表率，推进整个部门的公开透明。二是在部门出现"打胜仗"的典型案例后，要和部门成员一起复盘，让大家了解前因后果，把个体实践变为集体智慧。当然，"打败仗"也要做复盘，逻辑是一致的，要让团队其他成员少犯类似的错误，有助于下一次"打胜仗"。三是中层管理者要在部门打造"胜则举杯同庆，败则拼死相救"的团队文化。仗打赢了，要重奖胜利者，和团队一起分享胜利的喜悦；仗打的不顺利，甚至出现了难以应对的挑战，团队成员也不要做旁观者，要一起想办法、出主意、整合资源改进提高。唯有这样做，才能提升团队的凝聚力。

真相二：聚合力——没有追随，貌合神离

要持续"打胜仗"，考验的可不仅仅是员工的能力水平，还有中层管理者的领导力。事实上，团队赋能是双向的，尽管最后呈现的结果往往是团队成员的绩效与能力提升，但如果中层管理者的领导力有问题，上下级之间缺乏信任，再好的团队赋能举措都会前功尽弃，这是团队赋能的第二个真相。换个角度讲，中层管理者的领导力最终体现为员工的追随力——若没有员工的追随，团队赋能就变成了管理者的独角戏。那么，什么样的管理者能持续获得员工的追随，并能转化为团队赋能的成果呢？关于这个问题，著名领导力专家、畅销书《领导力的 5 个层次》（*The Five Levels of Leadership*，金城出版社出版，2012 年 1 月）作者约翰·麦克斯韦尔（John C.Maxwell）将能够赢得员工追随的管理者分成了五个层次，从低到高分别是：职位（Position）、认同（Permission）、产出（Production，原书翻译为"生产"）、立人（People Development）以及巅峰（Pinnacle）。员工因何而追随将深度影响管理者团队赋能的结果。

赢得员工追随的第一个层次：职位（Position）。

毫无疑问，中层管理者拥有职位权力。但我们也知道，职位权力本质上不属于管理者自己，而是属于组织。站在员工的视角，是让员工感受到中层管理者职位权力背后所带来的压迫感（非听不可），还是中层管理者利用职位权力为下级排忧解难，这是两种截然不同的体验，也会带来不同的团队赋能效果：前者会让员工对中层管理者保持警惕，缺乏安全感，容易产生对抗情绪，或者表面服从，背后抗议，属于"权力任性"的一部分。用约翰·麦克斯韦尔的话讲"人们追随你（管理者）是因为不得不这样做"；后者会让员工有信任感，获得认知和能力上的成长和提升，也会提升中层管理者的权威感。

所以，真正的问题不在于职位权力本身，而是职位权力被用在了什么地方。这对于中层管理者的启示是：不要停留在职位权力层面，而要通过自己所拥有的职位权力，整合部门资源，提升员工的工作效率，提高团队成员的能力水平。在此基础上，如果还能给团队营造一个有话直说、互相协同、良性竞争的工作环境，对于部门绩效和团队成长的价值就更大了。

赢得员工追随的第二个层次：认同（Permission）。

和职位权力相比，"被认同"对中层管理者的要求更高，对团队赋能的效果更好。用约翰·麦克斯韦尔的话讲，"被认同"的核心在于上下级之间的关系，人们之所以追随管理者是因为他们内心想这样做。显然，这是中层管理者建立在个人关系层面的领导力。

健康可持续的上下级关系需要双方相向而行。一方面，中层管理者要自省"凭什么被员工认同"这个问题，从团队赋能层面，关注员工的需求与感受，通过上下级协作，与员工构建信任关系。另一方面，员工也需要通过自己的专业投入和工作成果，与中层管理者进行高效协同，持续创造高绩效。有了健康可持续的上下级关系，中层管理者才能产出团队赋能的好成果。如何构建信任度更高的上下级关系呢？最好的方式是共同的经历。比如，一起做过项目，一起加班赶进度，一起面对过客户的挑战，一起解决了某个问题，等等。在很多情况下，这种基于共同经历的上下级关系更能凝聚团队人心。

赢得员工追随的第三个层次：产出（Production）。

在企业，产出（绩效）好，胜过千言万语。用德鲁克的话讲，衡量管理有效性的唯一标准是成果。而约翰·麦克斯韦尔则是用"人们追随你是因为你（管理者）为组织所做的贡献"来描述这一类型管理者的领导力。客观上讲，无论哪个风格的管理者，如果长期处于产出（成果）不佳的状态，就很难赢得员工的追随。

　　从团队赋能的视角来看，中层管理者的产出（成果）有两个维度：一个是个人与团队的产出，另一个是业务与非业务产出。首先看个人与团队的产出，这其实不难理解，尤其是业务和技术部门，如果个人的专业水平不精（个人产出），很难带领团队获得高绩效（团队产出）。所以，不管是中层管理者的个人 KPI 完成情况，还是部门 KPI 完成情况，都是员工追随的理由之一，也是中层管理者进行团队赋能的前提条件。其次看业务与非业务产出。业务产出不难理解，往往和部门的专业产出密切相关，而非业务产出则是指中层管理者在人才培养、流程优化、机制设计、企业文化落地等层面为公司所做出的独特贡献。评价中层管理者优秀与否，当然不能只看短期的业务产出，还要看产出的可持续性，而流程、机制、文化与人才梯队建设才是部门持续增长的关键，也是中层管理者推进团队赋能各项举措的有力保障——追随这样的管理者，长能耐（能力提升）、高产出（绩效保障），有奔头（长期发展）。

　　赢得员工追随的第四个层次：立人（People Development）。

　　2022 年 3 月 28 日，华为副董事长、CFO 孟晚舟在"华为 2021 年年度报告发布会"上特别提到："华为最大的财富不在报表上，华为最大的财富是人才储备、思想储备、理论存储、工程存储和方法存储，以及华为内部流程管理的高效有序存储，这些才是华为财报背后真正的价值。"这些储备的载体是什么？当然是一个个具体的华为员工——他们坚守华为的原则与价值观，用专业的产品、服务与解决方案征战南北，攻克各种技术难关与市场壁垒，成就了华为的持续增长。从这个角度看，立人是一家公司持续增长的底层密码，也是衡量管理者团队赋能效果的最佳体现。

　　切换到员工视角，这其实非常容易理解：谁不愿意追随一个能不断培养自己并能给自己更多发展机会的管理者。用约翰·麦克斯韦尔的话讲"人们追随你是因为你（管理者）为他们（的成长）所做的一切"。如何实现立人，中层管理者需要关注以下两件事。

一是用人所长。识别和发现员工的长处，并匹配到最佳岗位，这是"立人"的前提和基础。用人所长，才有可能最大限度地发挥员工的优势，一方面激发员工的主动性和积极性，另一方面也能为公司带来更多产出。这就对中层管理者提出了一个更高的要求：我是那个能识别千里马的伯乐吗？要当部门的伯乐，可不仅仅需要一双识别人才的慧眼，更重要的是，中层管理者要设计出人才选拔的流程和机制，让部门内的千里马自动涌现出来。

二是成就员工。光用人所长还不够，员工需要用成果来激励自己，如能力提升、绩效增长、升职加薪、个人职业规划的达成等。而从团队赋能的角度来看，能否成就更多员工也是验证团队赋能成果的重要标准。当然，成就员工不能仅仅靠中层管理者的良苦用心，还是需要回到流程、机制与文化层面，打造一个成就员工的平台与环境，让榜样和标杆不断涌现，这才是立人的最佳体现。

赢得员工追随的第五个层次：巅峰（Pinnacle）。

此处的"巅峰"代表领导力的最高层次，约翰·麦克斯韦尔用了"Respect（尊敬）"这个词。在他看来，处于这一层次的管理者，人们追随你是因为你（管理者）是一个什么样的人以及你所代表的（原则、理念与价值观）。说到底，员工尊敬的是管理者的为人处世方式，是管理者所代表的原则、理念与价值观，有了这个前提，管理者所做的团队赋能，就已经到了激发员工原动力的层面，成效会超出预期。

身处巅峰层次的管理者，往往自带光环，有很强的人格魅力。其影响力往往已经超越了所在部门，并会有"不在场胜似在场"的效果。一般而言，这类型的管理者往往会通过两种方式为团队赋能：一是通过关键问题的处理，特别是部门发生的冲突事件，告诉团队成员

"我是谁，我推崇什么样的原则与价值观"，这种影响力靠的是行胜于言，员工的感受会更直观。二是管理者过往给公司或部门留下的"管理资产"——可能是流程体系，可能是制度设计，可能是案例故事，也可能是工具手册。通过这些可见的内容，员工能理解组织的原则与做事方式，认同并实践这些原则与做事方式，不仅能帮助员工达成绩效目标，还能帮助员工持续提升能力水平。

对于中层管理者而言，反思自己的领导力，了解员工为何而追随，能更好地提升团队赋能的效果。事实上，单靠职位权力要求员工服从，反而会适得其反。团队赋能从来不是单向的，有了员工的追随，中层管理者才能更好地凝聚团队人心，实现部门绩效的可持续增长。

真相三：建系统——没有体系，昙花一现

要实现团队赋能，中层管理者不能寄希望于单点突破，而是要回到系统层面，构建部门团队赋能的平台与体系，这是团队赋能的第三个真相。系统化的团队赋能，包括激发团队成员的主动性与积极性，搭建团队赋能的资源与学习平台，完善团队赋能的沟通、反馈、辅导与激励体系，以及打造与团队赋能相适应的组织文化，等等。确切地说，团队赋能是一套系统，不仅可以帮助团队成员提升能力水平，还有助于部门持续创造高绩效，并能为公司输送优秀人才，这样的团队赋能谁不爱？

然而，对于中层管理者而言，难的并不是构建部门的团队赋能系统本身。真正的问题在于，构建部门的团队赋能系统该从哪里入手，为什么过往的很多流程与机制没有达到预期效果？如果回到绩效视角，中层管理者应该采取哪些措施来持续提升团队绩效？对此，被称为"绩效改进之父"的托马斯·吉尔伯特（Thomas Gilbert）提出了

吉尔伯特行为工程模型 BEM（Behavior Engineering Model）。该模型从环境和个体两个维度出发，总结了六个影响团队绩效的关键因素，为中层管理者的团队赋能提供了路径指引。

这六个因素（及影响绩效结果的权重）分别是：信息（35%）、资源（26%）、激励（14%）、知识与技能（11%）、潜能（8%）、动机（6%）。在吉尔伯特看来，信息、资源、激励属于环境因素，对绩效的影响权重超过了 75%，也是中层管理者进行团队赋能的重点，通过流程、工具、机制与文化氛围的打造，系统提升部门绩效。而知识与技能、潜能、动机则属于个体因素，中层管理者面临的现实挑战是：员工差异性较大，短期内影响有限，需要结合招聘、选用与培养体系为团队赋能，难度较大且绩效提升的效果不明显。从构建团队赋能系统的视角来看，中层管理者该如何从这六个因素入手，持续提升团队绩效呢？

信息因素。

信息因素包括员工完成工作任务所需的数据、信息与反馈。这其中，挑战最大的是上下级之间的信息失真。什么会出现信息失真的情况？首先，管理者的信息输入有问题。比如，工作任务委派得不清晰，没有说出明确的目标、标准与期望，没有给出与工作任务相关的背景数据、事实和资料等。其次，员工的信息反馈有问题。比如，不反馈，报喜不报忧，选择性反馈，等等，如果反馈环节出了问题，无法实现信息闭环，管理者的过程辅导就失去了准星。因此，无论是基于公司 OA 办公协同平台的沟通，还是日常一对一沟通、部门例会或项目沟通会，避免出现信息失真的情况，对部门绩效目标的达成至关重要。

资源因素。

资源因素包括员工达成绩效目标所需要的资源、流程和工具，如过往的案例手册、项目工具包、相关的系统和软件应用、工作模板、流程文件等。正所谓巧妇难为无米之炊，缺乏必要的资源支持，员工的工作效率和绩效成果都会受到影响。资源本质上是一种输入，也是组织资产的一部分，是公司创造客户价值的一部分。当然，资源是稀缺的，从公司发展的角度来看，所需资源永远是不够的（对比新的目标），这就需要资源的充分利用，需要将有限的资源匹配到最需要的人和事上。因此，如何给员工分配资源，如何提供必要的资源支持，如何避免资源浪费，如何在资源不足的情况下帮助员工解决问题达成绩效目标，这些都需要中层管理者考虑。当然，在资源不足的情况下，激发员工的主动性与积极性，创造性地解决问题，也是中层管理者团队赋能工作的一部分。既要充分利用资源，又不能为资源所困，充分激发团队的能动性，这非常考验中层管理者的领导力。

激励因素。

激励因素包括达成工作目标后，有形或无形的激励、奖励等措施。很多管理者所理解的激励，还停留在"论功行赏"的层面，这属于员工与公司交易关系的一部分。但激励远不止于此。首先，激励是对员工工作成果的一种认可与肯定，也是对员工的尊重，能更好地激发员工后续的工作表现。其次，从团队赋能的角度来看，激励体现了公平性，好的激励机制可以更好地调动员工的积极性，营造良性竞争的环境氛围。对于中层管理者而言，要打造更公平的激励机制，需要结合部门当前的业务发展阶段和不同员工的需求，需要将部门的战略目标与激励体系相匹配。与业务部门相比，那些非业务部门的激励机制设计更考验中层管理者的领导力：要激励员工的哪些关键行为，如何兼顾短期激励与长期激励，那些不好量化的目标如何进行激励，等等，都需要中层管理者结合部门职责定位与战略目标进行设计，这也构成了部门文化氛围的一部分。

知识与技能因素。

知识与技能因素包括员工达成绩效目标所需要的知识、方法、经验、技能等因素。知识和技能是员工岗位胜任力的基础，也是其完成工作任务的前提条件。但随着工作任务的难度不断提升，绩效目标的挑战越来越高，现有的知识和技能并不能完全支撑绩效目标的达成。这个时候，中层管理者需要通过团队赋能系统帮助员工不断更新所需的知识和技能，持续提升能力水平，这包括部门业务实践分享、典型案例结构化与标准化、围绕某个能力短板的主题培训、团队研讨会、师带徒、一对一辅导等方式。但要提醒中层管理者的是，知识和技能的提升最终还是需要回到具体的业务场景，需要培训后的跟进、反馈与考核。最终，将所学的知识和技能转化为实践能力，这才是中层管理者推进团队赋能的关键所在。

潜能因素。

在吉尔伯特看来，潜能更多是天赋，主要包括员工个人特点、性格特征、才华与优势等。潜能有两个含义：一是必须先天拥有，很难通过后天从零培养获得，因此，人岗匹配是前提，在选人环节识别员工的优势与才华特别重要，这也是很多管理者所言"选择大于培养"的原因所在。二是要通过挑战性目标和任务委派，激发员工的潜能，让潜能转化为解决现实问题的能力，不能总是"潜"下去，没有转化，一切皆空。这点正是中层管理者团队赋能的发力点所在。中层管理者要了解员工的潜能所在，特别是适合潜能发挥的业务场景；要基于业务场景设计员工潜能转化路径，包括障碍点以及解决方案；要在部门构建激发员工潜能的流程、机制与文化，让员工主动去寻找潜能转化的机会。总之，中层管理者不能让员工总是停留在"潜"的层面。

动机因素。

动机因素包括员工对待工作的态度、意愿和内在动力。事实上，员工为什么而工作会影响最终的绩效表现。而人的动机是复杂的，既有作为生物体的生理性动机，也有作为社会人的社会性动机。在很多情况下，外在环境的变化会对人的动机产生影响。比如，公司升职加薪机制的调整会影响员工的动机；管理者打造团队标杆的做法也会在客观上影响其他员工的动机；员工处于不同的职业发展阶段，也会有不同的动机；公司的使命、愿景、价值观及战略发展规划也会影响员工的动机，等等。不过，在吉尔伯特看来，一方面改变员工的动机很难，管理成本过高；另一方面，动机因素对员工绩效的影响占比只有6%，费了半天劲去做，还没什么效果，典型的出力不讨好。因此，对于中层管理者而言，站在团队赋能的视角，不要过于在意员工的动机本身，要把重点放在团队赋能的流程、机制与文化建设上。有了更完善的团队赋能系统，假以时日，员工动机也会被影响，并最终反映在部门绩效表现上。

吉尔伯特行为工程模型给我们提供了一个团队赋能的系统框架。无论是环境因素的信息、资源、激励，还是个体因素的知识与技能、潜能和动机，最终都需要通过流程优化、制度设计以及文化打造等方式，提升团队赋能的效果。遇到某些员工绩效表现差的问题，中层管理者不能再简单归因为员工"不用心、不积极"，而是要从信息、资源、激励、知识和技能、潜能等多个层面进行分析和梳理。中层管理者不能总是通过"一对一沟通"来解决问题，也不能总依赖于自己的影响力搞定一切，而是要多在流程、工具、机制、文化等层面下工夫，构建有利于部门持续发展的团队赋能系统，这才是团队赋能的真正价值所在。

➲ 一、转型思考题

1. 为什么"打胜仗"是验证团队赋能效果的首要标准？如何让"打胜仗"成为团队的共识？

2. 团队赋能是双向的，从员工追随的角度看，为什么很多管理者的团队赋能举措会前功尽弃？

3. 团队赋能不是单点突破。中层管理者要构建团队赋能系统，最终需要体现在哪些层面？

➡ 二、转型工具箱

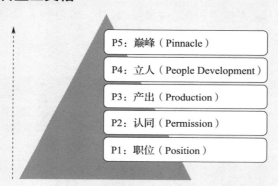

P5：巅峰（Pinnacle）

P4：立人（People Development）

P3：产出（Production）

P2：认同（Permission）

P1：职位（Position）

领导力 5P 模型

著名领导力专家、畅销书《领导力的 5 个层次》作者约翰·麦克斯韦尔将能够赢得员工追随的管理者分成了五个层次，从低到高分别是：职位（Position）、认同（Permission）、产出（Production，原书翻译为"生产"）、立人（People Development）以及巅峰（Pinnacle）。员工因何而追随将深度影响管理者团队赋能的结果。

➡ 三、转型方法论

被称为"绩效改进之父"的托马斯·吉尔伯特在其所著的那本《人的能力》中提出了吉尔伯特行为工程模型 BEM(Behavior Engineering Model)。该模型从环境和个体两个维度出发，总结了六个影响团队绩效的关键因素（及所占权重），分别是：信息（35%）、资源（26%）、激励（14%）、知识与技能（11%）、潜能（8%）、动机（6%）。在吉尔伯特看来，信息、资源、激励属于环境因素，对绩效的影响权重超过了 75%，也是中层管理者进行团队赋能的重点，通过流程、工具、机制与文化氛围的打造，系统提升部门绩效；而知识与技能、潜能、动机，则属于个体因素，中层管理者面临的现实挑战是：员工差异性较大，短期内影响有限，需要结合招聘、选用与培养体系为团队赋能，难度较大且绩效提升的效果不明显。

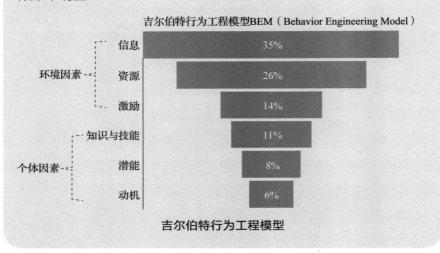

吉尔伯特行为工程模型BEM（Behavior Engineering Model）

环境因素	信息	35%
	资源	26%
	激励	14%
个体因素	知识与技能	11%
	潜能	8%
	动机	6%

吉尔伯特行为工程模型

第十二章
团队赋能的策略

——不是求完美，而是抓关键

中层管理者没有三头六臂，更不需要凡事都亲力亲为，要回到部门的业务属性、所处的发展阶段以及战略目标来推进团队赋能。那些追求完美的中层管理者，总是想一开始就煮沸整个海洋，但结果往往是一地鸡毛。部门所拥有的资源是有限的，完成项目所需的时间是不够的，这是中层管理者经常面临的现实挑战，因此，团队赋能需要聚焦重点，需要找到"牵一发而动全身"的关键要素，才能达成团队赋能的预期效果。对于中层管理者而言，以下这三个策略至关重要。

策略一：抓持续增长

团队赋能当然要为部门增长服务。我们之前提到的"打胜仗"，就是实现部门增长的路径之一。不过，增长不仅仅指的是业绩增长，生产部门的成本下降、客户服务部门的满意度提升、渠道部门的合作伙伴增加、研发部门的专利量增多、市场部门的品牌影响力提升等。要实现增长，就必须不断提升团队能力水平，不断达成挑战性目标，这也是团队赋能的题中应有之义。那么，围绕部门增长所推进的团队赋能，都有哪些典型抓手呢？

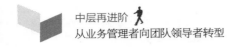
抓手一：客户需求。

增长的关键在于客户买单。如果客户不满意，客户不买单，增长就无从谈起，而所谓的团队赋能就成为漫无目的的自娱自乐。

有人说，"客户买单"是针对业务部门的，与职能部门没关系。此言差矣。无论是处于前台的业务部门（一般是与客户直接互动的部门，如销售部门、大客户开发部门等），还是处于中台的支持部门（一般是为前台业务部门提供支持的部门，如信息技术部、数据中心、运营中心等），或者是处于后台的职能部门（如人力资源部门、财务部门等），大家都要为终端客户创造价值。只不过，前台业务部门是直接为终端客户创造价值，中后台部门是间接创造客户价值，从这个意义上讲，部门的客户分两种：一种是外部客户，为公司产品、服务或解决方案直接买单的客户；另一种是内部客户，处于企业价值链后端的部门要把前端的部门当客户，快速响应他们的需求，并最终为终端客户创造价值。

这样看来，任何部门都需要面对客户，都需要为客户创造价值。因此，快速响应客户需求、解决客户问题，超越客户期望，才是部门实现持续增长的动力源泉。华为"蓝血十杰"、原后备干部系主任胡赛雄曾在《华为增长法》（中信出版社出版，2020 年 7 月）一书中提到：客户 = 需 + 求。意思是，"需"即客户的痛点，"求"即客户的期望。所谓快速响应客户需求，本质就是基于客户痛点与期望提供解决方案。对于中层管理者而言，基于客户需求的团队赋能举措通常有以下三个典型做法。

一是通过案例研讨与复盘的方式，引导团队成员关注客户痛点和需求，并将关键行为指标与部门 KPI 相结合，让团队成员的利益与客户痛点的解决、客户需求的满意度等直接相关。痛在己身，这往往比强行灌输客户价值理念更有效。二是通过以身作则与示范效应，在涉及客户痛点、客户服务改进、客户满意度提升等问题上，通过发声、开会、研讨、叫停、激励等方式给部门成员做示范。三是要学会放大关键事件。特别是在遇到那些模棱两可或没有明确标准的典型事件时，中层管理者要通过自己的处理方式，给团队成员指明方向。

抓手二：流程优化。

如何满足客户需求？除了产品和服务水平以及员工的专业度，最关键的实现方式还是流程。管理学中关于流程的定义是：一组为客户创造价值的相关活动。流程本质上是对业务运作的规范，可以不断总结和固化优秀的经验。从要素上来看，流程分为：输入（资源）、活动、活动的相互作用（即结构）、输出结果、客户、价值。流程的指向非常清楚：一是持续创造客户价值（包括外部客户和内部客户），如果不符合这一原则，流程就成了公司的枷锁。二是相关活动要产生增值，如果没能产生增值，反而是浪费和冗余（如无效、多此一举、瞎折腾、形式主义等），这样的流程要被优化。当前，很多企业往往通过 IT 系统工具来实现流程再造与流程管理，但如何发现流程的问题，如何基于新的战略目标调整和优化现有流程，如何让流程为增长服务，就需要部门成员的全面参与。从团队赋能的视角看，中层管理者可以做以下两件事。

一是引领部门成员对现有流程进行评估。这是辅导和提升员工能力的一部分，比如，帮助员工洞察现有的流程有哪些不足，会带来了哪些问题，对客户造成了什么样的影响；和员工一起研讨部门增长所遇到的问题，明确哪些是流程本身引发的，哪些是流程之外的其他因素引发的；从部门的过往案例以及行业实践出发，找到部门流程改进的机会点以及可能带来的风险，等等。

二是推进流程优化方案的确定与实施。流程优化的标准是什么？遇到两难问题该如何抉择？如何兼顾当下的项目难题与部门的战略目标？和其他部门之间的流程冲突该如何解决？方案实施中出现新的问题怎么办？等等。事实上，这些问题并不在员工的岗位职责内，但却是每一位团队成员都需要面对和解决的，关系到员工的能力提升与长期发展。这就需要团队赋能。一方面，中层管理者要引导团队成员从部门战略目标出发，确定流程优化的标准和方案，让大家跳出流程看流程。另一方面，中层管理者要通过典型问题解析、案例研讨、阶段复盘等方式，在优化业务流程的同时，提升团队协作水平，这也是团队赋能的直接体现。

抓手三：业务创新。

如果说流程优化更多是解决效率层面"多快好省"的问题，那么业务创新则是给部门带来了业绩倍增的想象力。创新当然不容易，对于部门而言，团队成员的创新能力与部门自身的创新机制、文化氛围同样重要。因此，如何提升团队成员的创新能力、如何调整和优化部门创新机制与文化就成为中层管理者在业务创新层面推进团队赋能的关键。在推进部门业务创新之前，中层管理者需要先回答以下两个问题。

第一个问题是，部门为何要做业务创新？一般有两种情况：要么遇到了业务发展瓶颈，原有的业务模式已经不能支撑部门目标的达成；要么公司正在变革，部门有了新的使命与职责定位，需要通过业务创新的方式来达成变革目标。

第二个问题是，部门业务创新有哪些方式？通常有三类。第一类是改善式创新，以 TPS（Toyota Production System，丰田生产方式）为代表，也叫持续性改善——在既定模式下，通过案例复盘、流程优化、关键点改进、过程改善、降本增效的方式，持续提升部门产出。第二类是颠覆式创新（也称为破坏性创新）：通过打破常规的方式，颠覆已有的业务逻辑，重新进行相关要素的分离、重组与再造。第三类是 MVP（Minimum Viable Product，最小可行性产品）创新。MVP 原本是产品开发领域的方法论，本意是围绕客户需求，通过敏捷开发与迭代的方式，让团队以最小的代价，持续获得客户的反馈，有效降低业务创新的风险。

无论是改善式创新、颠覆式创新，还是 MVP 创新，都需要团队创新能力的支撑，以及部门创新机制与文化的建立。在这方面，中层管理者需要为团队赋能，有六个做法可供参考：一是为团队成员提供有关业务创新的系列培训和相关资源，如最新的行业前沿信息、技术报告、市场趋势等。二是构建部门知识共享体系，鼓励团队成员主动分享自己的经验和实践，促进团队成员之间的能力迁移。三是组建创新小组，针对某些具体问题和机会点，找到创新解决方案。四是设立创新激励机制，让有创新想法和实践的员工成为标杆并获得奖励。五是构建创新文化，建立容错机制，减轻员工的创新负担（对于创新，成功是小概率事件，失败才是大概率事件）。六是打破部门局限，跨部门之间、跨团队之间进行创新协作，还可以与外部创新机构、上下游合作伙伴联合进行创新攻关，让公司内外资源为我所用。

策略二：抓团队进化

如何实现业务增长？当然要靠团队。换个角度来看，若没有团队能力的持续进化，再伟大的战略目标都只是空中楼阁。如果业务增长是部门绩效的 A 面，那么团队进化就是部门绩效的 B 面。而团队赋能的成果之一，就是帮助团队成员不断进化。那么，问题来了：什么是团队进化？用什么指标来评价团队进化？团队进化是如何促进部门业务增长的？

进化意味着个体要经历竞争与淘汰，要学会适应不断变化的外部环境，要长出新的能力。将"进化"切换到企业视角，我们会发现，企业也需要随需而变，需要不断适应外部市场环境的变化、技术变革与社会发展。那些能称得上基业长青的企业，本质上就是不断进化，不断长出新的能力。

以微软为例。最初微软是一家软件公司，主要产品是 Windows 操作系统与 Office 办公软件，凭借技术优势很快成为行业领导者。进入 PC 互联网时代，微软推出 Internet Explorer 浏览器和 Outlook 邮件客户端等产品，但彼时的微软遇到了包括谷歌在内等竞争对手前所未有的挑战，尤其是进入移动互联网时代，微软的进化速度明显跟不上市场的变化。新任 CEO 萨提亚·纳德拉（Satya Nadella）上任后，启动了新一轮组织变革，"刷新"了微软，在云计算与人工智能 AI 领域，重新夺回了话语权。尤其是战略投资人工智能公司 Open AI，以 ChatGPT 为代表的大模型重新定义了智能终端新入口，这让微软的进化进入新阶段。在《刷新：重新发现商业与未来》这本书中，纳德拉提到了微软的团队进化：第一，重塑了微软的战略使命，明确了团队的进化方向。纳德拉说："我们必须理解并拥抱只有微软才能带给世界的东西，微软是'移动为先，云为先'世界里提供生产力和平台的专家，我们将重塑生产力，予力全球每一个组织、每一个人成就不凡"。第二，重新定义了团队进化的标准：不是单兵作战的能力，而是更高效的团队协作；不是只追求技术领先，而是要提供更贴合客户需求的解决方案；不是基于当下的产品满足客户需求，而是基于客户未来所遇到的业务挑战进行创新与资源整合。纳德拉接任 CEO 时微软的市值不足 3000 亿美元，到 2021 年 11 月 3 日微软市值最高突破 25000 亿美元，这或许就是纳德拉不断"刷新"微软，带领团队持续进化的成果体现。

当然，团队进化并非一蹴而就。即便是听到"进化"这个词，团队成员的反应也并不一样：有人会焦虑不安，因为要走出自己的舒适区；有人会消极抵抗，因为不认同组织的进化方向；有人会兴奋不已，因为期待新的发展机会。对于中层管理者而言，要通过团队赋能实现团队成员的进化，需要过以下三关。

第一关：意愿——想不想进化。

人性是复杂的，指望所有人在进化面前全都积极主动，这非常不切实际。在大多数情况下，企业和个体的进化往往是被逼无奈的结果——没有其他路可走，也没有退路，不进化就出局，这才会有进化的发生。看来，中层管理者不能寄希望于团队成员主动参与到进化中来，还需要通过流程、机制与文化的打造，推进团队成员的持续进化。

第二关：能力——能不能进化。

团队进化要体现在部门成员的能力提升上，如果能力不提升，不能解决复杂性问题，不能达成挑战性目标，所谓团队进化也就无从谈起。而能力提升，需要借助于工具、方法和训练，需要克服过去的经验主义，需要重新建立认知体系。这就是团队赋能可以直接发挥作用的地方，我们之前提到的培训、师带徒、一对一辅导等方式，都属于员工能力提升的方式。只不过，从团队进化的视角来看，并非所有员工都能提升能力应对挑战。1905 年，当纽约街头出现出租车的时候，并不是所有的马车夫后来都成了出租车司机。所以，有些人进化，有些人出局，有些人躺平，这也是团队发展的常态，也是一个团队需要不断引入新生力量、持续为团队成员赋能的原因所在。

第三关：变现——进化能否兑现为成果。

对于员工而言，进化成果最直接的体现是升职加薪；对于部门而言，进化成果最直接的体现是部门绩效；对于公司而言，进化成果最直接的体现是业务增长。没有"变现"的进化，无法得到市场与客户的验证，往往是一场自娱自乐。好比减肥，如果折腾很久没效果，这种挫败感会大大影响当事人减肥的意愿。而且，总没有成果，当事人会觉得（进化）这事不靠谱，会认为方向有问题，最终导致信心崩塌。因此，通过团队赋能的方式，千方百计帮助员工拿到进化成果，也是中层管理者的使命所在。

如何过三关？显然，光靠培训太单一，中层管理者也不可能只靠一对一谈话的方式激活个体。如果说基层管理者还可以通过日常管理动作，实现颗粒度更细的辅导、纠偏、激励与培养，那么中层管理者还是要回到机制、流程与文化与层面，为部门打造持续进化的组织环境，主要有以下三个抓手。

抓手一：目标（利益）牵引。

没有目标（利益），哪来进化？无论是外在的压力，还是内在的动力，以目标（利益）为牵引，可以更好地帮助员工进化。只不过，这里提到的"目标（利益）"可不仅仅是管理者想要的组织目标，还有员工的个人目标。怎么办？

首先，要找到部门目标与团队成员个人目标的交集。部门目标代表了组织的进化方向，个人目标代表了个体的需求和利益，两者结合起来，团队进化就不再仅仅是管理者（组织）想要，而是员工也想要，这是激发员工进化意愿的重要一环。最典型的例子是海底捞。对于海底捞而言，要扩大规模必须要多开新店，但店长却很难批量培养，如何调动老店长的意愿和参与感呢？海底捞的做法是：通过师带徒的方式，让新店的收益与（培养新店长的）老店长的利益挂钩，这就实现了组织目标（利益）与个人目标（利益）的结合。据海底捞招股书显示，海底捞店长的工资分为两种：一种是基本工资，另一种是绩效工资。其中绩效工资又分为两种：一种是长期管理一家店，可以拿到门店利润的 2.8% 提成；另一种是自己管理门店利润的 0.4%，徒弟管理门店利润的 3.1%，和徒孙管理门店利润的 1.5%，总计共 5%。

在后一种模式中，海底捞将公司想要的"师徒制培养人才＋快速开店"与老店长想要的"分享门店管理所得＋海底捞经营所得"进行了有效结合，团队进化就成为双方的共同目标。

如果部门目标（利益）与团队成员个人目标（利益）暂时没有交集，怎么办？这种情况时有发生，大致分三类：一是员工对部门目标的理解不清晰——员工不是不认同部门目标，而是不理解部门目标是什么或者部门目标和自己的目标有什么关系。这说明之前的部门目标沟通和宣贯做得不到位，需要重新进行目标的沟通。二是管理者不清楚员工的目标是什么——与员工之间缺少倾听和互动，只顾向下分解部门目标，没有了解员工的目标和诉求。这说明管理者和员工的日常沟通不到位，如何了解员工的真实需求，功夫在平时。三是员工内心不认同部门目标，又不愿意将自己的意见反馈给管理者，到执行阶段管理者才发现问题，这个时候已经为时已晚。

如何解决部门目标（利益）与团队成员个人目标（利益）的结合问题？最直接的办法是回到KPI体系。看到这里，很多管理者会有疑问：公司每年都有KPI，也很少见到哪个员工为KPI全力以赴，不达结果不罢休。更多的情况是，大家对KPI颇有微词，认为KPI是对员工的"压榨"，更谈不上能将部门目标与团队成员个人目标相结合了。这的确是很多企业的KPI困境，但这并不等于说KPI体系本身有问题。要想让KPI体现部门目标与团队成员个人目标的结合，重点要放在KPI设定前的沟通上。比如，中层管理者要和团队成员一起，对前一年的业务成果做复盘，找到真正的差距和关键机会点，然后结合公司年度战略目标，讨论本部门的目标设定与KPI。这还远远不够，中层管理者需要和大家一起拆解达成目标的路径与关键行动措施，找到影响目标达成的主要障碍点，盘点部门内外资源，有哪些解决方案，等等，不要将KPI沟通变成了又一次指令下达。这样的KPI沟通，才

能真正将部门目标与团队成员的个人目标相结合，才能真正实现目标（利益）的牵引。

抓手二：团队（人才）盘点。

如果说目标（利益）牵引是从业务层面解决团队成员进化的问题，那么定期的团队（人才）盘点则是从部门成员结构层面进行调整和纠偏，更有效地提升团队成员的进化水平。

什么是团队（人才）盘点？"盘点"一词最早见于百货零售业、制造业。"盘点"的本意是知晓当前的情况，并对未来做出规划。而团队（人才）盘点，是组织与人才盘点（Organizationand Talent Review）的一部分，最早在通用电气、福特、通用汽车、富国银行等企业推广实施，通过人岗评估、人员配比、人才绩效、关键岗位继任计划、关键人才发展计划，帮助企业更好地实现团队进化。常见的团队（人才）盘点往往采取"九宫格"模式，用两个不同维度的指标构建九宫格，如"绩效－能力"维度、"绩效－价值观"维度、"绩效－潜力"维度等。由此看来，无论团队（人才）盘点采取何种方式，团队成员的当前绩效都是必不可少的一环，这也是团队进化的根基所在：始于（当前）绩效，归于（未来）绩效。

我们以通用电气每年一度的SessionC团队（人才）盘点为例。作为年度战略与人才规划的重要环节，通用电气用"绩效－价值观"组合来做团队（人才）盘点，并根据员工的不同情况设计差异化的培养路径。我们也可以这样理解：绩效维度代表员工过往的价值产出，是评价员工贡献的重要依据，没有这一点，团队（人才）盘点就失去了客观性，可能会演变为管理者的个人偏好；价值观维度代表了员工和企业长远发展的契合度，员工与企业的价值观契合度越高，越能同频共振，就能与企业走得越远。在当时，杰夫·伊梅尔特刚刚接替传奇CEO杰克·韦尔奇出任通用电气新CEO，伊梅尔特为通用电气确立了包括"以客户为中心、清晰的思维、想象力和勇气、包容性、专业深度"等五个方面的增长型价值观，以此来应对通用电气未来的变革与挑战，引导团队（人才）进化。

团队（人才）盘点怎么做？一般而言，分成四个步骤：第一步，依据部门战略目标和当前的管理痛点，确定团队（人才）盘点的标准、目标、流程、工具、产出物等。通常情况下，中层管理者还要和上级进行沟通，确定团队（人才）盘点符合公司发展战略。第二步，依据标准进行人才评估，在方法层面可以根据本部门实际情况，选择不同的测评工具进行人才评估和反馈。第三步，召开团队（人才）校准会，召集相关人就评估过程和结果进行深入的沟通与讨论，对后续的差异化人才培养方案进行交流并形成共识。第四步；进行结果输入，落实团队不同成员的差异化培养方案，采用包括 PIP（Performance Improvement Plan，绩效改进计划）在内的行动措施，落实团队（人才）盘点成果。

盘点不是目的，团队进化才是关键。因此，在完成团队（人才）盘点后，中层管理者要根据团队（人才）盘点情况制定相应的赋能策略。以通用电气为例，对于绩效与价值观评价都很优秀的员工，往往通过奖励、晋升、培训、关键岗位接班人储备计划等方式进行赋能；对于绩效与价值观评价都很差的员工，GE 的做法很明确——开除；对于绩效高但价值观评价低（尤其是触碰公司价值观红线）的员工，GE 的做法也是坚决淘汰；对于绩效一般但价值观评价高的员工，往往会给予第二次机会，通过培训或轮岗等方式进行赋能，再根据之后的业绩表现决定下一步动作。

无独有偶。阿里巴巴的团队（人才）盘点，也选择了"绩效－价值观"评价组合，但处理方式与通用电气不尽相同。绩效与价值观兼优的员工，阿里巴巴称之为"明星"，这类员工将成为团队标杆，会升职加薪，成为重点培养对象。绩效不佳、价值观评价低的员工，阿里巴巴称之为"土狗"，要毫不犹豫地清理。绩效很好但价值观评价低的员工往往为了追求目标达成，不顾公司的利益和价值观，阿里巴巴称之为"野狗"，也要开除。绩效不行，但价值观评价高，阿里巴巴称之为"白兔"（有些还是"老白兔"），对这类员工，一般先通过赋能措施帮助其改进绩效，如果各种赋能措施没效果，早点分手说再见。还有一类员工，绩效和价值观处于中间但不算突出，阿里巴巴称之为"黄牛"。对这类员工，往往先要观察其与明星员工的差距在哪里，到底是绩效层面，还是价值观层面？是赋能措施不对路，还是其认知和方法有问题？要不要请明星员工来帮忙？有没有其他方法可以尝试，从而帮助其更好地改进提升？这种基于员工差异化的团队赋能做法，可以更好地帮助部门成员进化。阿里巴巴内部那句价值观"土话"——今天的最高表现，就是明天的最低要求，或许就是团队进化的最佳注解。

抓手三：梯队建设。

梯队建设对部门意味着什么？有两个层面的价值。一是业务增长层面。业务难度越高，目标的挑战性越高，对梯队人才的要求就越高，等遇到问题再进行梯队建设肯定来不及。二是团队发展层面。不断选拔优秀成员进入梯队人才培养计划本身就是一种激励，也是对现有骨干成员的一种"追赶"："躺平"的代价很高，要让自己不断进化。从团队赋能的视角看，要抓好部门梯队建设，中层管理者需要做以下三件事。

第一件事：选好种子。谁是"梯队人才"？显然，这不是中层管理者拍脑袋就能决定的。部门"种子"人才的选择，往往有三个标准。一是面向未来。"种子"是为未来储备的，如果与部门未来的业务发展方向无关，那么梯队建设就失去了意义。这也是很多企业的梯队建设无果而终的一个重要原因。二是绩效标准，这是必要条件，至少不能在绩效表现不佳的员工中选"种子"。当然，这里的绩效标准，既包括当下的绩效表现，也包括员工未来的绩效潜力，一般可以通过人才测评与绩效评估来确定。三是公司文化与价值观。如果"种子"不符合公司文化与价值观要求，甚至过往的行为表现与之相背离，哪怕是绩效表现亮眼，管理者也要警惕：有毒的"种子"，未来给组织带来的风险更高。

　　第二件事：培育土壤。有了好"种子"，当然需要好的土壤来培育。什么是"好土壤"？显然，公平的选拔机会、完善的培养体系、正向的进化环境对于梯队人才茁壮成长至关重要。这其中，正向的进化环境尤为重要，也是中层管理者进行部门梯队建设的重点。首先，要给梯队人才明确培养方向、目标与节点。有了目标，部门的现有资源就可以被有效整合；同时，目标也决定了人才的培养路径和方式，避免梯队人才培养偏离战略初衷。其次，中层管理者要打造梯队人才竞争体系。竞争的本质不是排名与淘汰，而是通过良性竞争激发梯队人才的最大潜能。同时，通过设计基于业务实战场景的竞争标准与进阶体系，帮助梯队人才持续进化。还有，中层管理者要搭建梯队人才培养体系。针对员工的个性化特点，采取包括师带徒、带教模式、学习地图、教练体系等方式，解决梯队人才成长中的各种实际问题，帮助梯队人才加速成长。当然，中层管理者不要忘了，公司文化与价值观对梯队人才的影响和塑造非常重要。通过以身作则、打造标杆、推进价值观行为落地等方式，让公司文化与价值观体现在梯队人才行为方式与成长上。这也是确保梯队人才培养"不出轨"的底线保障。

　　第三件事：实战检验。中层管理者可以通过构建"观摩者—参与者—主导者"三阶段实战体系，让梯队人才迈过实战这一关。首先是"观摩者"，就是让梯队人才看到某个业务项目的全貌是什么样的。在这个阶段，让梯队人才多学、多听、多看是关键。其次是"参与者"，让梯队人才参与到具体的工作任务或项目中来，要与团队其他成员共同协作解决问题。在"主导者"阶段，要让梯队人才成为工作任务或项目的主角，承担更大的责任。尤其是项目实施路线图和进程管理，包括关键节点管控、跨团队协作、内外部资源协同，等等，解决这些问题并不容易，也是梯队人才从"参与者"转变为"主导者"的关键一环。当越来越多的梯队人才成为"主导者"的时候，部门的梯队建设就能开花结果了。

策略三：抓组织变革

如果说持续增长解决了团队赋能的标准与评价问题，团队（人才）盘点解决了团队赋能的差异化与个性化问题，那么组织变革则是从部门机制、文化与平台层面，为团队赋能扫清体系障碍，助力中层管理者充分激活员工个体，持续提升部门绩效。

提到组织变革，很多人的第一反应是公司变革。事实上，公司变革更多是从战略层面做调整和改变，而部门层面的组织变革往往有两层含义：一是承接公司变革，在部门层面落实公司变革的各项举措，部门要随着公司而变；二是因部门业务定位或战略目标的变化，需要调整部门的业务模式、管理方式、机制文化以及组织体系。面对变革，大多数员工的反应并非拥抱变革、知难而进，恰恰相反，很多人往往选择先观望，看部门变革的实际情况再决定自己的行动。如果变革波及个人利益，或者影响到个人发展，就会面临很大阻力，通常会表现为两种情况。一是总有理由"不变革"。比如，找一些当下业务（因变革）遇到挑战和问题的事实和数据，或者是其他公司或部门相关变革失败的案例，来为自己的"不变革"找借口。二是"分析再分析"

综合征。面对变革，有些管理者和员工习惯于分析再分析，总会找出变革方案不妥的地方，然后不断地修正再修正，就是不推进变革行动。

对于中层管理者而言，部门变革从来都不是一件容易的事。要推进变革，除了围绕变革目标与行动计划，落实变革方案外，还要通过团队赋能的方式，帮助团队成员克服变革过程中所遇到的各种困难，帮助他们调整心态和认知，着重提升团队成员的能力弱项，构建有利于变革的流程、机制与文化。在这方面，被誉为"变革管理之父"、哈佛商学院教授约翰·科特（John P.Kotter）的"变革八步法"，可以作为中层管理者进行组织变革的路线指引。

第一步：营造紧迫感。

没错，变革的首要动作，不是让部门成员立即投入到轰轰烈烈的变革行动，而是先想方设法营造部门变革的紧迫感。为什么要这样做？

这和人性有关。所有人都会热情地拥抱变革、迎接挑战吗？当然不是。在大多数情况下，人们更偏爱确定性，喜欢舒适区，更愿意按部就班地工作。而变革意味着风险与不确定性，在科特看来营造变革的紧迫感至关重要，尤其是那些经历过辉煌时刻的公司或部门，如果不能营造变革的紧迫感，任何变革举措都很难获得响应。因此，中层管理者需要在部门营造变革的紧迫感，甚至还要增加压强，让部门的每个成员都能切实感受到变革的势在必行。唯有如此，才能真正凝聚部门变革的共识，推进变革成功。

如何营造变革的紧迫感？在这方面，华为创始人任正非的做法值得很多管理者借鉴。在变革开始之前，任正非都会通过签发总裁班电子邮件的方式，帮助团队成员意识到外部危机和差距。多年来，包括《赴美考察散记》《不要忘记英雄》《我们向美国人民学习什么》《华为的红旗到底能打多久》《活下去，企业的硬道理》《为什么要做自我批判》《华为的冬天》《从泥坑里爬出来的人都是圣人》《一江春水向东流》《最好的防御就是进攻》《方向要大致正确，组织要充满活力》等内容，都起到了营造组织变革紧迫感、凝聚团队共识的效果。中层管理者要让每个成员意识到不变革对公司和个人意味着什么，变革能带来什么，等等。

当然，中层管理者不需要像任正非那样通过邮件的方式，营造部门变革的紧迫感，可以通过部门会议、一对一面谈、典型事件沟通、主题研讨会、跨部门对标等方式营造变革的紧迫感。说到底，让部门成员意识到变革的迫切性，主动参与到部门变革中来，才是营造紧迫感的关键所在。

第二步：组建变革先锋队。

部门变革不是孤军奋战，更不是"一个人的战斗"，组织变革要成功，就必须走"群众路线"。因此，中层管理者要在部门内组建变革先锋队，尤其是基层（一线）管理者与团队骨干。有了先锋队，有了中坚骨干，组织变革就有了力量基础。

如何组建先锋队？首先，成员普遍要有影响力，可以是技术影响力，也可以是业务影响力；可以是关系影响力，也可以是口碑影响力。影响力越高，意味着可调动的资源越多，组织变革所获得的支持就越多。其次，要就组织变革的目标达成共识，包括变革的背景、方向、价值、可能遇到的挑战、相关的障碍点等，形成共同的组织变革认知。还有，就各自的优势进行分工，明确相关的责任与关键行动，让变革路线图清晰可见。

第三步：创建并共享变革愿景。

对于组织而言，最难的不是创建变革愿景，而是变革愿景能为团队成员所共享。变革是团队成员都想要的吗？员工可以在部门变革中获得什么？如何让大家从旁观者转向参与者？说到底，如果部门的变革愿景不能被团队成员所共享，组织变革就成了中层管理者的独角戏。

这是"我们"的变革，"我们"才会全力以赴，这才是创建并共享变革愿景的价值所在。如何让组织变革成为"我们"的变革？首先，中层管理者要将部门的变革背景及方向与团队成员进行深入讨论，要将团队成员的诉求反映在部门变革目标层面，形成部门的变革愿景。其次，中层管理者要就部门愿景落地执行的路径、关键节点、行动措施等与团队成员进行充分沟通，并形成愿景落地的路线图和行动计划。还有，要发挥先锋队的示范效应，多实践、勤复盘、树标杆，不断总结经验教训，让部门成员看到变革所取得的进展。

第四步：传递并重复变革愿景。

有人说，已经创建和共享了变革愿景，团队成员人人知晓愿景，都已经参与到部门变革中来，为什么还需要传递并重复变革的愿景呢？

这和两个因素有关。一是变革的不确定性。组织变革会遇到各种问题，无论此前团队成员对于变革的信心有多强，只要遇到现实挑战，就会有变革信心动摇的情况。如果这种情况很普遍，团队成员对于部门变革的愿景就没那么坚定。二是想法和行动的差距。即便是认知层面达成共识，团队成员都想推进变革，然而，一旦开始行动，遇到具体的问题或者自己的利益受损，对部门变革愿景的质疑就会产生，这是人性使然。我们也就能理解，为什么很多组织的变革反反复复，需要经历多轮考验。

所以，不断传递并重复部门变革的愿景，既可以帮助团队成员强化变革信心，减少行动受阻时的动摇和质疑，又可以帮助团队成员"以终为始"，用部门变革的愿景来衡量当下的行动举措是否必要，尤其是遇到两难问题时，帮助团队成员做出正确的选择。当然，传递并重复部门变革愿景，不仅涉及团队成员，还包括与上级的充分沟通，赢得公司层面更多的资源支持，也包括跨部门之间的沟通交流，让同级知晓本部门的变革方向和路径，才能更好地调动各部门的资源为本部门的变革助力。

第五步：扫除变革障碍。

对于中层管理者而言，真正的挑战是在变革受阻时。必须清除障碍，才能更好地推进变革。

部门变革会遇到哪些障碍？通常有三种。一是惯性障碍。尽管团队成员认同并共享变革愿景，但一遇到具体问题，需要改变自己的行为方式与做法时，又极其不适应，不愿意走出舒适区，依然按照过去的做法行事，使得变革很难推进。比如，很多部门要推进数字化变革，需要从传统的线下手工操作模式转变为线上系统自动化处理模式，很多员工一开始不适应，系统也可能出现各种问题，有的员工又回退回到过去的工作方式。二是机制障碍。部门变革的愿景有了，但却没有形成与愿景相适应的流程与机制，出现了新愿景与老机制的不协调状况。比如，有的部门变革的愿景是成为公司独立核算的业务实体。然而，愿景有了，相应的自负盈亏考核机制、授权机制、绩效评估办法、人才选拔标准等还没有做出相应的改变，这就会出现各种矛盾和冲突。三是关键人障碍。特别是部门中有影响力的骨干成员，对组织变革不支持，或者表面支持背后反对，还影响和带动团队其他成员加入反对行列。这就成了部门变革的"拦路虎"，如果不解决，组织变革将阻力重重。

怎么办？要扫除变革障碍，中层管理者需要做三件事。一是以身作则。再多的说教，都不如中层管理者以身作则做示范。变革先锋队的示范效应也可以很好地帮助团队成员扫除惯性障碍。二是在形成部门变革愿景的同时，要和团队成员充分沟通：现有的哪些流程机制是和变革愿景有冲突的？如何进行调整和重建？谁来负责推进？遇到问题怎么办？等等。对于机制障碍，早下手为好，不要总是"等等再说"。三是直面"关键人障碍"。一方面，要在变革开始前，与部门的关键人进行沟通，将他们纳入变革先锋队中来，就部门变革的愿景与行动达成共识；另一方面，如果确实存在阻碍部门变革的"关键人"，多次沟通都无效，那么中层管理者要采取果断行动，减少其对部门变革带来的负面影响。中层管理者不做老好人，在关键时刻不妥协不退让，这对于组织变革非常重要。

第六步：积累小胜利。

我们之前提到过，"打胜仗"对于部门发展的价值所在。同样，在部门变革中，"打胜仗"依然是攻坚克难的不二法宝。而一个又一个"小胜利"又可以激励团队士气，没有什么比"捷报频传"更能提升部门成员的变革信心了。

关于"小胜利"，我们在之前的内容有过介绍。在推进变革过程中，要取得"小胜利"需要重点关注三个层面：一是不要上来就"啃硬骨头"，一个个"小胜利"更能增强团队成员参与到部门变革的信心。二是中层管理者要带领团队一起取得"小胜利"，还要让先锋队参与进来，这一过程会让更多的团队成员从变革的旁观者转变为参与者。三是"小胜利"之后的复盘与总结。不仅要提高团队成员的信心，还要形成变革成功的方法论，将变革实践转化流程与机制。从这个角度来看，一个又一个"小胜利"才是推进部门变革的关键点。

第七步：巩固成果，深化变革。

随着部门变革的深入，阶段性目标不断达成，团队成员对于变革的信心变得更足了。在总结经验的基础上，中层管理者需要巩固已有的变革成果，开始向影响部门变革的"硬骨头"发起挑战。

同时，科特特别提醒管理者，在组织变革这件事上，过早地宣布变革成功是有问题的。因为变革总会有反复，如业务遇到瓶颈、团队能力出现问题、之前的变革计划在执行中行不通等。中层管理者要根据部门变革的实际情况，不断调整变革的路径与方式，扫除那些让变革半途而废的风险点，要让变革成果更多体现在部门业务增长、人才培养与团队绩效产出层面。

第八步：将变革成果机制化。

达成了部门变革的愿景，并不意味着变革的结束。恰恰相反，中层管理者要带领团队成员，通过复盘的方式总结部门变革得失；将变革中出现的业务实践固化为部门的流程、策略与机制；将变革中涌现出来的优秀人才匹配到关键岗位，让他们发挥更大的力量。同时，中层管理者还要将部门变革中出现的典型行为与案例提炼为部门新的文化与价值观，让其成为部门资产的一部分。变革经验被总结，优秀做法能固化，标杆人才被重用，典型行为和案例沉淀为文化与价值观，这样的变革成果才能称得上硕果累累。

事实上，部门变革是一场动态的团队赋能：团队成员对部门愿景的信心、上下级之间的信任、团队成员之间的协作、一起取得小胜利、面对变革阻力时的以身作则与攻坚克难、过程中的深入沟通与辅导、变革完成后的复盘与总结，等等。从旁观者到参与者，从被动接受赋能到主动拥抱赋能，部门成员的凝聚力与战斗力进一步提升，团队赋能的价值得到了真正的体现。

➡ 一、转型思考题

1. 为什么部门的持续增长才是中层管理者团队赋能的首要关注点，有哪几个抓手？

2. 什么是团队进化？用什么标准来评价团队进化效果？中层管理者的各项团队赋能举措是如何促进团队进化的？

3. 为什么部门变革是一场动态的团队赋能？在变革一开始就"啃硬骨头"，会遭遇哪些问题与挑战？

⮞ 二、转型工具箱

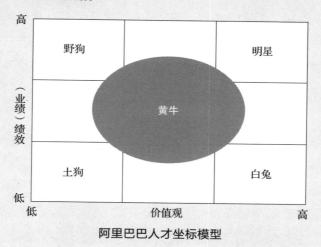

阿里巴巴人才坐标模型

　　阿里巴巴的团队（人才）盘点基于人才坐标模型，横坐标是价值观，纵坐标是（业绩）绩效，将员工分为五类，分别是：（业绩）绩效与价值观兼优的员工，阿里巴巴称之为"明星"；（业绩）绩效不佳、价值观评价低的员工，阿里巴巴称之为"土狗"；（业绩）绩效很好但价值观评价低的员工，阿里巴巴称之为"野狗"；（业绩）绩效不行，但价值观评价高的员工，阿里巴巴称之为"白兔"；（业绩）绩效和价值观评价还可以，处于中间但不算突出的员工，阿里巴巴称之为"黄牛"。在《阿里巴巴管理三板斧》（机械工业出版社，2019 年 11 月）这本书中，作者详细介绍了五类不同员工的管理策略。

⮞ 三、转型方法论

　　哈佛商学院教授、被誉为"变革管理之父"的约翰·科特在经典著作《领导变革》（*Leading Change*，机械工业出版社出版，2021 年 7 月）中提到了"变革八步法"，成为众多企业组织变革的变革指南。这八步分别是：①营造紧迫感；②组建变革先锋队；

③创建并共享变革愿景；④传递并重复变革愿景；⑤扫除变革障碍；⑥积累小胜利；⑦巩固成果，深化变革；⑧将变革成果机制化。其中，"营造紧迫感""传递并重复变革愿景""积累小胜利"往往是管理者在变革中经常容易忽略的，而领导部门变革的过程也是中层管理者进行团队赋能的重要一环。

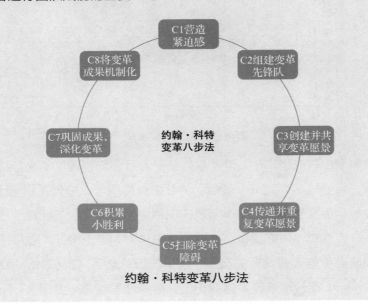

约翰·科特变革八步法

中层管理者

第四部分
如何跨部门协作
——不是三十六计，而是力出一孔

第十三章
跨部门协作的前提

——不要门户之见，而要尊重为先

终于说到跨部门协作了。

无论是之前提到的向上协同，还是向下（团队）赋能，其中涉及的人员都和中层管理者有直接的上下级关系。这就意味着，上下级之间的任命、汇报、考核、授权等权责隶属都很明确。但同级不一样，他们和中层管理者是平级，可能同属一个上级，也可能分属不同的上级。在那些存在子公司、事业部、区域运营中心的集团公司里，就不是"隔壁"同级那么简单了，还有"远程同级""素未谋面的同级""立场截然不同的同级"等。在这种情况下，中层管理者要推进项目的实施，要取得其他部门的支持，要整合公司资源，一个绕不开的问题就是：如何更好地推进跨部门协作。其实，这是中层管理者的"横向领导力"——如何影响、带动和领导同级管理者。跨部门协作是中层管理者发挥横向领导力的最典型场景，是和同级手拉手一起攻坚克难解决问题，还是表面和谐，实际上各唱各的调、各吹各的号，将是截然不同的两种结果。一般而言，要做好跨部门协作，中层管理者需要首先明确以下三个问题。

第一，职位上，互不隶属。

这就意味着，中层管理者不能靠职位权力去施压，也不能天天请求对方帮忙解决问题，而是要通过自己的影响力去推进跨部门协作。有影响力是一码事，同级能否为你的影响力买单（拿到跨部门协作的预期成果）是另一码事。

第二，目标上，并不一致。

尽管各部门都是在为公司战略目标达成服务，但部门之间的职责定位不同，绩效考核指标也不一样，有的部门要业务增长，有的部门要效率提升，有的部门要风险防控，有的部门要勇于创新，等等，不同的目标和诉求决定了各个部门的资源流向、做事方式、价值判断等均不一样。在这种情况下，出现意见和分歧很正常。要不要妥协，要不要变更，要不要调整目标和方向，这些都需要与同级进行协商。当然，如果之前的信任度高，以往的项目协作成果斐然，这些问题都好解决。但如果之前没有构建信任，或者过往的项目协作并不理想，出现冲突很正常，甚至还可能会影响跨部门协作的项目进展。

第三，分工上，各有所长。

自弗雷德里克·温斯洛·泰勒（Frederick Winslow Taylor）提出"科学管理"以来，专业化分工就成为企业管理的基石。正所谓"专业人做专业事"，分工的本质是将客户想要的结果（产品、服务或解决方案），按照结构和流程，拆分成不同的部件、模块或环节。各部门发挥各自的专业化优势，用最小的交易费用，实现高效率与高产出，在给客户交付满意结果的同时，持续提升企业的竞争优势。企业规模越大，专业化分工越细，企业效率越高，对专业化分工的要求就越高。因此，跨部门协作是建立在各部门专业化分工的基础上的，你有你的专业，但也请你尊重同级的专业，大家都在为公司目标贡献力量。如果从一开始就认为同级的部门或岗位没价值，或者认为本部门或本岗位的价值贡献远远大于其他部门或岗位的价值贡献，则很难在跨部门协作中不出问题。

当然，跨部门协作的重点依然是共同完成目标。所以，不要把跨部门协作理解为"搞关系"，解决问题达成目标才是关键。在这一前提下，要提升跨部门协作水平，中层管理者需要构建以下三个认知。

认知一：KPI 视角——先有相互支持，再有 KPI 达成

独木难成林。这句话对岗位适用，对部门更适用。

桥水资本创始人瑞·达利欧有句话很经典："记住，你不可能擅长所有的事情，即便如此，也不可能有时间去做所有的事情，所以你必须与其他人合作。"因此，专业化分工很重要，这也是现代管理的基石。企业与企业之间体现的是产业链上的专业化分工，每家企业都在各自的细分赛道发挥所长，就能带动整个产业链上下游的效率提升；企业的各个部门之间体现的是内部价值链上的专业化分工，每个部门发挥自己的独特优势，就能让公司整体效率和竞争力获得提升。对于中层管理者而言，你的部门的 KPI 的达成，注定需要多个同级部门的支持。如果不清楚这一点，自认为本部门能搞定一切，这样的中层管理者注定会伤痕累累。要真正建立这个认知，中层管理者需要做以下三件事。

第一件事：梳理 KPI 完成路径，找到那些需要跨部门协作的关键"触点"。

请注意，我们用了"触点"这个词。"触点"来源于企业与外部客户之间的"关键接触点"，而每一个"关键接触点"都是客户买单与满意度的重要组成部分——把"关键接触点"做好了，让客户体验好，买单便是自然而然的事。企业外部有和客户的"触点"，内部有跨部门协作的"触点"。

通过寻找"触点"，中层管理者就能发现：什么在影响你的部门

的绩效？整条绩效线的走向是什么？哪些会成为关键影响因素？哪些部门会对你的部门的绩效走向产生重要影响？等等。找到的"触点"越多，中层管理者就越能意识到：绝不能单兵作战，看在 KPI 的分上，还得做好跨部门协作。

如何找到这些"触点"呢？一是回到业务流程。沿着流程图，寻找与其他部门之间的关键"触点"。二是关注与其他部门过往的冲突点。一般而言，冲突的频次越多，冲突的激烈程度越高，就越是关键"触点"，这需要中层管理者格外重视。三是回到部门目标。看看哪个部门的目标和你的部门的目标关联度高，关联度越高，"触点"就越多。

第二件事：对过往的案例进行复盘，和优秀部门对标。

一是案例复盘。特别是针对部门的重点工作和项目，中层管理者要分析过程中的亮点或不足，以及有哪些因素是和跨部门协作相关的。针对跨部门协作的层面，中层管理者要分析：出现了哪些问题？这些问题是偶发问题，还是经常发生？与哪些部门的协作很顺畅，与哪些部门的协作经常会有冲突，最后是如何解决的？等等。

二是和优秀部门对标。中层管理者要分析：为何这个部门的绩效高？他们在跨部门协作中有哪些优秀做法值得本部门借鉴？当然，中层管理者也可以邀请标杆部门的同事分享他们在跨部门协作中的实践案例：曾经遇到过哪些问题？是如何解决的？有哪些经验教训？等等。中层管理者要让部门成员一起参与进来，这将大大提升团队的跨部门协作水平。

第三件事：重视来自上级、下级与跨部门同级给予的评价和反馈。

评价和反馈相当于"照镜子"，可以更好地帮助中层管理者发现跨部门协作的问题所在。通常有两类评价体系。一类是 360 度评估。中层管理者可以借由来自上级、下级、跨部门同级的评价（有的公司

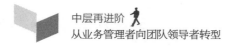
还会涉及外部客户、供应商、合作伙伴的评价），发现本部门在跨部门协作层面的问题和症结点。尤其是对于那些上级、下级、跨部门同级都提到的问题，中层管理者更应该重视起来。

另一类是项目评价体系。这既包括自己所在部门对其他部门的评价，也包括其他部门对本部门的评价。最常见的做法就是在项目的关键节点以及结项后，采用正式（如反馈表、打分表、意见收集、项目复盘会等）或非正式（如日常沟通、团建活动等）方式，获取其他部门对本部门的评价，以此作为本部门后续改进跨部门协作水平的依据。

从KPI层面理解跨部门协作，本质还是回到了公司目标。逻辑很简单：各部门的KPI都是在承接公司目标，都是公司目标在部门层面的分解与体现。专业化分工解决了"专业人做专业事"的问题，提升的是专业层面的工作效率；跨部门协作解决了1+1>2的问题，提升的是组织层面的竞争优势与产出最大化。本部门KPI的达成，有同级部门的贡献；同级部门KPI的达成，有本部门的鼎力支持。手拉手向前走，这才是跨部门协作该有的样子。

认知二：价值链视角——先有相互尊重，再有高效协作

多年前，我们曾就跨部门协作问题在上百家企业进行过访谈和调研。其中，有一个问题的调研结果令人印象深刻：在你（中层管理者）看来，公司哪个部门的跨部门协作表现最佳，哪个部门的协作水平有待提升？有超过72.6%的受访者认为本部门的跨部门协作表现最好，有超过83.1%的受访者认为和本部门发生冲突次数最多的那个部门的协作水平亟待提升。

　　这个调研结果很有意思——本部门是好人，同级部门才是坏蛋。当然，这样的结果非常符合人性——高看自己、低估别人。但除了人性层面的因素外，跨部门协作中之所以产生这种认知偏差，与公司的机制与文化密不可分。比如，公司没有很好的跨部门协作流程，遇到问题完全依靠各个部门的自觉性。一开始，那些自觉性高的部门积极主动参与到跨部门协作中来，但后来发现，同级部门既不热情也不积极，遇到问题还喜欢推卸责任，这无异于给那些自觉性高的部门泼冷水，时间久了，跨部门协作就会出问题。再比如，公司的利益分配机制有问题，不是按照各个部门所创造的价值进行评估，而是跟着老板的感觉走，所谓的明星或强势部门拿得过多，而弱势部门没什么存在感，几乎都是冷衙门，在上级那里不受待见。既然如此，弱势部门凭什么一定要支持和配合强势部门的工作？还有的公司推崇竞争文化，但"竞争"本身变了味道，不是那种互相成就、良性发展，而是尔虞我诈、你死我活——遇到资源一定抢，遇到利益一定争，宁肯自己受损，也不让别人好过。

　　如果是流程、机制与文化出了问题，需要反思的不仅仅是中层管理者，还包括公司高管。追根溯源，跨部门协作之所以变成了这副模样，与企业价值链模糊以及各部门价值评价不清晰有关。哈佛商学院终身教授、被誉为"竞争战略之父"的迈克尔·波特（Michael E.Porter）在其畅销书《竞争优势》（*Competitive Advantage*，华夏出版社，2005 年 8 月）中提到了企业价值链分析模型（Value Chain Model）。在波特看来，企业的价值创造是由一系列活动构成的，这些活动可以用一个价值链来表明，分为基本活动和支持性活动。其中：基本活动是涉及产品的物质创造及其销售、转移买方和售后服务的各种活动，包括生产、销售、进料、发货、售后服务等；支持性活动是辅助基本活动，通过提供采购投入、技术、人力资源以及各种公司范围的职能来支持基本活动的进行，包括人力资源、财务、计划、研发、采购等。从企业价值链的视角来看，各部门其实是承担公司价值创造活动的载体，缺少了任何一环，公司的价值创造成果就无从谈起。然而，如果总是高估本部门的价值创造，低估或漠视其他部门的价值创造，甚至将跨部门协作得来的成果全都算在本部门头上，这就无法赢得其他部门的信任，最终会影响整个公司的价值产出。这样看来，如何看待其他部门的价值产出，如何评价其他部门在公司价值创造中的独特贡献，如何准确理解跨部门协作对于公司目标达成的重要意义，才是提升跨部门协作水平的关键一环。

这就需要一个前提，那就是尊重——尊重其他部门的专业定位，尊重其他部门的价值产出，尊重其他部门对公司价值创造的独特贡献。没有尊重，跨部门协作就无从谈起。反过来讲，跨部门协作之所以会出现种种问题，也和部门之间缺乏尊重有关。是什么原因造成了这种情况呢？在过往的企业跨部门协作调研中，我们发现了提及率较高的四个原因。

原因一：没有明确的沟通渠道。

出现意见分歧或冲突时，不知道该如何进行沟通，问题迟迟无法解决，很容易将某个问题的分歧和冲突转化为对人或部门的情绪反应。

原因二：各部门之间的工作目标和优先级不同。

如果无法通过有效沟通进行协调，就会出现意见分歧或冲突。尤其是当各自都认为本部门的工作任务更紧急、更重要，彼此都不能倾听对方，不愿做任何"妥协"的时候，尊重就很难建立。

原因三：除了日常业务协作，各部门缺乏相互之间的知识或技能共享，很少有跨部门之间的项目复盘和分享。

其他部门的业务流程是什么？会遇到哪些问题？他们是如何解决

问题的？有哪些知识、技能、工具或方法是本部门的"盲区"？其他有哪些拿手绝活儿？等等。如果彼此之间都不了解，就很难有深入的交流和尊重。

原因四：基于不同的业务属性和职责定位，各部都有自己独特的"亚文化"（相对于企业文化而言）与做事方式。

建立明确的沟通流程和渠道、在工作目标与优先级层面达成一致、注重业务之外的经验分享与交流、了解和熟悉其他部门的"亚文化"与做事方式，有助于各部门之间相互理解和尊重。此外，我们也发现，那些经常一起"作战"（项目合作、联合攻坚、一起参加培训或业务研讨等）的部门彼此了解更深，更能相互尊重，项目协作的完成度更高。

认知三：关系视角——先有相互信任，才能解决问题

按理说，有了KPI层面的相互成就和价值链层面的互帮互助，中层管理者与同级之间的跨部门协作问题就应该解决了。但有的中层管理者会发现，哪怕是目标明确、流程清晰、职责边界清楚，跨部门协作依然会面临各种问题，原因何在？

在企业调研中，我们发现主要原因有两个。一是部门之间依然存在"灰度"地带。"灰度"这个词，对应的是"黑白分明"，意思是各部门之间，除了那些明确的职责、流程、KPI之外，还存在一些动态的、不能明确责任归属的、不能划定清晰边界的"灰度"地带。在很多人看来，企业不应该存在"灰度"地带，黑白分明才应该是企业管理的常态。但现实是，市场在变化，企业在发展，永远都存在业务变化领先于现有管理体系（组织架构、流程体系、部门职责、机制文化等）的情况。也就是说，"灰度"地带客观存在，将"灰度"地带转

化为"黑白分明"（边界清晰、职责明确等）需要时间。这就意味着，跨部门协作依然会面临"灰度"地带的挑战。二是部门之间的关系状况也会影响协作效果。一般而言，日常交流频次越多、合作的项目越多、一起取得的成果越多，部门之间的关系就越好。影响部门之间关系的因素有很多，如目标不一致、部门文化差异、利益冲突、沟通不畅等，但归根结底还是部门之间的信任出了问题——如果说业务协作是部门协作关系的纽带，那么信任则是部门协作关系的基石。

领导力专家史蒂芬·M.R. 柯维（Stephen M.R.Covey）在其所著的《信任的速度》（*The Speed of Trust*，中国青年出版社，2011 年 3 月）一书中提到了提升关系信任的十三种行为，分别是：直率交流、表达尊重、公开透明、匡救弥缝（关系出现问题，不仅是道歉，还要补救和恢复）、显示忠诚（一是归功于别人，二是在谈论别人时，这个人在场不在场都一样）、取得成果（合作的成绩）、追求进步（不断进化）、面对现实（直面棘手的问题）、明确期望（事先说明）、负起责任（双方）、先听后说、信守承诺、传递信任。就部门关系而言，要构建部门之间的信任，中层管理者需要检讨以下四个层面。

第一，在跨部门协作中，我和团队对其他部门诚实吗？

提到诚实，大家首先想到的是坦诚相待，有什么说什么。诚实当然包括坦诚，但这远远不够。部门之间的诚实还包括三个方面。一是一致性，确切地说，就是本部门在跨部门协作中所表现出的行为，与本部门的职责定位以及对其他部门的承诺相一致。二是基于原则的公平性，主要体现在：不是捍卫本部门观点或解决方案的正确与否，而是更关心跨部门协作的成果是否符合组织（公司）利益最大化原则。三是开放性，能倾听其他部门的不同意见，用开放的态度接受新的事实和数据，不执着于本部门的意见本身，有勇气指出其他部门的问题所在。

第二，在跨部门协作中，我和团队的动机是什么？

动机不仅仅是意图，还包括你和团队在跨部门协作中给出的解决方案，以及表现出来的行为。简言之，动机包括目的（出发点）、方案和行为三个方面。首先是目的，在跨部门协作中，本部门的目的是什么？是利己的目的，还是双赢的目的？会在一开始就分享给其他部门吗？有没有刻意隐藏目的？等等。其次是方案，本部门给出的方案，是基于双赢的方案，还是只考虑自己赢的方案？有没有考虑到其他部门的利益？如果其他部门给出的方案更有利于双赢，你会考虑接受对方的方案吗？再次是行为，无论是目的还是方案，最终都要落实到行为上。如果目的和方案都是双赢，表现出来的行为却是只考虑本部门的利益，遇到任何意见分歧和冲突，总想捍卫本部门的"英明正确"，而不是回到双赢层面看待问题，那么同级可能很难相信你的动机，这才是关键问题所在。

第三，在跨部门协作中，我和团队的能力如何，关键时刻的表现靠谱吗？

这一项往往会被管理者所忽视。在很多中层管理者看来，我对同级是诚实的，我的动机和行为也是没问题的，但为什么跨部门协作还是不顺利？其实，原因恰恰出在能力上。比如，本部门不能在双方约定的时间解决棘手问题，关键时刻不能兑现之前给其他部门做出的承诺，总是无法给其他部门交付符合标准要求的结果，等等。能力是部门之间构建信任的"硬通货"，也是跨部门协作得以顺利实施的关键支撑，主要有三个方面：一是部门成员的专业水平，这主要体现在具体业务问题的解决上；二是部门成员的敏捷响应，尤其是关键时刻能第一时间顶上去，帮助其他部门解决棘手问题；三是部门成员的经验输出，尤其是做事方式和业务实践方法论能为其他部门所借鉴，这是更高层面的能力要求。反过来，在跨部门协作中，如果本部门成员的

能力跟不上，不能在关键时刻解决问题，只想通过所谓"关系好"蒙混过关，这显然不利于跨部门协作，也无法构建部门之间的信任。

第四，在跨部门协作中，我和团队的成果如何，为其他部门提供了哪些具有独特价值的产出？

企业靠盈利生存，每个部门或岗位都必须创造独特价值，如果部门的绩效不佳，在跨部门协作中无法胜任应有的角色分工，所谓的信任无从谈起。在成果层面，中层管理者要重点关注两个问题：一是本部门过往的成果记录如何，是其他部门眼中"值得信任的战友"，还是总在关键时刻掉链子？如果是后者，中层管理者就要反思和检讨，为什么过去的成果记录不佳，到底是哪里出了问题，如何通过专业能力提升、流程改进、机制设计等方式，让部门成员的专业硬实力得以提升，改善部门的成果记录，从不靠谱变得靠谱。二是本部门过往在跨部门协作中所取得的成果是通过什么方式实现的。是利人利己的方式，还是功劳独占的方式？是开放透明的方式，还是私下交易的方式？是公平公正的方式，还是暗箱操作的方式？等等。与第一个问题相比，后一个问题对部门之间信任关系的影响更大，想想看，谁愿意和一个总是采用"非常手段"的团队进行跨部门协作？即便是不得不合作，也得多加一百个小心，随时提防对方出招，这样的跨部门协作你说累不累？

当然，信任是相互的。在信任这件事上，不仅存在本部门如何被其他部门信任的问题，还有本部门如何信任其他部门的问题。尤其是对于那些在公司享有"靠谱"美誉的部门，他们不仅专业实力强，在跨部门协作中也能提供高价值产出。这样的部门与其他部门进行跨部门协作，就会面临对其他部门的信任问题：其他部门能够坦诚相待吗？他们有什么样的合作动机？他们的专业能力能否胜任？他们在关键时刻是否会掉链子？他们过往的成果记录不佳怎么办？等等。看来，信任其他部门，本身就是一道坎。

事实上，这大大增加了双方的沟通成本，双方进入了非理性博弈状态：越不信任对方，越会小心提防；越小心提防，就越会质疑对方的动机；越质疑对方的动机，就越做不到客观理性；越做不到客观理性，就越会先入为主；越先入为主，就越不信任对方……当部门之间的互不信任进入死循环之时，跨部门协作就很难出成果，中层管理者的横向领导力将面临巨大挑战。

在有的中层管理者看来，如果部门之间的矛盾不可调和，应该请上级领导（公司高管）来主持公道。但话又说回来，哪个公司高管愿意当"包公"？即便是高管出面来解决问题，你和同级是不是还要重新找到一条跨部门协作之道？难不成每次出现问题都需要上级领导出面摆平？再进一步讲，中层管理者还面临职场晋升的问题，如果连跨部门协作都处理不好，公司如何评价这位中层管理者的领导力？说到底，跨部门协作是中层管理者的一道必答题，不能躲，也不能逃，更不能等到自己升职再来解决。跨部门协作这道坎，中层管理者必须要过。

➡ 一、转型思考题

1. 从横向领导力的视角来看，中层管理者在跨部门协作中面临哪些现实挑战？

2. 从公司价值链的视角来看，部门与部门之间的尊重是如何建立的？哪些因素会影响部门之间的相互尊重？

3. 从关系的视角来看，为什么有些部门会陷入互不信任的死循环？中层管理者可以从哪些方面重建部门之间的信任？

二、转型工具箱

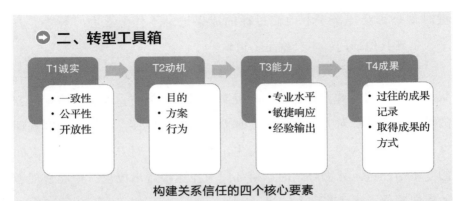

构建关系信任的四个核心要素

领导力专家史蒂芬·M.R. 柯维在其所著的《信任的速度》一书中提到了"五波信任"模型，分别是：自我的信任、关系的信任、组织的信任、市场的信任、社会的信任。其中，"关系的信任"要建立在信用原则基础上，需要从 T1 诚实、T2 动机、T3 能力、T4 成果等四个核心要素层面进行改进和提升。以此为框架，我们分析了跨部门协作过程中，部门与部门之间检视信任关系的四个方面。

三、转型方法论

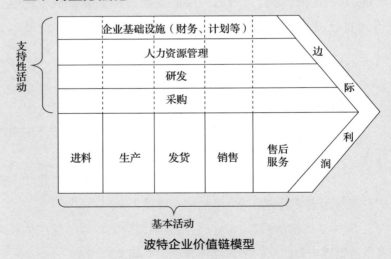

波特企业价值链模型

　　哈佛商学院终身教授、被誉为"竞争战略之父"的迈克尔·波特在其畅销书《竞争优势》中提到了企业价值链分析模型。在波特看来，企业的价值创造是通过一系列活动构成的，这些活动可以用一个价值链来表明，分为基本活动和支持性活动。其中，基本活动是涉及产品的物质创造及其销售、转移买方和售后服务的各种活动，包括进料、生产、发货、销售、售后服务等；支持性活动是辅助基本活动，通过提供采购投入、技术、人力资源以及各种公司范围的职能来支持基本活动的进行，包括人力资源管理、财务、计划、研发、采购等。从企业价值链的视角来看，各部门其实是承担公司价值创造活动的载体，缺少了任何一环，公司的价值创造成果就无从谈起。

第十四章
跨部门协作的误区

——不要勾肩搭背，而要共克时艰

有了信任与尊重，还有基于 KPI 连接的共同利益，跨部门协作就能顺风顺水，不再有分歧和冲突，不再有争吵和碰撞，你和同级就能"和谐一家亲"了吗？

醒醒，快醒醒。少了以上这些必要条件，跨部门协作肯定一团糟。但对于中层管理者而言，要提升跨部门协作的成果，还是要回到公司层面，回到跨部门协作的初心。跨部门协作最怕出现的结果是：你和同级之间的关系铁、信任度高、关键时刻互帮互助，就是最后的协作成果并非公司想要的，甚至与公司的要求相背离。究竟是一种什么样的神操作，才会导致这样的结果呢？如果出现这种情况，中层管理者要重点检讨以下三个问题。

第一个问题：是关系重要，还是成果重要？

要知道，任何公司的跨部门协作都是基于公司目标的达成，基于低成本、高质量、高效率地拿到结果。如果关系很好，就是成果不好，这叫本末倒置，与跨部门协作的初衷背道而驰。因此，对于中层管理者而言，不要为了你和同级的关系，就忘记了公司所要求的结果。更有甚者，有的中层管理者为了与同级搞好关系，会牺牲某些原则。这就不是妥协的问题了，而是拿着公司利益与同级做交易。

第二个问题：要"相同"，就不要"不同"了？

当然不是。这里的"相同"，指的是在跨部门协作中，部门与部门之间要有共同的目标，基于共同的原则解决问题；而"不同"说的是，各部门之间的专业分工与职责定位不同，面对同一个问题，会有不同的观点、策略和解决方案，这恰恰是跨部门协作的意义所在：发挥各自所长，鼓励观点碰撞，不断创新提高，推动公司业务的持续增长。这样看来，跨部门协作需要在"相同"（目标）的基础上，充分展示各部门的"不同"，为公司找到更具想象力的解决方案，这才是跨部门协作的要义所在。

第三个问题：内部协作好，就万事大吉了？

显然，中层管理者要意识到，跨部门协作可不仅仅涉及你和同级两个部门，还有公司、客户、上下游合作伙伴等利益相关方。同时，中层管理者千万不要忘记德鲁克的忠告：公司的成果不是来源于企业内部，而是来源于企业外部。从这个角度而言，哪怕部门与部门之间意见一致、达成了高度共识，你和同级也别忘了回到公司和客户层面，检视所达成的共识是否符合公司原则和利益，是否能提升客户价值。有时，中层管理者会发现，你和同级达成的降本增效共识及策略，在部门层面没问题，但转换到公司和客户价值层面，可能就会有问题。比如，可能损害其他部门的利益，与公司年度战略目标不相符、对客户价值有负面影响，等等。看来，要提升跨部门协作，不能仅从部门视角出发，还要向上看（公司）、向外看（客户）。

先看成果，后看关系；有共同，存不同；看内部，察外部。唯有如此，中层管理者才能提升跨部门协作的效果。当然，跨部门协作无法避免出现分歧和冲突，我们之前提到过，分歧和冲突本身蕴藏着创新的机会，可以帮助中层管理者与同级找到更好的解决方案。反过来，如果分歧和冲突成为办公室政治的一部分，双方相互拆台，甚至

毫无意义地"内卷",这对双方都不利。基于此,在跨部门协作中,中层管理者要特别留意,避免陷入以下三个误区。

误区一:办公室政治

有人的地方,就有江湖;有组织的地方,就会有办公室政治。这是企业管理中绕不开的话题,也是中层管理者在跨部门协作中必须面对的现实问题。

何谓"办公室政治"?在组织行为学中,"办公室政治"来源于组织中的"政治行为"一词。所谓政治行为,意思是:通过权力、权术或人际关系的使用,影响组织内部的目标、标准、决策程序与利益分配。政治行为本身是中性的,就做法和效果看,有正当的政治行为与不正当政治行为。比如,按照公司规则,就某个流程机制向公司进行反馈和申诉,这是正当的政治行为;而通过造谣生事、搞小圈子、架空别人、当面一套背后一套、排除异己等方式,为自己谋求资源分配与利益最大化的行为,就是"办公室政治",属于不正当政治行为的一种。"办公室政治"在很多公司并不鲜见,尤其是涉及跨部门协作时,给组织带来的问题与破坏力更大。

为什么会有"办公室政治"?要知道,公司本是追求盈利的组织,以业绩和绩效作为评价标准,"办公室政治"是怎么混进来的?这需要回到企业管理的三个核心要素。

一是目标,包括组织目标与个人目标。

所有企业都希望这两个目标是一致的,但理想和现实之间总会有差距。比如,有的员工希望旱涝保收,不愿接受挑战性目标和任务,但公司需要持续增长,当然会追求挑战性目标和任务,这就有了目标冲突,也就有了博弈的空间。再比如,不同部门之间的专业分工不同，彼此的立场和关注的利益点不一样，遇到意见分歧和冲突，又缺乏清晰的标准和流程，到底听谁的，如何达成共识，就存在很多不确定性，"办公室政治"就有了生存的土壤。

二是价值创造与评估。

公司需要为客户创造价值而生存，客户用满意度、复购率、利润率和市场占有率来评价一家公司的价值创造水平；员工承接公司创造客户价值的使命，按照专业分工进行各自岗位的价值创造。通常而言，公司可以通过绩效评价的方式量化员工的价值创造和产出，但肯定会存在无法量化或前文提到的"灰度"地带。在这种情况下，如何进行价值评估，如何进行绩效考评，如何确保部门与部门之间、岗位与岗位之间的公平公正，不仅非常考验公司的管理水平，还会让诸多受人为因素影响的"办公室政治"行为乘虚而入。

三是制度与文化。

一般而言，一家公司的制度化、流程化、职业化程度越高，治理结构越完善，文化越开放，"办公室政治"发生的概率就很小。反过来，在以"人治"为主、有多个权力中心、彼此划分势力范围、制度刚性不足、企业文化充满权谋色彩的公司中，"办公室政治"行为往往司空见惯。在很多公司，管理者和员工不是想尽一切办法为客户创造价值，而是绞尽脑汁讨好老板和上级，或者在领导面前进行"忠诚表演"。

回到跨部门协作层面，中层管理者与同级之间也会存在"办公室政治"。这不仅是因为部门之间的目标、利益和立场不同，还与不同部门管理者不同的风格、团队做事方式有关。往往会表现在以下几个方面。

一是协作成本高。

本来可以通过一次沟通就解决的问题，非要经过多轮反复协商才能解决。这还不算完，很多无关紧要的小细节居然成为跨部门协作中的堵点和难点，影响了整个项目的进展。在有的跨部门协作中，双方都会留一手，故意隐藏一些关键信息，以便让自己处于优势地位。本来是公司内部的跨部门协作，搞得和甲乙方谈判差不多。

为什么会互相防备？本质还在于双方不信任。建立信任需要若干年，但破坏信任可能就是一瞬间。遇到这种情况，中层管理者先别给同级扣帽子，而是要多检讨一下自己的动机与方案，想想自己所表达的意见是否完整准确地被对方理解了，过往与该部门的合作情况如何，有没有尊重对方的立场与核心利益，等等。

二是政治大于业务，关系大于业绩。

什么是"政治大于业务"？意指有的管理者将"政治正确"置于"业务成绩"之上——宁肯业绩不怎么样，也不能让公司或上级觉得自己"政治不正确"。其实，"政治正确"的原意是指"态度公正，避免使用一些冒犯及歧视社会上的弱势群体的用词，或施行歧视弱势群体的政治措施"，也被用来指"政治人物的行动和思想与官方立场、社会主流价值观保持一致"。但公司里的"政治不正确"，被一些中层管理者理解为：没和上级保持一致，站队错误，在行为上犯了领导的忌讳，等等。在很多中层管理者看来，业务搞砸了，领导也就批评两句，可一旦有了"政治不正确"的行为，那就要吃不了兜着走了。

而"关系大于业绩"好理解：将人与人之间的关系，置于业绩之上——业绩好不好另说，但必须得和上级、同事搞好关系，关系搞砸了，在公司就没法混了。尤其是在一些非市场化的组织里，这种现象更严重，因为这些组织对管理者和员工的评价标准压根就不是客户满意或者创造客户价值，而是所谓行为表现是否令组织（确切地说是上级）满意，这也是官僚主义和马屁文化的起源之一。

三是没有上级的指令，不行动。

正所谓"一切行动听指挥"，从组织行为学层面来讲，这是没问题的，也是公司战略执行体系的重要组成部分。在过去，尤其是选择金字塔型（也被称为科层制，最早由社会学家马克斯·韦伯提出，按照职能和职位进行自上而下的分工和分层，越往上权力越集中，形如金字塔结构）组织架构的公司，"一切行动听指挥"保证了自上而下的决策执行，尤其是在决策机制完善、流程清晰、管理体系健全、外部市场环境相对稳定的情况下，这种方式给了团队稳定的预期，整体效率并不差。

但如果外部市场发生变化，再叠加公司内部的决策、流程与机制不健全，原有的金字塔结构就会遇到巨大的挑战：处于金字塔顶端、担负决策责任的公司高管离市场较远，而身处一线、对外部市场变化最熟悉最敏感的员工却需要层层汇报问题，等待公司的指令行事。在这种情况下，处于金字塔腰部的中层管理者也不清楚到底该怎么做。最简单的办法，就是将员工反馈的问题层层上报，在上级没有给出明确的指令前，宁肯不作为，也不敢主动出击，直到等来上级的明确指令。到那时，行动晚不晚，效果怎么样已经不重要了，重要的是，一切行动听指挥（出了问题不赖我）。

尤其在那种权力过度集中的组织，中层管理者等指令再行动的情况更加严重。在这些组织里，自作主张或做出与上级想法不一致的决策，是要被秋后算账的，是要承担"政治不正确"后果的。一旦跨部门协作出现问题，中层管理者最好的做法，就是和同级一起静静地等待来自上级的决定，谁都不愿意冒险，哪怕最后项目搞砸了，至少做到了"一切行动听指挥"。这种结局，果真是公司和高管想要的吗？

看来，"办公室政治"对企业危害不小。在跨部门协作中，中层管理者如何远离"办公室政治"，如何在遭遇"办公室政治"行为时少受伤？显然，假装"办公室政治"不存在是不切实际的；抱怨公司文化有问题或者流程机制不完善也无济于事；用"老好人"的方式逃

避冲突和矛盾，更不是问题的解决之道。以下两个方法可以帮助中层管理者减少痛苦。

方法一：功夫在平时，以"利他"之心，经营与其他部门之间的协作关系，这可以帮中层管理者降低遭遇"办公室政治"的概率。

在这里，我们用到的词是"经营"——不是走歪门邪道，而是围绕业务目标的达成，相互支持与帮助，用长期主义的方式，保持与其他部门的良好关系。

如何经营？中层管理者可以发挥本部门优势，调动相关资源，协助同级解决问题、改进提高、达成目标。比如，主动分享本部门的业务实践与方法论，在同级部门遇到急难险重的问题时，提供力所能及的支持，等等。当"利他"之心转化为日常行动时，部门之间的信任度将大大提升。

方法二：协作前立规矩。

部门与部门之间在开始项目协作前，要尽可能把原则、流程、机制（尤其是出了问题怎么办）说在前面，有了明确的预期和共识，再出现分歧就容易解决。少一点模糊，多一些明确，这将大大压缩"办公室政治"出现的空间。比如，邮件的抄送机制，工作群的公示机制，节点工作简报机制，争端解决机制，等等。规矩越清楚，过程越透明，沟通越顺畅，跨部门协作的效果就越好。

误区二：互相拆台

你和同级之间的协作，不是分蛋糕，而是共同做大公司蛋糕（业绩）。部门与部门之间不是同台竞技，而是"同台施（展）技——发挥各自优势，高效协同，达成公司目标"。事实上，缺少了任何一个部门，公司目标都很难实现。那么，部门与部门之间是否存在竞争关系？当然存在。在公司眼里，一定会有表现好的明星部门，也会有问题多多的部门。存在竞争怎么办？有的中层管理者不去思考如何提升自己的岗位胜任力与绩效产出，而是本着"宁肯我过不好，也不让你好过"的原则行事：故意拆台，不合作。通常有以下三种典型表现。

第一，不合作。

这是最常遇到的跨部门协作的"拆台"行为：你去找同级协商项目推进，同级笑脸相迎，还言之凿凿地说"没问题，一切按流程办"。可你等来等去，却发现"按流程办"的意思原来是找各种理由不办、缓办、拖延办。不合作的代价是什么？兑现不了给客户的承诺、工期或交期被延长、影响公司信誉、各部门之间关系紧张、公司战略落地遇阻、整体工作效率和产出低，等等。

第二，添堵。

不合作也就罢了，有的部门还更进一步：原本和本部门无关的某个项目，非要找个借口和理由插上一脚，不仅不能提供任何有价值的帮助，反而给项目推进平添了无数烦恼。

第三，伤你一千，自损八百。

这种情况就更恶劣了：明明清楚自己的做法会损害其他部门的利益，也会给本部门带来危害，但依然会很坚定地选择那样做。

在跨部门协作中，为什么会有"拆台"现象？除了个体性格因素外，还与中层管理者的人际交往模式有关。在这方面，畅销书《高效能人士的七个习惯》作者史蒂芬·柯维从"敢作敢为——追求自己的利益"与"善解人意——尊重别人的利益"两个维度，梳理出四种人际交往模式。

第一种：损人利己（我赢/你输）。

为什么非要"损人利己"？先不要急着进行道德谴责。从经济学"理性人假设"层面来看，人们之所以选择某种交往方式，要么是利益最大化，要么是损失最小化。那么，在什么情况下，"损人利己"可能会成为企业中人际交往模式的一个选项呢？答案是：只强调竞争，不在意协作。

我们之前提到过，竞争本身不是坏事，通过竞争可以不断"做大蛋糕"，从而让企业中的每个人都受益。但在那些只强调竞争、不在意协作的企业里，各自为战是常态，业务协作关系较弱。同时，又因为末位淘汰等考核机制的存在，无论是出于"自保"动机，还是个体利益最大化的驱使，一定会有人选择"损人利己"的人际交往模式，由此引发连锁效应：你损人利己，我至少要保护自己。于是，彼此防备、信息不共享、相互不协作，就成了部门与部门之间的常态。更有甚者，到了关键时刻，宁愿成就外部竞争对手，也绝不让其他部门得利，这显然不利于企业的长期健康发展。

还有一种情况与企业无关，而是与一些中层管理者的思维和认知有关。比如，有些人秉持"不占便宜就算吃亏"的处事方式，只要遇到利益问题，往往会选择"损人利己"的处事方式。当然，在跨部门协作中，这种方式不可持续。一方面，其他部门不会总是妥协来成全你，公司也绝不允许将个人或部门利益置于公司利益之上；另一方面，经常以"损人利己"模式和其他部门交往的人或部门口碑都不怎么样，时间长了，其他部门也会提高警惕，这无形中增加了跨部门之间的协作成本，往往得不偿失。

第二种：舍己为人（我输 / 你赢）。

猛一听，这种牺牲自我成就别人的方式是多么可歌可泣。且慢，这又是用道德标准来替代公司管理机制。道德水平很重要，然而，不能总是用道德标准来替代公司管理机制。公司追求的，不是牺牲谁来成就谁，而是各个部门和岗位共同努力，发挥各自优势，一起提升客户价值。在跨部门协作中，如果总是选择用牺牲自我或本部门利益的方式，与其他部门进行互动，未必就能提升客户价值，甚至会损害公司的竞争优势，这种"舍己为人"当然不是公司倡导的。

从另一个角度来看，"舍己为人"的方式很难持续。首先，每个部门都要完成自己的 KPI，没有哪个部门能置本部门的 KPI 于不顾，为了其他部门的 KPI 而一味妥协。这就不是"舍己"了，而是舍了部门利益，有时甚至会舍了公司利益。比如，负责产品质量的部门，如果把关不严，遇到跨部门冲突就妥协，总是"舍己为人"，最终受损的是公司利益。其次，无法想象一个部门总是用妥协退让的方式来处理跨部门协作问题。中层管理者该如何向员工交代自己的做法，这对于部门管理有利吗？员工会追随这样的管理者吗？还有，公司会同意这种做法吗？公司将如何评价这样的中层管理者？这样的部门会不会成为公司持续发展的短板？如果这种"舍己为人"的方式换来的却是客户、公司、部门、员工的满盘皆输，中层管理者就应该深刻反省了。

第三种：两败俱伤（双输）。

与"损人利己""舍己为人"不同，还有一种"两败俱伤"的人际交往模式。在跨部门协作中，遇到意见分歧和冲突，如果两个部门各执己见，相互之间绝不妥协和退让——你不让我好过，我也坚决不让你好过，最终两败俱伤。

为什么会两败俱伤？有人说，是因为两个部门之间的目标不同。事实上，即便是两个部门追求的目标不同，但就跨部门协作而言，仍然会有一个目标是两个部门共同认可的，那就是公司目标——逻辑上讲，所有的跨部门协作项目，都是基于公司目标而存在的。在这种情况下，还存在"两败俱伤"，和三个因素有关。第一，关系问题。比如，过往跨部门协作体验不佳，发生过激烈的冲突，从而影响到双方的关系。第二，格局问题。双方只想着各自部门的利益，不能站在公司利益层面看问题，遇到冲突彼此各不相让；第三，想象力问题。很多跨部门协作项目，不能完全照搬或复制过往的经验，需要创新业务模式，或者采用新的方式来解决问题。如果两个部门都缺乏想象力，没有一个破局出圈的新方案，很多问题就容易将双方困在原地，迟迟得不到解决。如果两个部门又各自坚守自己的目标和利益，时间久了，就会出现两败俱伤的局面。

第四种：利人利己（双赢）。

这才是最理想的跨部门协作关系。当然，这种模式对中层管理者和公司的要求都很高。对于中层管理者而言，需要提升认知、格局与想象力，需要回到公司利益层面思考和解决问题；对于公司而言，要创造双赢的机制与文化，让各部门都能发挥自身的专业优势，减少不必要的沟通和协作成本。

回到"拆台"这件事，跨部门之间如何才能实现双赢？这就需要公司在培训、KPI考核、跨部门交流机制等层面，构建部门之间持续双赢的协作关系。首先是培训层面，要将跨部门协作案例，以及从案例中总结出可复制的流程、工具与方法论，作为公司培训体系的一部分。培训影响认知，而案例可以帮助员工还原实际的工作场景，进而与自己所遇到的跨部门协作问题产生关联，有意识、有方法、有路径，"双赢"看得见。其次是KPI考核体系，如前文所述，如果部门之间有共同的KPI，也就完成了利益层面的"捆绑"，这是两个部门之间最明确的"共同利益"，也是"双赢"的最直接体现。这也是很多公司为什么给那些经常发生争执的部门，设定部分相同KPI指标考核的原因之一。还有跨部门交流机制，如周期性例会、成功案例分享会、项目复盘会、重点工作联席会、跨部门成员办公等，通过这些方式为跨部门协作创造条件，也会在客观上推进跨部门协作效果。事实上，跨部门协作不能完全寄托在部门层面的自动自发上，也不能完全依赖于中层管理者的格局，公司层面的机制与文化建设往往才是从根本上改进跨部门协作的关键。

误区三：内卷

"内卷化"（involution）出现在美国人类学家吉尔茨（Clifford Geertz）所著的《农业内卷化——印度尼西亚的生态变化过程》（*Agricultural Involution: The Processes of Ecological Change in Indonesia*）一书中。吉尔茨在荷属爪哇岛调研发现，当地农业精密化程度不断提高，劳动力也在不断提高，但人均产出却没有增加，导致当地生活水平长期停滞不前。在吉尔茨看来，资源不断投入，产出却没有增加，这种现象就叫"内卷化"。

后来，"内卷"这个词被引入其他专业研究领域。在企业里，我们比较熟悉的是以下场景：某公司不断提升管理精细化水平，岗位越来越多，分工越来越专业，部门的名字越来越与时俱进。但换来的结果是"996"成为常态，员工下班越来越晚，公司业绩不见提升，人效却在降低，管理成本越来越高。说到这，很多管理者会有疑惑：难道精细化管理错了吗？难道专业化分工不该做吗？如果这些做法必然导致"内卷"，是不是选择"躺平"更好呢？这个问题直击本质，也让我们看到"内卷"的真相：公司不断增加的资源投入与不断迭代的管理举措，并不必然导致内卷。正相反，优秀的企业总会选择不断地"折腾"，以保持竞争优势的长期领先。问题的关键在于，有些企业的"折腾"（资源投入与管理举措）没能换来竞争力提升，反而是劳民伤财、徒劳无功；有些企业的"折腾"换来的是团队人效提升、业绩屡创新高、发展持续领先。

我们还发现了另外一种情况的"内卷"现象：各部门之间，围绕市场变化与客户需求的变更，不断进行流程优化和高效协作，产品、服务与解决方案的迭代手册已经更新到第 N 版；为了强化公司竞争优势，多部门组建联合攻坚小组，在诸如降本增效、客户体验、技术创新、价值链重塑等方面，不断"死磕"到底，市场占有率持续提升；为了客户满意度提升，多部门协同进行流程再造，坚决打掉那些影响客户体验的关键堵点、痛点与症结点，不断优化客户体验，等等。以上这些做法，换来的是客户口碑与竞争力，是良性"内卷"。

确切地说，消耗企业存量的"内卷"，应该叫"内耗"；给企业带来增量的"内卷"，应该叫"进化"。故此，企业应该减少"内耗"式内卷，增加"进化"式内卷。就跨部门协作而言，要避免陷入"内耗"，而是聚焦于客户价值与公司竞争力提升，实现组织进化，有以下三个路径。

路径一：聚焦客户导向。

部门之间出现冲突，不要纠结于谁对谁错，双方要的是解决问题，而不是证明谁的观点更正确。如何解决问题，到底该选什么样的解决方案，标准不是由哪个部门定的，而是要回到客户价值视角：哪个方案更能解决客户的问题、更有利于提升客户价值，就选哪个方案。至于这个方案是哪个部门提出的，一点都不重要。

如果跨部门协作不涉及外部客户，而是内部问题，"客户导向"的逻辑依然没变。首先，从企业价值链出发，定位各个部门在客户价值创造中的位置，要对客户价值的哪个方面负责，什么样的协作方式可以让各个部门所创造的客户价值增值。其次，如果出现了意见分歧，各部门给出不同的解决方案，这个时候，先不要着急说服对方，而是要回到客户价值层面，展现每个方案的预期成果和潜在风险（列出风险与收益清单），看是否还有其他可选方案能更好地提升客户价值；如果双方还是争执不下，当然可以寻求上级的帮助，也可以参考公司过往的业务实践，或者回到公司层面重新审视意见分歧与解决方案。总之，不要陷入存量层面的内耗，而要回到增量层面的进化，这是确保跨部门协作进入良性循环的关键。

路径二：聚焦目标达成。

除了客户维度，还可以从目标维度推进跨部门协作。客户维度回答的问题是：什么样的解决方案更能提升客户价值；目标维度回答的问题是：什么样的解决方案更有利于实现公司目标。就跨部门协作而言，中层管理者需要区分四个层面的目标。

一是公司目标与部门目标。显然，部门目标要服从和服务于公司目标，当然不能出现将部门目标凌驾于公司目标的情况。如果出现意见分歧，就应该从公司目标出发，选择最有利于公司目标达成的那个方案。二是短期目标与长期目标。短期目标往往只涉及项目或任务本身，目标通常比较清晰和具体，长期目标则会涉及公司以及其他部门。如果出现意见分歧，不仅要关注项目层面的短期目标，还要兼顾公司层面的长期目标。三是成本目标与收益目标。在相同条件下，低成本、高收益的解决方案更容易让部门之间达成共识。当然，成本并不仅仅包括资金投入，还包括时间、人力等资源性投入；收益也并非只有业绩产出，还包括客户满意度、口碑、项目影响力等非业绩产出。四是底线目标与挑战目标。一般而言，完成底线目标是跨部门协作的前提，要是连底线目标都没办法保证，所谓创新和探索就失去了意义。同时，中层管理者也要意识到，有些跨部门协作项目本就承担着公司业务创新的重任，目标本身就极具挑战性，这个时候需要与协作部门达成共识，尤其是在打破常规、勇敢试错层面，需要更多聚焦在公司增量发展上。

路径三：聚焦能力提升

能给公司带来增量价值的跨部门协作，除了要坚持客户价值与目标导向，还有一个重要的"副产品"——团队能力提升。当然，团队能力提升，可以是业务、技术和专业层面的硬技能提升，也可以是认知、沟通和关系层面的软技能提升。

跨部门协作与团队成员的能力提升有什么关系呢？当然有关系。在很多中层管理者看来，团队成员的能力提升主要来自于部门培养和业务训练，包括专题培训、业务实战、案例复盘、日常辅导等。而跨部门协作则提供了另外一个团队能力培养的典型场景：不在同一个部门，相互没有隶属关系，在这种情况下，如何取得其他部门成员的支持，如何在存在意见分歧的情况下达成共识，如何构建信任关系，如何解决突发问题，等等，非常考验团队成员的应变能力。

这种跨部门协作所需要的能力，还可以延伸到与公司外部上下游合作伙伴的协作，包括供应商、经销商、渠道商及利益相关方等。这会倒逼团队成员转变工作方式，学会从其他部门、客户、合作伙伴等视角看待问题，最终找到能达成双赢的解决方案。在这一过程中，那些参与过跨部门协作的团队成员，提升了换位思考的能力，扩展了解决问题的视角，构建了范围更广的合作关系网络，这对于部门后备梯队人才的培养至关重要。

从这个层面而言，中层管理者应该创造更多的跨部门协作机会，鼓励团队成员"走出去"，在跨部门协作中提升能力。另一方面，在外部见多识广，回到部门内部，可以多角度看待问题，避免陷入存量内卷的陷阱，让更多员工聚焦于如何创造部门增量，这对于员工、部门和公司而言，都是好事一桩。

➲ 一、转型思考题

1. "办公室政治"是如何产生的？可以从哪些方面着手来减少其对跨部门协作的负面影响？

2. 是什么导致了部门之间"拆台"行为的发生？会给跨部门协作带来哪些典型挑战？

3. 在跨部门协作中，要避免陷入基于存量竞争的"内卷"（内耗），中层管理者可以做些什么？

● 二、转型工具箱

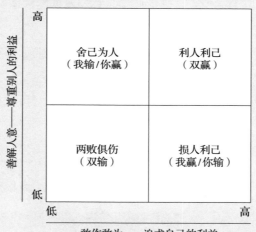

四种人际关系交往模式

在跨部门协作中，为什么会有"拆台"现象？除了个体性格因素外，还与中层管理者的人际交往模式有关。在这方面，畅销书《高效能人士的七个习惯》作者史蒂芬·柯维从"敢作敢为——追求自己的利益"与"善解人意——尊重别人的利益"两个维度，梳理出四种人际交往模式：损人利己（我赢／你输）、舍己为人（我输／你赢）、两败俱伤（双输）、利人利己（双赢）。对于跨部门协作而言，达成双赢才是关键。

● 三、转型方法论

"内卷"作为一种现象，最早由美国人类学家亚历山大·戈登威泽（Alexander Goldenweiser）提出，原意是"单调的复杂"，但没有带来任何创新的成果。后来，"内卷化"出现在美国人类学家吉尔茨所著的《农业内卷化——印度尼西亚的生态变化过程》一书中，吉尔茨在荷属爪哇岛调研发现，当地农业精密化程度不断提高，劳动力也在不断提高，但人均产出却没有增加，导致当地生活水平长期停滞不前。在吉尔茨看来，资源不断投入，产出却没有增加，这种现象就叫"内卷化"。在企业中，我们发现两种情况的"内卷"：一种是消耗企业存量的"内卷"，应该做"内耗"；另一种是能给企业带来增量的"内卷"，应该叫"进化"。就跨部门协作而言，如何避免陷入"内耗"，而是聚焦于客户价值与公司竞争力提升，实现组织进化，有三个路径：聚焦客户导向、聚焦目标达成、聚焦能力提升。

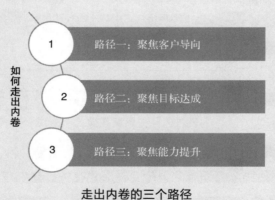

走出内卷的三个路径

第十五章
跨部门协作的真相
——不要自以为是，而要协作制胜

　　跨部门协作的真相，其实就隐藏在三个关键词中。一是"跨部门"。部门不同，意味着不存在直接的上下级关系，意味着各自的职责分工不同，意味着 KPI 的考核内容及权重不同。这就决定了，中层管理者单靠职位权力去施加影响没有用，而对方如果基于部门职责选择不合作也并没有多大的问题，要达成共识难度不小。二是"协作"。为什么需要协作？首先是因为独木难成林，单靠本部门难以达成目标；其次是因为专业化分工的需要，专业人做专业事，才能让公司变得高效。但"协作"需要付出成本和代价。这里的"成本"，既包括时间成本，也包括信任成本（尤其是两个部门之前协作效果不佳，有分歧和冲突没解决，或者之前从未合作过）。三是"达成目标"。这是对跨部门协作的硬约束条件——如果不能达成目标，要么 KPI 受牵连，要么组织评价不佳。反过来，如果两个部门对目标的认知不同，对达成目标的路径选择不同，就需要想办法弥合差距，达成共识。然而，中层管理者都明白，这个过程到底意味着什么。透过这三个关键词，再向内挖掘，我们会发现影响跨部门协作的三个真相。

真相一：与其被动等待，不如主动拆墙

前文我们提到过"冰山模型"。在"跨部门协作"这座冰山之下，始终存在"看不见的墙"，横亘于本部门与其他部门之间，正是它们的存在，才让跨部门协作出现各种意外状况。要解决跨部门协作问题，中层管理者需要勇敢穿越"五堵墙"。

第一堵墙：信任墙。

部门之间的信任度越高，协作成本就越低，协作成果就越好。但信任不是从天而降的，也并非一天之功。在跨部门协作中，中层管理者要面对的是不信任的问题，往往体现在以下三个方面。

第一，凡事必怀疑。一个部门提出的任何意见，另一个部门不是先倾听和了解意见本身，而是先甄别提出者的动机——这个部门为什么要提这个意见，他们想得到什么，是不是要给我们挖坑，等等。这种凡事必怀疑的做法让两个部门之间的不信任表现得淋漓尽致。

第二，针锋相对。一个部门说应该选择 A 方案，反对 B 方案，认为成本是项目成功的第一考量；另一个部门坚决反对 A 方案，力挺 B 方案，认为质量才是项目成功的第一考量。事实上，成本和质量都需要，而 A、B 两个方案也会在一定程度上兼顾两者，但两个部门出于不同的立场和利益考量，遇到意见分歧就会针锋相对，达成共识的难度大大提升。

第三，讨价还价。按理说，部门利益与公司利益是一致的，不存在讨价还价问题。然而，一涉及跨部门协作，有的部门就开始打小算盘，把公司利益先放在一边，如何为本部门赢得更多利益就成了跨部门协作中的优先考量。这就有了讨价还价的空间，导致跨部门协作演变成一场交易。

还有诸如走两步退三步、跨部门协作推进速度慢等问题。究其原因，都是信任缺失惹的祸。如何构建信任呢？前文中我们提到，中层管理者构建部门之间信任的四个层面，分别是：诚实（坦诚相待、一致性、基于原则的公平性、开放性）、动机（目的、方案、行为）、能力（专业水平、敏捷响应、经验输出）、成果（过往的成果记录、取得成果的方式）。在此，我们不再赘述，要特别提醒中层管理者的是：急不得。

一方面，建立信任需要时间，不能等到需要其他部门协助时，才开始构建信任关系；另一方面，"信任墙"客观存在，即便是投入了时间和精力与其他部门构建信任，也并不等于跨部门协作就不会出现问题。所以，在"信任墙"客观存在的情况下，要推进跨部门协作，中层管理者有三个切入口：一是回到共同目标，基于共同目标解决问题，远比纠结于双方的分歧重要得多；二是从小处着手，先解决小问题，从小事构建信任，不要总是期待来一场高山流水的合奏；三是学会搁置争议，先解决能达成共识的部分，再借助包括上级在内的公司资源，解决那些不能达成共识的部分，"成事"对双方都是激励，也是增加信任的一种方式，这将有助于那些分歧和争议的解决。

第二堵墙：利益墙。

跨部门之间存在利益冲突吗？当然。利益墙不仅存在，还是影响跨部门协作成果的关键环节。不过，不要一谈到利益，就只想到钱。对于中层管理者而言，利益还包括口碑、关系、上级评价、组织认可、能力提升等。从"利益墙"视角理解跨部门协作问题，可以帮助我们发现更多真相。那么，部门之间的"利益墙"表现在什么地方？

一是直接的利益冲突。这一点不难理解，在跨部门协作中，因各部门职责定位与专业分工不同（有的部门要增长，有的部门要安全，有的部门要风控，有的部门要创新），遇到关键问题，就会有不同的意见主张，而这背后代表了各部门的不同利益诉求。还有一种情况，

同一个跨部门协作项目，在 A 部门是优先级最高的项目，在 B 部门的重要度排序未必那么高，这必然会影响两个部门的资源投入，也会带来利益冲突。

二是资源的争夺。前文我们提到过存量与增量、分蛋糕与做大蛋糕的问题。在存量条件下，想方设法让自己多分蛋糕，乃人性使然，这本身并不奇怪。但资源是有限的，到底该配置到什么地方，各部门的意见并不一致，这就有了资源的争夺问题。另外一种情况是，各部门都希望从公司获得资源支持，如何说服上级将有限的资源配置到本部门，可不仅仅只看部门绩效，资源即利益，这也是部门之间发生冲突的导火索。

遇到"利益墙"怎么办？其实，这堵墙本身就告诉了你答案：利益。

第一，回到公司利益找交集。这一点非常容易理解，无论双方的冲突多么激烈，公司利益一定是双方的交集，如客户满意度提升、业绩增长、降本增效、市场占有率提升等。第二，彼此尊重和认可对方部门的价值产出和专业分工。跨部门协作的成果一定属于各方，要和其他部门共享利益。第三，利益不仅包括绩效、奖金等物质利益，还有安全感、社交、成就感、被认同、归属感等非物质利益。既然利益的表现方式不同，就不要总是纠结于物质利益的得失，了解其他部门的利益诉求，这本身就是一种尊重。

第三堵墙：立场墙。

正所谓"屁股决定脑袋"。各部门的职责定位与专业分工不同，也就意味着在跨部门协作中，会出现立场不一的情况。比如，在开发新产品这件事上，研发、销售、生产、市场、采购、财务等部门的立场不尽相同。有的部门要创新，有的部门要畅销，有的部门要成本控制，有的部门要降低库存，有的部门要客户满意，等等。在公司层面，各部门的立场是一致的，但回到部门层面，立场分歧就出现了。

如果沟通不畅，双方各执己见，跨部门协作就容易陷入僵局。在这方面，中层管理者要把握以下两个关键点。

首先，要确保双方都能理解对方部门的立场。是让对方理解，不一定是认同。理解是相互的，中层管理者先要问自己，是否能理解其他部门的立场。同时，也要确认其他部门是否理解本部门的立场。这一点非常容易被中层管理者忽视。因此，理解对方部门立场的初衷，理解对方部门的职责定位，理解对方部门的担心和疑虑，更容易帮助双方找到交集达成共识。

其次，双方都要尊重对方立场的合理性。越能理解对方立场的合理性，就越能找到真正的分歧所在，寻求更好的协作成果。当然，如果一开始就质疑对方的立场，就不认同对方部门的专业水平和价值贡献，那就不是立场墙的问题了。

第四堵墙：部门文化墙。

在这里，我们将部门文化定义为"部门的做事方式"。比如，有的部门负责风控和安全，遇到问题一定会"斤斤计较"；有的部门负责效率提升，绝不容忍任何无效和浪费行为。正是因为各部门都有不同的做事方式，所以在跨部门协作中才会存在各种意见分歧和冲突。

问题是，中层管理者无法用本部门的做事方式来强求其他部门照办。同样，中层管理者也不可能完全按照其他部门的做事方式，参与到跨部门协作中来。在这种情况下，如何减少"部门文化墙"对跨部门协作的影响呢？首先，要回到共同目标来看待双方不同的做事方式。既然是跨部门协作，就应该各自发挥专业所长，共同达成目标。至于各部门会采取什么样的做事方式，本身并不影响目标的达成。带着欣赏的眼光看待其他部门的做事方式，或许能有不一样的收获。其次，寻求完全一致的做事方式既不现实也没必要。反过来，如果能更好地理解对方的职责定位和专业分工，就能明白对方为何会有这样的做事方式。所以，各部门之间的日常沟通非常重要。最后，各部门之间的对标学习也很重要。比如，典型案例的复盘，工具和方法论的分享，流程和机制的相互借鉴，等等。不要自我隔离，要保持部门的开放性，这对部门提升和公司发展都是好事。

第五堵墙：认知墙。

认知差异不仅存在于个体之间，也广泛存在于组织体系中。面对同一个业务问题，不同部门给出的解释和结论可能截然不同。这种认知差异正是跨部门协作中出现分歧的主因所在。

什么是认知？认知心理学给出的定义是：人们获得知识、应用知识的过程，或信息加工的过程，这是人的最基本的心理过程，它包括感觉、知觉、记忆、思维、想象和语言等。而认知过程是这样的：人脑接收外界输入的信息，经过头脑的加工处理，转换成内在的心理活动，进而支配人的行为，这个过程就是信息加工的过程。

就跨部门协作而言，所谓认知墙，指的是不同部门之间，因为岗位分工、专业背景、技术要求、工作经验等方面的差异，对同一个问题所形成的看法、判断和解决方案会截然不同。认知差异越大，沟通成本越高，跨部门协作就会面临越多的挑战。

遇到认知墙怎么办？首先，不要假设其他部门能理解你的意见和出发点，正所谓"隔行如隔山"。因此，少讲一些专业术语，多讲一些其他部门也能理解的"人话"，这对于跨部门协作非常重要。其次，不仅要让其他部门理解你的意思，还要回到具体的案例和场景，讲清楚问题、风险和收益。

真相二：与其证明对错，不如聚焦目标

穿越"五堵墙"并不容易。对于一些中层管理者而言，在很多情况下，不是没有意识到"五堵墙"的存在，而是一遇到跨部门协作问题，就会不自觉捍卫自己的正确性（包括观点、意见、方案等），哪怕其他部门的意见有可取之处，也没有耐心听他们讲完。

在跨部门协作中，当"解决问题达成目标"的初衷被"必须证明我对你错"的想法所取代时，意见分歧和冲突就会变为激烈的争吵，或者是相互冷战不合作，这会让跨部门协作陷入僵局。对一些中层管理者而言，为什么证明自己的正确性那么重要？主要有以下两个原因。

一是保持权威感和影响力。

作为部门负责人，中层管理者需要树立自身权威，需要得到团队成员的认可，需要赢得上级的支持，需要赢得其他部门的尊重。权威感和影响力从哪里来？在很多中层管理者看来，除了绩效产出和价值贡献外，"证明自己是对的"这一点非常重要，要是总出错，谈何权威感与影响力？

事实上，能给团队正确的指引、意见和方向，对提升中层管理者的权威感与影响力非常重要。但这并不等于说"管理者永远是对的""管理者从来不犯错""管理者永远洞察秋毫"，等等。如果中层管理者时时处处都要维护自己的"正确"形象，尤其是在跨部门协作中，容不下其他部门的不同意见，不接受任何质疑和批评，那么这种所谓的"正确"到底能持续多久？能推进跨部门协作吗？真的能提升权威感与影响力吗？会给组织带来哪些伤害？

二是推责心理在作祟。

出了问题，当然要承担责任，但如果责任归属不清晰，或者追责措施很严厉，有些中层管理者就选择用"证明自己正确"的方式，来为自己推责。尤其是在跨部门协作中，之所以会出现推诿扯皮的情况，也是中层管理者在用这种方式告诉上级和公司：出现问题不怪

我，一切都怨其他部门。

问题是，这种做法真的能让中层管理者"免责"吗？事实恰恰相反，那些经常推责的管理者，在公司和上级那里的口碑都不怎么好。推诿扯皮的本质，其实是一场博弈。著名经济学家、哈佛大学经济学教授朱·弗登博格（Drew Fudengberg）在其经典之作《博弈论》（*Game Theory*，中国人民大学出版社，2015 年 5 月）一书中，将博弈分成了正和博弈（Positive-sum Game）、零和博弈（Zero-sum Game）与负和博弈（Negative-sum Game）。其中，正和博弈可以理解为"他好我也好"；零和博弈可以理解为"一方获利一方亏损"；而推诿扯皮属于负和博弈的范畴，你和其他部门都不得利，不仅影响跨部门协作成果，还会影响公司利益。

其实，中层管理者都明白，跨部门协作的初衷，是为了达成目标，而不是为了证明谁对谁错。如何避免陷入证明对错的困局，少一点自以为是，多一点协作制胜呢？有以下三个做法可以借鉴。

第一个做法：要对齐目标和原则，不要争论对错。

在跨部门协作中，将对错置于目标与原则之上，一定会出现争吵。反过来，如果目标在前，对于做事的原则和标准事先达成共识，那么争论对错的机会就少了很多。即便是遇到意见分歧，对错的尺度也不在你和其他部门那里，而是回到了目标和原则。

所以，在跨部门协作中，与其他部门对齐目标和原则非常重要。对齐目标容易理解，一般指的是跨部门协作项目要达成的大目标，以及与成本、质量、效率、时间等息息相关的小目标。在目标层面，中层管理者常犯的错误是：与其他部门对齐了大目标，但没有对齐小目标。而恰恰是因为没有对齐小目标，所以在出现意见分歧时，大家没有标准可依，就容易陷入争论对错的局面。

与对齐目标相比，对齐原则更容易被中层管理者所忽略。这也难怪，因为在大多数情况下，人们一般感觉不到原则的存在。然而，当遇到分歧和争执，到了无法调和对簿公堂的时候，原则的价值就凸显出来了。在跨部门协作中，原则的价值与之类似。不过，事前对齐原则，不仅是为了今后出现意见分歧和争吵时"有法可依"，更重要的是，你和其他部门提前沟通跨部门协作中可能出现的棘手问题，以及出现问题时的判断标准和取舍依据，这相当于"把丑话说在前头"。提前敲警钟，总比事后出了问题再争论对错强得多。

这种做法对中层管理者也有挑战。一方面，很多中层管理者执着于做事本身，遇到跨部门协作项目，首先想到的是如何尽快达成目标，不太关注有关原则与做事方式层面的沟通。另一方面，在很多中层管理者看来，对齐原则完全没必要，自己和其他部门关系不错，遇到问题商量着来，不会有大问题。不出现问题当然好，但原则是底线和保障，有了原则，至少给过程中的意见分歧和争吵上了保险，不让双方陷入争论对错的困局。当然，即使提前对齐原则，也会出现突发和意外情况，之前的原则可能无法给予指导。没关系，这个时候双方可以通过沟通设定新的原则，并将其作为原则体系的一部分，用来指导跨部门协作。

第二个做法：要构建成长型心态，摒弃固定型心态。

著名心理学家、斯坦福大学教授卡罗尔·德韦克（Carol S. Dweck）在其经典著作《终身成长：重新定义成功的思维模式》（*Mindset：The New Psychology of Success*，江西人民出版社，2017 年 11 月）一书中，提到了成长型心态（Growth Mindset）与固定型心态（Fixed Mindset）。在作者看来，在固定型心态下，人们认为自己的基本品质（如智力或才能）是固定的，"他们把时间花在记录自己的智力或才能上，而不是努力发展它们"，在这种心态下，很容易产生自以为是的想法。而那些拥有成长型心态的人，相信自己最基本的能力可以通过努力来发展，"头脑和天赋只是起点，对学习和热爱要保持强大的适应能力，这是取得伟大成就所必需的"。在这种心态下，自以为是很难发生，因为成长型心态的人，更需要的是新的学习和成长。

对于中层管理者而言，在跨部门协作中，要减少自以为是，要避免陷入争论对错的困局，更需要成长型心态的加持。有三个措施，可以帮助中层管理者构建成长型心态。

措施一：反思。正所谓反求诸己，成长型心态的培养当然要从自我开始。对于中层管理者而言，反思是对过往实践的系统总结和深度思考。每一次跨部门协作，无论成败与否，都是一次重要的反思机会：项目预期是什么？过程中出现了哪些问题？分歧是如何解决的？有哪些做法事后看有问题？有哪些实践可以标准化复制？有哪些能力还需要继续提升？要向其他部门学习什么？等等。反思不是纠错，更不是证明自己伟大，总结经验教训，进行系统思考，不断提升认知和能力，让自己在每一次反思后都能获得新的成长，这才是反思的价值所在。

措施二：反馈。如果反思是面对自己，那么反馈是面对别人。就跨部门协作而言，来自其他部门的反馈非常重要。当然，不要等到项目结束，才煞有介事地找其他部门要反馈。如果真想借助反馈机制提升自己，最好的方式是过程反馈。对于中层管理者而言，跨部门协作中的过程反馈包括日常例会、节点沟通、突发事件后的复盘、典型案例分享等。过程反馈的特点，首先是及时，趁着问题刚发生，反馈更客观，解决起来更容易；其次是有案例、有场景，从具体的事件出发，更容易找到自己的问题所在，这要比事后总结强得多；最后，过程反馈也可以提升你和其他部门的信任关系，也给了双方一个相互学习的机会，有助于跨部门协作的顺利推进。

措施三：尝鲜。反思和反馈还是来自于内部。要让跨部门协作的成果更好，你和其他部门还不能仅仅把眼光局限于项目内部，要了解公司其他跨部门协作项目的进展和经验，要学习和借鉴公司外部竞争对手与上下游合作伙伴的优秀做法。这种眼睛向外的方式，可以让你和其他部门看到更多创新的可能性，不再局限于固有经验和思维。如果能学习和借鉴外部优秀实践为我所用，对于中层管理者而言，不仅能拿到跨部门协作的成果，还能让自己提升认知和能力水平。

真相三：与其好为人师，不如群策群力

有没有听说过"好为人师"的管理者？就是那种看到同事有问题，立马给出自己的意见和建议，不仅如此，有时还会"帮人帮到底"——必须让对方按照自己的方式做，实在不行，就亲自上场解决。

且慢。"好为人师"的做法并不一定会带来好结果。在很多情况下，"帮倒忙"也有可能。《孟子·离娄上》中写道："人之患，在好为人师（另一说：人之忌，在好为人师）。"孟子的意思，不是"为人师"有问题，而是"好"有问题。"好"意味着"总是""偏爱"，是自己想"为人师"，至于别人愿不愿意接受，到底给别人帮忙还是添乱，对"好为人师"者并不重要。

在部门内部"好为人师"也就罢了，如果到了跨部门协作层面，有些中层管理者还是放不下"好为人师"的冲动，遇到问题总喜欢居高临下教育别人，或者拿过去的老皇历说事，这种情况下，其他部门怎么可能答应呢？

首先，你和其他部门的人不是上下级关系，也不隶属于同一个部门，你可以发表不同意见，也可以提出质疑，但却没有机会"好为人师"——其他部门为什么要接受你"为人师"呢？其次，对于部门内的"好为人师"，中层管理者还可以来一句"我都是为了你好"，但

到了跨部门协作场景下，这句话就不灵了。因为跨部门协作不是"为谁好"的问题，而是一起努力达成目标。即便真的是"为你好"，其他部门如何相信你的动机？还有，"好为人师"者的前提假设是"我是对的"。这个前提在其他部门那里成立吗？如果不成立，"好为人师"的价值何在？

与其好为人师，不如群策群力。就跨部门协作而言，"好为人师"不重要，谁的观点和意见正确也不重要，重要的是解决问题达成目标。既然是跨部门协作，就需要各自发挥专业优势，遇到疑难杂症，更不能停留在经验主义之上，需要"动员群众，解决难题"。这就是群策群力的价值所在，也是中层管理者需要提升的"横向领导力"。

在跨部门协作中，大家的认同感越高、参与感越强、成就感越多，群策群力的效果就越好。而认同感是跨部门协作的前提和基础，有了认同感，参与感与成就感水到渠成。在跨部门协作中，认同感包括三个方面：对目标的认同感，对原则的认同感，以及对协作伙伴的认同感，三者缺一不可。

首先是对目标的认同感。既然是跨部门协作，各方的目标是一致的，对共同目标的认同没什么问题。然而，每当遇到困难和挑战，总会有人打退堂鼓，质疑目标的合理性，这是人性的一部分，也是跨部门协作出现问题的原因之一。

不是都认同目标吗，怎么还会出现这种情况？其实，对目标的认同感，不能仅仅停留在目标本身，还要在跨部门协作项目启动之时，对实现目标的路线图、可能遇到的障碍点、有哪些可行的解决方案等达成共识。"目标—路线图—障碍点—解决方案"，这才是完整的目标体系，大家对目标的认同感应该覆盖这四个方面。认同感有了，遇到困难和挑战就会更坦然，更能从现实出发寻找解决方案，群策群力解决问题。

其次是对原则的认同感。之前我们提到过，"把丑话说在前头"对跨部门协作各方都很重要。原则相当于预期，原则越清晰，预期越稳定。大家认同了原则，再遇到意见分歧，就不再相互抱怨，而是想方设法解决问题。原则是怎么出来的？当然是大家群策群力，共同讨论和协商出来的。在这方面，不要完全照搬一个现成的原则条款拿来用，而是要和各方商讨哪些原则更有助于跨部门协作取得好成果，更有利于问题和分歧的解决。我们之前提到的"对齐原则"，也是这个意思。

最后是对协作伙伴的认同感。这是一个循序渐进的过程。如果之前大家相互了解，认同感早已存在，这并不是问题。但在很多跨部门协作项目中，成员来自不同部门，相互之间并不熟悉，更谈不上深入了解。这就需要通过沟通和碰撞，逐步建立认同感。在跨部门协作中，对人的认同感主要基于两个方面：一是做事方式（行为），二是所取得的成果（实力）。一般而言，信守承诺、说到做到、公开透明的做事方式更容易赢得大家的认同。

有了认同感、参与感和成就感，接下来的问题是：如何让跨部门协作捷报频传，成果丰硕？

➡ 一、转型思考题

1. 在"跨部门协作"这座冰山之下，始终存在"看不见的墙"，如何减少这些墙对跨部门协作的影响？

2. 为什么一些中层管理者总会陷入"证明对错"的困境？是为了目标达成，还是为了捍卫自己的正确？

3. "好为人师"的管理者有哪些特点？在跨部门协作中，如何从自以为是转变为群策群力？

二、转型工具箱

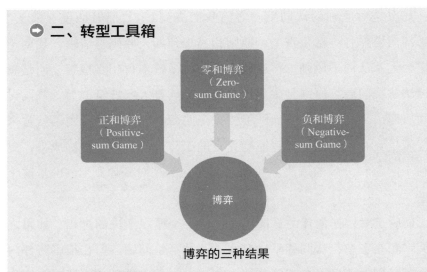

博弈的三种结果

著名经济学家、哈佛大学经济学教授朱·弗登博格在其经典之作《博弈论》一书中，将博弈分成了正和博弈、零和博弈与负和博弈。其中，正和博弈可以理解为"他好我也好"；零和博弈可以理解为"一方获利一方亏损"；而推诿扯皮属于负和博弈的范畴，你和其他部门都不得利，不仅影响跨部门协作成果，还会影响公司利益，对谁都不好。

三、转型方法论

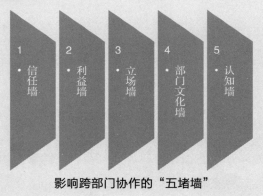

影响跨部门协作的"五堵墙"

在"跨部门协作"这座冰山之下，始终存在"看不见的墙"，横亘于本部门与其他部门之间，正是它们的存在，才让跨部门协作出现各种意外状况。要解决跨部门协作问题，中层管理者需要勇敢穿越"五堵墙"，分别是：信任墙、利益墙、立场墙、部门文化墙、认知墙。要提升跨部门协作成果，就需要降低这"五堵墙"的影响。一般而言，共同的目标共识、公开透明的做事方式、靠谱的能力水平等可以帮助中层管理者穿越"五堵墙"，而这本身也是中层管理者提升"横向领导力"水平的一部分。

第十六章
跨部门协作的方法
——不要斤斤计较，而要持续双赢

　　协作自有道，双赢有方法。请一定相信，你和其他部门之间是可以实现双赢的。有了这个认知，我们在这一章聊聊，如何与其他部门实现高效协作，最好还能"一起向未来"，实现部门与部门之间的双赢。

　　当然，我们这里提到的"方法"，可不是教你如何"搞定其他部门"。如果互相用"套路"，你防着我，我防着你，交易成本过高。正相反，我们所推崇的跨部门协作之道，一定是简单可行、开放透明、能解决问题、能提升协作效果的。基于这一点，在跨部门协作中，应用好以下这三个方法，会对效率提升和目标达成有很大帮助。

方法一：基于项目成功"打胜仗"

　　我们前面多次提到过"打胜仗"。在跨部门协作中，"打胜仗"本身就是对当事人的一种激励：既可以证明协作结果达成了，双方的付出没有白费；又可以证明自己和其他部门的协作方式是对的，你们才是公司的最佳搭档。反过来，无论你和其他部门的关系有多好，即便是没有分歧、没有冲突，具有高度共识，只要总是"打败仗"，要不了多久，你们的协作就会分崩离析。

还有一个关键词是"共同目标"。"打胜仗"要导向共同目标，是共同目标之下的"打胜仗"，双方要一起庆祝胜利。因此，"打胜仗"一定是多赢的结果，在"打胜仗"的基础上，部门之间的分歧好解决，冲突不算事，跨部门协作就容易结出丰硕成果。在跨部门协作中，最典型的"打胜仗"场景就是持续取得"项目成功"。

这里提到的"项目"，既包括"项目管理"语境下的项目，也包括公司内部的重点工作任务或专项工作等。跨部门协作，往往首先会涉及公司某个项目的横向协同，在项目层面获得成功，是衡量跨部门协作效果的重要标志。所以，如何实现项目成功，是"打胜仗"的关键。如果是外部项目，"项目成功"一般都与客户买单或客户满意度有关；如果是内部项目，"项目成功"一般都与降本增效或创新改善有关。不管是外部项目还是内部项目，在跨部门协作中，要想实现项目成功，作为中层管理者要把握以下三个关键点。

关键点一：准确定义客户需求与项目成功目标。

定义清楚项目（任务）的客户是谁，客户的需求是什么，客户满意的标准，项目成功的标准，等等。

这里提到的"客户"，泛指跨部门协作项目的需求提出方——有可能是外部客户，也有可能是上级或公司其他部门。准确了解客户需求，确保跨部门协作中各当事方都对客户需求有共识，这是项目成功的关键一步。

恰恰是这一步被很多人忽略了。常见的工作场景是：两个部门接到某个需求，快速组建联合项目团队，快速拿出方案，快速进行沟通，然后就出现分歧和冲突，吵个天翻地覆。等到陷入僵局时，大家才猛然发现，各自对项目需求的理解不一致，甚至连需求方到底想要什么都没搞清楚，做了很多无用功，这大大增加了跨部门协作的时间

与沟通成本。

如何避免这种情况的出现呢？方法是：在跨部门首次项目协作沟通会上，各方确认客户需求，就项目所要达成的目标取得共识。不仅如此，各方还要就达成项目目标所需的路径、资源、策略、关键节点（里程碑）、障碍点与解决方案等达成共识。有了需求和目标共识，形成了一致的项目预期与路线图，接着要明确各自的分工与责任，减少跨部门协作中的扯皮和推诿，让当事各方进入责任状态。

关键点二：过程中的充分沟通与分歧解决。

跨部门之间明确了客户需求、项目成功目标、关键节点与行动措施，就一定能保证项目成功吗？当然不是。在项目推进过程中，跨部门协作仍面临诸多挑战。

挑战一：意外和突发情况。所有的项目计划，都只能做到尽可能完善，但一定会存在某种程度的偏差与疏漏，所谓"计划跟不上变化"。原因是，很多跨部门协作项目往往会涉及需求变更——有的来自公司外部，有的来自公司高管。需求都变了，原有的项目计划自然也要跟着变。这个时候，部门之间还需要就变更后的项目需求达成新的共识，并一起调整项目计划。在这个过程中，分歧在所难免，也可能会涉及职责分工的变化，需要各方进行深入的沟通，找到分歧解决方案。

挑战二：各部门内部的变量。即便是没有项目需求变更，各部门内部也会出现各种变量。比如，部门内部新增了其他项目，原有的项目成员需要被抽调到其他项目。在这种情况下，既要和新成员同步过往的项目进展情况，又要针对后续的项目计划做调整，这会涉及大量的沟通与协调工作，时间成本、沟通成本与管理成本也会大大增加，从而影响跨部门协作的效率和产出。

挑战三：项目实施过程中遇到的阻力和问题。比如，某个技术难题迟迟没能解决，导致项目成员心态波动，甚至对项目本身提出了质疑；再比如，针对某个具体问题，大家给出的解决方案南辕北辙，又无法达成共识，项目推进陷入僵局。事实上，基于各部门的专业分工和认知差异，问题解决路径和策略也不尽相同，如何打破僵局，如何消弭分歧，都需要各方进行充分的沟通与协同。这包括项目例会层面的沟通、突发问题时的沟通、需求变更后的沟通等。对跨部门协作而言，在很多情况下，各方的沟通不是太多了，而是太少了；不是因各方分歧造成的问题，而是因沟通不够深入所带来的问题；不是缺乏有效的解决方案，而是各方沟通的意愿不足与方式不对。从这个角度而言，跨部门之间充分有效的沟通再怎么强调也不过分。

关键点三：结项时的复盘与总结。

如果项目进展顺利，各项目标均已达成，各个部门是不是就可以举手相庆了？别着急，先把结项会开完再说。一个好的结项会，不仅要庆祝项目取得成功，还要总结经验教训并形成方法论，还要以此为见证，深化部门之间的互助关系，提高信任度，降低沟通成本，以利于今后的跨部门协作项目更好地推进。

除了项目本身所涉及的流程、业务、技术等经验总结外，从跨部门协作的角度看，项目结项会还要重点在以下几个层面达成共识。

一是针对问题的沟通机制。

项目中出现过很多问题，哪些问题解决得好，哪些问题解决得不好？有哪些好的沟通方式可以形成可复制的流程、机制与模式？错误不再犯，好方法要流传。尤其是针对项目实施过程中出现的典型事件和案例，大家可以通过拆解案例、梳理流程、查找关键点等方式，形成有效的沟通机制。

二是针对冲突的协商机制。

项目推进过程中难免有冲突，这包括各方的观点、做事方式、实施策略等。一般而言，冲突要么是各方认知差异造成的，要么是利益分配造成的，要么是关系紧张造成的。事实上，只要分歧演变为冲突，往往是混杂了这三种因素，解决起来肯定不容易。

首先，建立冲突预警机制很有必要——出现什么情况要先暂停，出现什么情况暂缓沟通，出现什么情况可以求助于第三方，等等。通过回顾项目中的冲突时刻，形成跨部门协作中的冲突预警机制，提前识别与化解风险。其次，要形成冲突发生后的解决机制。让冲突带来的负面影响（如项目延期、陷入僵局、误入歧途等）最小化，就事论事解决问题，避免让冲突伤及人际关系或变成人身攻击，是冲突解决机制的价值所在。到底是通过周期性部门联席会议解决，还是设立专门的冲突解决小组，或者提前约定好几种典型场景冲突解决方案，部门之间可以通过沟通达成共识。

三是项目亮点的拆解与总结。

完成一个跨部门协作项目，各方总会有得有失。是纠结于项目推进过程中所出现的某个问题谁对谁错，还是各方向前看，让这个项目所取得的经验为下一个项目提供借鉴？显然，前者会让我们聚焦于责任层面，后者能让我们总结经验得失，避免再出问题，更好地推进新项目。

这里要提醒大家的是，项目复盘可不能仅仅盯着问题总结教训，还需要围绕项目中的"亮点"——创新策略、典型案例等，形成可复制的跨部门协作方法论。当然，各方找亮点的过程，还会有一个额外"发现"：如果没有其他部门的支持与协作，这些"亮点"就无从谈起；如果没有其他部门发挥专业优势，"亮点"可能就会变成项目的堵点或痛点；"亮点"是各方一起创造出来的。这种认知和总结会成为下一次跨部门协作的新起点。

方法二：基于业务联动"促关系"

千万不要一提到"关系"就紧张。在现代汉语中，关系指的是"事物之间相互作用、相互影响的状态"——有关联，才有关系；有关切，才有关系；有相关，才有关系。在管理学语境中，彼此存在各种关系的实体也被称为"利益相关方"（在公司战略管理中，会涉及利益相关者分析；在项目管理中，利益相关方也被称为"干系人"）。业务强、产出高、团队协作绩效好、战略协同有默契，这样的"关系"才是部门与部门之间协同发展的最佳体现。

具体而言，部门之间有三重关系，分别是业务关系、团队关系与战略协同关系。其中：业务关系是基础，也是各部门的专业分工与职责所在，如果连业务关系都经营不好，其他层次的关系如无本之木；团队关系是保障，如果两个团队之间的人际关系很冷漠，没有项目协作时，不愿多说一句话，遇到责任问题，赶紧先撇清自己，在这种情况下，指望各方在跨部门协作中多出力是不现实的，尤其是在部门与部门之间的模糊地带；战略协同关系对各方的要求最高，即便是各部门之间业务关系佳、团队关系好，也并不代表他们在战略协同层面顺风顺水。因为战略协同需要各方回到公司层面看问题，需要站得高、看得远，需要就公司战略目标、发展阶段、主要矛盾、重要事项优先级等达成共识。

关于战略协同，我们稍后会在第三个方法中展开，对于中层管理者而言，处理好业务关系与团队关系是跨部门协作的基本功，也是提升中层管理者"横向领导力（影响力）"的关键所在。事实上，业务关系与团队关系密不可分：脱离业务关系去提升团队关系，相当于无源之水——那不是正常的跨部门协作，而是搞"团团伙伙"，也是公司所反对的；而脱离团队关系去增进业务关系，也非常不现实，会面临诸如时间成本高、沟通效率低、项目进展慢、冲突时有发生等诸多情况。这其实很容易理解：想想看，如果没有部门与部门之间的相互了解、信任与默契，怎么可能有跨部门之间的协作成果。因此，基于业务（关系）联动，增进部门（团队）之间的关系，才是跨部门协作的正道。中层管理者该如何做？

这就要回到公司成立部门的初衷。我们之前提到过，一家公司之所以成立不同部门，就是要发挥专业化分工的力量，整合各个部门的优势，最终形成合力，成为公司竞争优势与核心竞争力的一部分。换句话讲，每个部门都有独一无二的价值，如果哪个部门效率低、产出差、协作成本高，企业反倒不如通过外包或寻找专业供应商替代的方式来解决问题。

部门与部门之间的业务联动是如何发生的？就是通过我们前文提到的企业价值链来实现的。关于价值链，哈佛商学院终身教授、被誉为"竞争战略之父"的迈克尔·波特曾提到："每个企业都是在设计、生产、销售、发送和辅助其产品的过程中进行增值活动的集合体，所有这些活动可以用一个价值链来表明。"在这里，波特教授特别强调了"增值"，这是企业对价值链中各部门进行专业化分工与高效协作的基本要求——是"增值"而不是"重复"，是"增值"而不是"替代"，是"增值"而不是"可有可无"；而"集合体"的意思则是不可或缺，是最佳要素的组合，是一起为客户创造价值。从这个角度而言，一个部门的拖沓与低效率，影响的可不仅仅是这个部门，而是要让整个公司为之买单。如何评估部门之间业务联动水平？往往有三个关键指标：响应时间、协作效率、满意度评价。

第一，响应时间。

这个很好理解，接到其他部门的业务需求，你所在部门的响应时间的多少，体现了跨部门协作的意愿度。试想一下，如果部门与部门之间总是延迟响应、不响应，动不动就以各种理由说"不"，业务联动的效果可想而知。

第二，协作效率。

如果响应时间没问题，各方也愿意全力以赴，这个时候，决定业务联动效果的关键就在于各部门之间的协作效率。事实上，"好心办坏事"的情况经常发生，跨部门协作效率的高低，往往和三个因素有关：各方的共识、执行力、流程系统。

首先是各方的共识，确保各方对跨部门协作的目标理解是一致的。这包括要取得的成果是什么、通过什么方式达成结果（路径）、将会遇到哪些问题和障碍、有哪些资源可用等。切记，共识不仅仅指的是目标本身，还有路径、障碍、解决方案等。其次是执行力，各方能否推进本部门内的计划执行。既然是跨部门协作，任何一个部门都要完成各自所承担的工作，一旦出现"掉链子"的情况，协作效率必然打折。最后就是流程系统是否高效畅通，如果流程节点总是"卡壳"，或者流程烦琐、冗长，从决策到执行总会遇到各种挑战，在这种情况下，业务联动效率就很难提升。

第三，满意度评价。

既然是业务联动，一定会有流程上的前端与后端，一个部门的成果输出可能会是另一个部门的工作输入，类似于需求的发出方与承接方的关系。当然，在跨部门协作中，需求的发出方与承接方并非固定不变，这一次的项目需求发出方，也可能是上一次的需求承接方。因此，跨部门协作的满意度评价，往往会采取交叉打分的方式进行，通过持续的反馈与评估，不断提升各部门业务联动水平。什么会影响跨部门之间业务联动的满意度呢？有以下三个关键点。

关键点一：需求同频。不了解需求，或者对需求的理解与需求发出方不一致，这会严重影响部门之间业务联动的进展，更谈不上满意度。因此，在跨部门业务联动中，与其他部门的首次沟通，就要实现需求同频。这还不够，需求理解一致只是前提，行动计划是什么、时间和预算如何安排、有哪些障碍和资源约束等，尽管这些问题不一定是其他部门考虑的范围，但相互之间做到信息同步、公开透明，对于后续的问题沟通很有价值。当然，还有一种情况，那就是提出需求的其他部门也说不清自己想要什么，尤其是涉及公司业务或技术创新的项目，这个时候，就不仅仅是跨部门业务联动的问题了，还需要和上级进行充分沟通，或者在完成原型展示后，及时与需求发出方沟通确认，发现问题随时纠偏。

关键点二：需求变更后的及时沟通。正所谓"计划没有变化快"，在跨部门协作中，即便是一开始就做到了需求同频，也很难保证跨部门业务联动一切顺利。最经常出现的情况就是需求变更。千万不要对需求变更大惊小怪，如果你的公司正处于高速发展阶段，或者外部行业环境快速更迭，抑或是恰好遇到了某个不按常理出牌、追求极致创新的高管（往往是公司层面需求的提出者），你就会发现，需求变更才是常态。其实，需求变更不可怕，怕的是需求变更后，你和其他部门没有做到信息同步，你仍然按照既定计划在执行，这就造成了需求变更与实际执行的偏差。怎么办？还得通过沟通来解决。首先是信息同步要及时，这也是很多公司强调跨部门协作例会的价值所在；其次是快速调整计划和行动措施，并就可能遇到的风险与挑战进行深入沟通，重新达成共识；最后，提出今后需求变更的预案，正所谓"吃一堑长一智"，如果能提前准备好行动预案，至少要比被动挨打强得多。

关键点三：解决分歧。既然是跨部门业务联动，出现分歧和争议很正常。这些分歧，有的与各方认知不一致有关，有的与各方利益诉求不一致有关，还有的与对跨部门协作最终成果的预期不一致有关。无论哪一种情况，分歧都会影响跨部门业务联动的效率和进展。如何解决分歧？有两种方式。一是回到需求本身，与需求发出方进行及时的沟通和确认。不要猜，去听听需求发出方的想法和判断，这是消除分歧的最佳方式。二是如果经过沟通后，各方还是无法达成共识，那就将当前的分歧拆解为若干个小问题，先从"有限共识"那部分推进，再去解决分歧较大的难题。切记，千万不要因为有分歧而让跨部门协作停滞不前，僵持不下对各方都没好处。

当然，除了直接的业务联动，回到中层管理者视角，在跨部门团队关系层面，还有三件事可做。一是通过跨部门团建活动，增进部门之间的了解。一般而言，各方接触越多，了解越多，就越能理解对方的动机和出发点。有了相互了解，才会有换位思考，出现分歧和冲突时，才更容易找到各方都能接受的解决方案。二是通过共同组织业务培训或主题分享活动，为各部门团队成员创造更多的接触和交流机会，这会大大降低部门之间的沟通成本。三是形成部门与部门之间的集体记忆，如某个项目的纪念日、集体荣誉奖章、证书等。在业务协同的基础上，人与人之间的情感连接（包括信任、共鸣、共同的经历、认同感等）始终都是跨部门协作中提升团队关系的黏合剂。

方法三：基于战略协同"共成长"

前两个方法，无论是基于项目成功，还是业务联动，关注的都是当下的问题，也就是在具体的跨部门协作过程中所遇到的现实问题与挑战。但对于中层管理者而言，要提升跨部门协作水平，显然不能仅仅局限于当下，还要回到公司目标和战略协同层面，回到部门绩效增长与团队能力建设层面，与其他部门共同推进公司战略的落地。基于公司战略协同的跨部门协作应该如何做呢？对中层管理者而言，要重视以下三个抓手。

抓手一：基于 KPI 体系的战略协同。

各部门如何承接公司战略目标呢？最常见的方式是 KPI 体系。通过战略地图，将公司目标层层分解为各业务单元与中后台部门的目标与"必赢之战"（公司战略级的关键行动措施）；通过平衡计分卡，将公司战略拆解为财务、客户、内部运营、学习与成长等四个维度的 KPI，继而形成全方位的绩效考核体系。

确切地说，KPI 解决了公司"千斤重担众人挑，人人头上有指标"的责任落地问题，让公司的事变为"你我的事"。而另一个常被人提起的 OKR 体系，则侧重于公司"目标与关键成果"的上下对齐和左右拉通。但二者不能相互取代：KPI 的考核评价不能替代 OKR 所鼓励的勇于挑战与容忍失败，OKR 的目标驱动不能替代 KPI 所推崇的责任锁定与量化评估。接下来，我们以 KPI 体系为例，看看部门之间如何实现战略协同。

基于各部门 KPI 的战略协同，管理者需要找到部门之间的 KPI 交集。比如，公司年度战略主题是"区域市场扩张"，那么各部门的 KPI 必然会指向这个主题，"区域市场扩张"就成了各部门之间最大的战略共识。只不过，各部门的 KPI 都是基于各自的专业化分工，有的部门的 KPI 追求的是区域市场扩张的速度（如新增门店数、加盟商数、市场增长率等），有的部门的 KPI 追求的是区域市场扩张的效果（如新客户人均消费、新店的单店利润、市场活动的有效转化率等），有的部门的 KPI 追求的是区域市场扩张的成本（如投入产出比、降本增效、人效比等）。

你看，各部门在"区域市场扩张"层面有着高度的共识，而一旦落到部门 KPI 层面，"打架"现象就出现了：要速度，就很难保质量；要质量，就需要增加成本；要增加成本，就很难有利润；要保利润，就必须要速度；要速度，就很难保质量。绕了一圈，又回来了。既然部门和部门"打架"，那就听听公司怎么说？这个时候，老板一般会说：既要速度，又要质量，还要成本，也要利润。听到这里，各部门只能面面相觑。

然而，公司要生存，企业要发展，还真的得向"既要、又要、还要、也要"靠拢。事实上，只有在成本、质量、增速、规模、效率、创新等层面齐头并进，企业才能实现可持续发展。当然，因资源或能力限制，在公司发展的不同阶段，成本、质量、增速、规模、效率、创新等目标的排序肯定不同，甚至会出现优先发展其中的 $1 \sim 2$ 个目标、暂时搁置其他目标的情况，但这并不代表对其他目标可以放任自流，成本、质量、增速、规模、效率、创新等任何一个目标，都不能落后于行业平均值，否则就会出现被动挨打的情况。从这个角度而言，任何企业都不能只会进攻不懂防守，更不能毕其功于一役，那些有某项独特优势且没有明显劣势的企业，更容易在竞争中突围。因此，当公司确定了"区域市场扩张"的战略主题，不会仅仅追求区域市场扩张的速度或者规模，也会在成本、质量、效率、创新等层面提出要求，最终会成为公司和各部门的 KPI，也是部门与部门之间 KPI"打架"的原因所在。

要减少 KPI"打架"现象，推进部门与部门之间的战略协同，最佳方式就是找到 KPI 交集，基于 KPI 交集推进战略协同，一起完成公司战略目标。怎么做？有以下五个关键动作供管理者参考。

第一个动作：分享各自部门的 KPI。既然是分享，就不能草草地扔一张部门 KPI 表格给其他部门。管理者要将本部门 KPI 设定的背景、实现的路径、将会遇到哪些挑战等情况分享给其他部门，并征求其他部门的意见。

第二个动作：找到并扩大 KPI 交集。当各部门的 KPI 以及在实现 KPI 的过程中可能遇到的挑战、障碍点、资源限制条件、路径措施等要素汇集到一起时，就出现了各部门最初的 KPI 交集。在此基础上，各部门再通过多次沟通，想办法扩大交集面积。一般而言，KPI 交集面积越大，意味着各部门之间的共同利益就越多；多部门产生 KPI 交集的地方，恰恰是公司年度战略协同的重点。

第三个动作：围绕 KPI 交集，商讨联合行动措施。找到 KPI 交集，只是明确了各部门之间的共同利益所在，但这并不必然会带来跨部门战略协同的成果。只有将 KPI 交集转化为具体的行动措施，特别是各部门展开联合行动的关键战役，跨部门之间的战略协同才能水到渠成。

第四个动作：执行中的即时沟通与纠偏。如何确保执行中各部门步调一致，而不是各自为政？这就需要跨部门沟通机制发挥效力，包括日常的周期性沟通、联合项目关键节点沟通、突发情况下的即时沟通、重大问题的沟通等。沟通是形式，纠偏并让跨部门协作重回正轨才是目的。千万不要等到问题严重时，再来一句"不对呀，不应该这样呀，不是早就说好了吗"这样的话。这样不仅于事无补，还会影响问题的解决。平时多沟通，好过事后忙"救火"。

第五个动作：复盘与评价。到了岁末年初，或者公司财年结束，各部门可以通过年度复盘的方式，评估跨部门 KPI 交集完成情况，检视各部门在年度战略协同过程中的行为表现。部门之间可以相互打分与评价，也可以邀请上级、其他部门、供应商、外部合作伙伴进行评价。评价的初衷，不在于得分本身，而是透过打分看清"别人眼中的自己"。在此基础上，各部门还要系统总结战略协同中的经验教训，形成新的方法论，并基于新一年的 KPI 交集进行沟通与协商，进入下一个战略协同周期。

抓手二：基于公司"年度硬仗"的战略协同。

"硬仗"原本是一个军事术语，而"年度硬仗"特指为了达成公司战略目标，需要在年内完成的公司级关键任务 / 项目 / 行动计划。什么样的任务才算是公司的"年度硬仗"呢？首先，一定是对公司战略目标包括中长期发展规划有决定性影响的关键任务，这往往和行业机会、产业周期、发展趋势等因素有关，即"难而正确的事"。其次，任务一定会涉及多个部门，需要各部门共同行动才能达成结果，并非哪个明星部门单枪匹马就能做到。最后，任务一定会有不小的难度，可能会挑战公司的业务现状，也可能会改变现有的利益格局，往往会牵一发而动全身。

公司"年度硬仗"如何落地呢？有的通过 KPI 分解到相关部门，有的通过组建专项小组来落实，还有的是以公司高管牵头推进的专项行动来展开。有关部门 KPI 交集的问题，我们在前文中做过分析，在此不再赘述。关于部门之间如何通过专项任务或行动进行战略协作，也有四个关键动作供管理者参考。

第一个动作：澄清"年度硬仗"目标，并达成共识。磨刀不误砍柴工，多花点时间达成共识，好过执行过程中的反复沟通与推诿扯皮。就"年度硬仗"而言，相关部门（也包括公司层面牵头推进"硬仗"的高管）要达成的共识包括：为什么会有这场"硬仗"、公司的战略初衷是什么、有哪些指标来衡量"硬仗"、要打赢"硬仗"将遇到哪些问题、需要哪些资源以及还有哪些资源缺口等。

第二个动作：基于共识研讨关键行动措施，选定责任人并进行书面承诺。共识只是起点，打赢"硬仗"才是关键。各方需要基于共识，研讨关键行动措施，并以具体项目或任务的方式，落实到相关的部门、岗位和责任人。很多公司往往以"经营责任状"或个人绩效合约等方式，将项目或任务转化为书面承诺，以更好地推进各部门在年度"硬仗"落实层面的战略协作。

第三个动作：定期沟通，检视项目或任务执行情况，及时调整和纠偏。进入执行环节，往往会出现各种意外和突发情况，这个时候，对跨部门协作真正的考验才刚刚开始。想想看，如果一个部门已经按原计划做好了一切，就等着交付给其他部门以完成之前确定的目标，但这个时候出现了意外情况，原计划无法执行，导致这个部门之前所做的一切归零。请问，此时这个部门的管理者以及与此项目相关的团队成员作何感受？跨部门协作项目出现计划变更或任务调整等情况是大概率事件，那些受突发事件和意外情况影响的部门，前期的工作成果付之东流，当然不甘心。理解了这一点，管理者就能明白，在跨部门协作中换位思考的价值所在。而定期的项目各方联席会议、突发情况的信息共享与实时沟通机制、与直属高管的即时沟通与反馈则有助于快速纠偏，形成新的项目共识，推进"硬仗"目标的达成。

第四个动作：复盘与总结，共担责任，共享荣耀。除了关于"硬仗"的经验和教训的总结，各方还要回到公司战略层面，看看"硬仗"的结果是否符合公司的战略初衷。比如，通过某些年度"硬仗"，公司除了想要拿到业务成果，还希望验证新的业务模式，形成新的流程机制，锻炼队伍以及培养后备人才等。因此，关于年度"硬仗"的复盘与总结，不能仅仅停留在业务层面。同时，回到跨部门协作层面，评估相关部门之间的战略协作水平，总结跨部门协作的流程、机制与方法论，并推广复制到公司其他"年度硬仗"的落地流程中去，这也是公司"硬仗"复盘与总结的题中应有之意。

还有一种情况：如果年度"硬仗"没打赢，或者过程充满曲折，各方仍存在分歧，也有过冲突，作为身在其中的某部门管理者，该如何应对呢？首先，要明确一点，无论事实和数据对你多么有利，把打败仗或者处理问题不佳的责任完全归咎于其他部门，是一件极其没有担当和战略远见的事。这不仅关系到今后的跨部门协作问题，还关系到上下级如何看待自己的问题，毕竟，谁也不愿意被贴上"推卸责任"的标签。其次，与争论责任归谁相比，回到问题本身，找到解决方案，对各方更重要。从管理者的视角出发，如果还能洞察问题背后的真正原因，与各部门一起协商流程、机制与文化层面的经验、教训与解决方案，这才是优秀管理者应有的表现。

抓手三：基于业务创新能力的战略协同。

一家公司如何实现战略突破？除了需要外部的天时地利，还需要内部的核心能力。这其中，最重要的能力就是业务创新。管理学大师德鲁克说"企业的目的是创造客户"。拿什么创造客户？当然是基于客户需求的持续创新，这包括产品、技术、服务、解决方案等。因此，业务创新能力是决定一家公司竞争力的关键要素。

既然是创新，当然充满了各种不确定性，管理者不能拿着旧地图去寻找新大陆。同时，一家公司的业务创新一定涉及多个部门，需要部门之间的战略协同。无论哪个部门掉链子，业务创新都将功亏一篑。如何推进部门之间基于业务创新的战略协同，有三个关键点。

第一，基于公司战略，聚焦影响公司发展的业务痛点。

业务创新的初衷当然是解决公司的业务痛点。诸如客户不满意、成本高、效率低、流程冗余、增速下滑、业绩遇到天花板、商业模式落后、竞争力不强等，都可能成为一家公司的业务痛点。一方面，业务痛点暴露了公司存在的问题，不解决痛点，就很难有发展；另一方面，只要公司在发展，就一定会有业务痛点，痛点的反面就是机会，业务痛点往往预示了公司的发展良机。

从这个角度而言，基于业务痛点的跨部门协作需要回到公司战略目标层面，根据公司的发展阶段和战略优先级，选择最靠前、最迫切的业务痛点。根据公司要求，成立跨部门业务创新小组，就业务创新所要达成的目标、评价标准、时间节点、关键障碍点、所需要的资源支持、解决方案等要素达成共识，确保各部门有同一张"业务创新地图"。各方的认知是一致的，行动节奏是一致的，这样的业务创新更能推动公司层面的战略协同。

第二，小切口，快验证，持续迭代。

跨部门业务创新将面临哪些挑战？一是要面对失败，而且失败的概率很高；二是各方的分歧与争议，即便是业务创新的目标一致，也不代表在每个节点大家的立场都一致；三是公司内外的各种变量，包括公司的战略调整、客户的需求变化、行业的竞争态势变化、内部的组织变革等，很多跨部门业务创新项目还会面临半途而废的风险。要面对失败，还会有分歧和争议，还要面对各种变量，这种巨大的不确定性，让参与各方都缺乏安全感。怎么办？先从确定性开始，从各方能够达成共识的"小切口"开始。

所谓"小切口"，指的是参与各方都认同，推进起来难度小，容易看到成果的业务创新点。为什么要从"小切口"开始？原因很简单：难度小，见效快，更能鼓舞士气，增强各方推进业务创新的信心。有的管理者说，推进业务创新要敢"啃硬骨头"。别着急，先从"小切口"开始，等各方积累了经验，经历过磨合期，看到阶段性的业务创新成果，有了信心和信任，再去"啃硬骨头"也不迟。反过来，如果一开始就选择"啃硬骨头"，若迟迟不见效，各方的信心与彼此的信任都将面临考验，业务创新能否推进下去便产生了很大的不确定性。这也给管理者提了个醒：不要低估"小切口"的价值，不要低估跨部门业务创新的难度，不要总想着一口吃个胖子。跨部门业务创新要从那些看起来微不足道的"小切口"开始，用一个又一个"小胜利"推进公司层面的战略协同。

第三，创新项目小组的管理机制。

跨部门业务创新往往通过各方联合组建的创新项目组来落实。创新小组的管理机制与运营模式如何将直接决定业务创新的目标能否达成。什么样的管理机制可以更好地推进跨部门业务创新呢？

一是沟通机制。跨部门创新小组的沟通机制应侧重于三个方面：首先是信息同步，始终让小组成员有同一张"业务创新地图"，确保认知一致。其次是分歧解决，通过有效沟通解决分歧、缩小分歧、管控分歧，对业务创新至关重要。许多跨部门业务创新项目就是因为分歧问题，最后陷入僵局。再次是资源协调问题，业务创新不仅涉及多个部门，还可能涉及公司、供应商以及外部合作伙伴的资源协调。这就需要创新小组向上与向外沟通，激活各方资源为业务创新服务。

二是激励机制。业务创新是个"苦差事"，不仅需要通过沟通机制来解决问题，还要设计激励机制，让各方都愿意主动承担责任、勇于挑战。业务创新小组需要构建三个激励机制。一是公开的奖惩措施。对于触及原则和底线的行为，要敢于"把丑话说在前头"，而对于那些在业务创新层面勇于探索的行为，要给予及时的激励。二是打造创新标杆。要把那些尝试用新方法解决老问题、再造业务流程、创新解决方案的小组成员打造为创新标杆，这会激励创新小组成员迎难而上。三是播报体系。好事当然要传千里，好的创新行为当然要被团队成员模仿和借鉴，通过"创新捷报"的方式，为业务创新小组的后续实践指明方向。

三是复盘机制。凡事皆有闭环，创新小组的管理机制也需要通过复盘的方式持续迭代。这里的复盘主要指的是创新小组阶段性成果复盘。通过复盘，明确停止做什么、继续做什么、开始做什么，再将那些创新实践解构为流程、标准、策略、工具、方法等可复制的创新体系，指导后续的创新实践。同时，复盘还可以帮助创新小组在遇到业务创新瓶颈的时候重新回到跨部门战略协同的起点，避免业务创新的方向走偏。

基于项目成功"打胜仗"，基于业务联动"促关系"，基于战略协

同"共成长"。有了这三点，中层管理者才能更好地推进跨部门协作，让上下对齐、左右拉通成为可能，最终实现"力出一孔"。

⮕ 一、转型思考题

1. 在跨部门协作项目中，如何定义"客户需求"，如何做到各方需求同频？

2. 部门与部门之间的业务联动是如何发生的？遇到分歧和冲突，如何快速达成共识？

3. 跨部门之间的战略协同，需要从"小切口"开始，如何寻找和选择"小切口"？

⮕ 二、转型工具箱

部门之间的三重关系

部门之间有三重关系，分别是业务关系、团队关系与战略协同关系。其中：业务关系是基础，也是各部门的专业分工与职责所在，如果连业务关系都经营不好，其他层次的关系就如无本之木；团队关系是保障，如果两个团队之间的人际关系很冷漠，没有项目协作时，不愿多说一句话，遇到责任问题，赶紧先撇清自己，在这种情况下，指望各方在跨部门协作中多出力是不现实的，尤其是在部门与部门之间的模糊地带；战略协同关系对各方的要求最高，即便是各部门之间业务关系佳、团队关系好，也并不代表他们在战略协同层面顺风顺水。因为战略协同需要各方回到公司层面看问题，需要站得高、看得远，需要就公司战略目标、发展阶段、主要矛盾、重要事项优先级等达成共识。

🢂 三、转型方法论

基于 KPI 交集的跨部门战略协同五个动作

要减少各部门 KPI"打架"现象，推进部门与部门之间的战略协同，最佳方式就是找到 KPI 交集，基于 KPI 交集推进战略协同，有五个关键动作供管理者参考。第一个动作，分享各自部门的 KPI；第二个动作，找到并扩大 KPI 交集；第三个动作，围绕 KPI 交集，商讨联合行动措施；第四个动作，执行中的即时沟通与纠偏；第五个动作，复盘与评价。在此基础上，各部门还要系统总结战略协同中的经验和教训，形成新的方法论，并基于新一年的 KPI 交集进行沟通与协商，进入下一个战略协同周期。